地球的思考

地球的思考

グローバル・スタディーズの課題

編＝國分功一郎
清水光明

水声社

はじめに

いま「グローバル」という語を使うならば、その両義性に注目しないわけにはいきません。「グローバル経済」「グローバリゼーション」「グローバリズム」などと呼ばれる現象が負の側面をもっていることは少なからぬ人が認めるところです。グローバル化した経済によって負の影響を被っている地域を指す「グローバル・サウス（Global South）」という表現が一般化しつつあることは、そのことに対する危機感の現れと言えるかもしれません。

他方で、私たちの直面している様々な問題が「グローバル」な視点を要求していることも紛れもない事実です。地球温暖化は言うまでもなく、いま全世界が苦しめられているコロナ禍も、特定の地域や国のことだけを考えていては到底たちうちできません。また二一世紀が始まって既に二〇年が経ったいま——つまり二一世紀の五分の一が過ぎ去ってしまったいま——、二〇世紀、更には近代についての反省はよりいっそう深まっていますし、深まっていかねばなりませんが、その際にも、歴史を「グローバル」の水準で捉えることは必要不可欠です。

本書のタイトル「地球的思考」は、編者である私が、「グローバル」な水準での学問の試みに対して仮に与えた名前です。「グローバル」という語の両義性を視野に収めつつ思考する様々な試みを、さしあたって一箇所に仮止めするために作り出した言葉です。本書にはまさにそのような試みであると言うべき論考が収められています。そして各分野の最先端が語られています。

本書は「地球的思考」のようなものが必要であろうと何となく感じてはいるが、確かな手がかりが得られていない、と、そんな風に考えている方々に向けられて作られています。各章のもとになったのは、「グローバル・スタディーズ」をテーマにして行われた連続セミナーの記録です。目次を開いてみてください。実に様々な分野の研究者の方々が、「グローバル・スタディーズ」というタイトルのもとで考えられること、考えられるべきことを語ってくださっています。

読者の皆さんには、ぜひとも気になる箇所から読み始めていただければと思います。いずれの論考も地球的思考への手がかりを与えてくれます。本書をお読みいただきながら、お一人お一人の地球的思考が像を結んでいくことになれば、編者としてとてもうれしく思います。

國分功一郎

地球的思考　◉目次◉

1　地域研究とグローバル・スタディーズ——アメリカ研究者の視点から

西崎文子
（アメリカ外交史）

はじめに——天邪鬼によるグローバル・スタディーズ論

今日は一人のアメリカ研究者として、グローバル・スタディーズ、あるいはグローバル地域研究というものについて、考えていることをお話ししたいと思います。

いきなりですが、私は地域研究者としてのアイデンティティを比較的強く持っています。私の専門はアメリカ政治外交史であり、その中でもアメリカ外交史に焦点を当てています。従来、アメリカ外交史は歴史学もしくは政治学の一分野として捉えられ、日本では法学部で教えられることが普通でした。そのような中、私にとってはアメリカの社会や文化への関心も強く、法学・政治学研究の枠を超えて、アメリカ研究、アメリカ地域研究のなかでのアメリカ政治外交史という意識を割合強く持っているつもりです。

それに対して、グローバル・スタディーズという枠組みで自分の研究を捉えることはまずありませんでした。その理由は、私の学生時代にはグローバル・スタディーズという言葉はあまり聞かれなかったこと、そして、この言葉がよく使われるようになると、これを流行として捉えてしまったことにあると考えています。そもそも、私は根っからの天邪鬼でして、誰かが「これが主流となっている」とか、「これからはこういう時代だよね」と言うのを聞くと、何がなんでも流行に乗ってはいけない、時代に抗わなければならないと意固地になる傾向があるのです。

そういったこともありまして、グローバル地域研究機構という組織に属しながら、私自身はあまりグローバル・スタディーズ、あるいはグローバル・ヒストリーといったアプローチには言及してこなかったというのが実状です。いきなり第一回から申し訳ないのですが、そのような意味で、天邪鬼によるグローバル・スタディーズ論であるとご理解いただければと思います。

とはいえ、グローバル・スタディーズとは何かということを以下でお話しすることにはなりますので、ある程度これを整理しなければいけないと考えてまいりました。試案ではありますが以下のように、三つのカテゴリーに分けてみたいと思います。

グローバル・スタディーズとは何か――三つのカテゴリー

グローバル・スタディーズの第一のカテゴリーは、問題そのものが本質的あるいは内在的にグローバルな性格を持つテーマです。

例えば、難民や移民などのように、グローバルに見られる人の移動は、明らかにグローバル・スタディーズの重要なテーマです。格差や差別、地球環境問題なども同様です。もちろん、国内での格差や特定の社会内での格差も重要ですが、このような格差はグローバルな格差と密接につながっています。環境も同様です。温暖化であれ、気候変動であれ、エクストリーム・ウェザー（異常気象）といわれるものであれ、環境問題がグローバルであるということは誰も否定できないかと思います。

それから、人権や民主主義、社会正義などの問題です。これらは本質的に国境を超えるユニバーサル、あるいはグローバルな性格を持つ問題ですね。こういった問題を政治や外交の舞台でどう扱うかは議論の分かれるところですが、グローバルな視点を取り入れた理論研究や歴史研究の活発化が期待されていると思います。

宗教もこのカテゴリーに入ります。これが多岐にわたる視点・論点をはらむ困難な問題であることは周知のことですが、国境を超える価値や理念の問題や、移民や難民など人の移動の問題などと密接に結びついた、その意味ではまさにグローバル・スタディーズの核となるような問題であることは明らかです。

グローバル・スタディーズの第二のカテゴリーとしては、地域をグローバルな文脈で捉える研究が挙げられます。例えば、国・地域単位の研究をグローバル化との関連で捉える、といったようなことです。これは、地域研究から出発し、次第に地域という括りが陳腐化する中で、視点をよりグローバルなものとしなければいけないという問題意識から唱えられたグローバル・スタディーズではないかと思います。

つまり、他地域との連関を問うということですが、これの早いものが、私が大学教育を受けた七〇年代頃に、平野健一郎先生（東京大学名誉教授・政治学）が展開されていた文化接触論であろうかと思います。それから、国際関係論ではさまざまなレベルでの相互依存《インターディペンデンス》がテーマとされるようになり、さらには「相互浸透」や「還流」といった言葉によって、地域研究を超えるグローバル・スタディーズが模索されるようになりました。

最近では、「コネクティヴィティ（接続性）」や「つながり」といった言葉も使われていると思います。これは、やはりインターネット時代になってからでしょうか。そういった意味で、学問上の変化のみならず、時代環境の変化によって地域研究そのものがかたちを変えて、グローバル・スタディーズとして捉えられるようになりました。

それから、第三のカテゴリーは、世界の各地域を対象とする研究です。この中に入るのは実に多種多様で、あくまでも恣意的な例ですが、オーストラリアの先住民に関する研究やネパールの人類学、日韓文化交流の歴史などが挙げられます。このように世界各地の地域に根差した研究も、今日ではグローバル・スタディーズとして捉えられることが多いですが、これらの研究が第二のカテゴリーで説明した従来の地域研究とどのような連続性・非連続性を持つかについては、この後考えていきたいと思います。

グローバル・スタディーズに対する疑問

ここまで述べた三つのカテゴリーを踏まえた上で、私が疑問に思うことは、日本の研究者によってなされる日本以外の地域の研究は、すなわちグローバル・スタディーズだと言えるのかどうかということです。あるいは、中国の農村研究を中国人研究者が行なったらグローバル・スタディーズになるのかどうか。この辺りから話は段々と厄介になっていきます。

少し話が飛んでしまうのですが、この点と関連して、一つの事例を挙げたいと思います。きちんとしたデータに基づくわけではありませんが、このところ、イギリスやアメリカの大学や研究機関では、中東やアジアなどの地域研究のポストに、それぞれの地域の出身者やその地に何らかの縁《ゆかり》のある研究者がつくことが多いという話を聞きます。これらの地域出身の研究者は、言語能力や自分の生まれ育った社会から得た「地の利」を活かして自らの国や地域を研究し、イギリスやアメリカの大学などで採用される――もちろん、その研究が優れているということが前提ですけれども――傾向にあるということです。

そうすると、自国研究を行う研究者が他国に出れば、その人の研究はグローバル・スタディーズとみなされるようになるのでしょうか。例えば、現在の日本では、日本人研究者による日本の民俗学研究をグローバル・スタディーズとは言うことは稀ですが、外国で教えるようになるとグローバル・スタディーズと言われるようになるのでしょうか。こういったことを考えていきますと、少なからず頭が混乱していきます。リンカーンのゲティスバーグ演説をもじっていうならば、誰のための、誰による、誰のグローバル・スタディーズなのか、という疑問ですね。

もう一つの疑問は、グローバル・スタディーズに入らないものはあるのかということです。文学を例にとるならば、世界文学という分野が今とても人気です。ディアスポラ文学やクレオール文学がこの範疇に入るのは分かるのですが、ではドストエフスキーや谷崎潤一郎はここには入らないのか。あるいは、音楽でも「ワールド・ミュージック」というコーナーが、CDショップや音楽配信サービスにあります。アフリカやラテンアメリカ、東・中欧などの民族音楽を指して使われはじめた言葉ですが、ここから排除される音楽は何なのか。ここまでくると私の頭はパンクして、グローバル・スタディーズというのは一体何なのだろうと考えてしまいます。

逆に言えば、グローバル・スタディーズがすべてを包括してしまったら、カテゴリーとしてはあまり意味がなくなってしまいますね。その辺りも悩んでしまうところです。

アメリカのパラドックス――例外なのに普遍的な「のっぺらぼう」

少し気を取り直して、私の専門としているアメリカ研究とグローバル・スタディーズとの関係について考えてみたいと思います。そして、その前提として、アメリカ合衆国とグローバル性との関係は、なかなか厄介だということを指摘しておきたいと思います。どういうことか。これを二つの観点から考えてみましょう。

大風呂敷を広げることになりますが、一点目は、アメリカの歴史が、グローバルな国家としてのアメリカという特質を内包しているという問題です。私が駒場で勉強をしていた頃は、アメリカが世界の舞台に登場するのは、二〇世紀に入ってから、特に第一次世界大戦がきっかけだったということが定番の解釈となっていました。しかし、この解釈は、その時点でも問題がありましたし、現在においてもかなり問題があります。アメリカは、じつは一八世紀末からグローバルな国家としての自意識を備えていたからです。例えば、一九世紀のラテンアメリカ諸国に対しては、ヨーロッパの君主制に対抗し、同じ共和制をとる姉妹共和国《シスター・リパブリック》であり、西半球は我々の半球であるという意識がありました。モンロー・ドクトリンはそのような西半球の特殊性を、共和制や自由といった普遍的な言葉で語ったものです。

この問題は、さかのぼって語ることもできるかもしれません。理念的な大国意識は、一八世紀末から脈々とあるからです。「自由の帝国《エンパイア・オブ・リバティー》」はジェファソンの言葉ですが、このようにアメリカは何をおいても「理念の共和国」（本間長世先生［東京大学名誉教授・政治学］のご著書の題名です）であるというのはアメリカ独立以来の「了解事項」でした。そこには地理的な問題を超えて、グローバルな射程を持つ理念が埋め込まれているわけです。

そこから出てくるのが、一方ではアメリカは例外的に優れているとのイデオロギーを持ちながら、他方ではアメリカは普遍的であり、グローバルな存在であるという矛盾した考え方です。この辺りがアメリカ研究の面白さでもあるのですが、同時に非常に厄介なパラドックスでもあると言わざるを得ません。

アメリカは、一方では、グローバルであり、他の国々が追随すべきモデルである。しかし、他方では、アメリカは特別であり優越していて、唯一無二の存在である。グローバリズムを内包するアメリカの例外意識と捉えられるものですが、これは二〇世紀に入って、実際にアメリカが唯一無二の強国となっていったときに、いろいろな問題を引き起こすことになりました。

例えば、アメリカニゼーションとグローバリゼーションとの切り分けが可能かどうかの問題です。現在はこのような見方は少し弱くなりましたけれども、九〇年代以降は、グローバリゼーションという言葉はすなわちアメリカニゼーションではないのか、ということがしばしば批判的に言われたわけですが、それはあながち的外れではありませんでした。

言いかえるならば、アメリカの政治・経済的な中心から発せられるグローバリゼーションは、多様性を語るのではなく、むしろ、のっぺらぼうな世界を構想させるような危険性をはらんでいました。この点が、アメリカ合衆国とグローバリゼーションとの関係を見る問題点として、ずっと私のなかに存在し続けています。実のところ、私の研究の一端は、このもつれた糸をほぐす試みだったとも言えます。

アメリカニズムに収斂する多様性

もう一つのアメリカ合衆国とグローバル性との関係の問題点は、もう少し分かりやすいと思います。アメリカは、その国民や個々人という点から見ると非常に多様であるということに連なる問題です。

ホイットマン（アメリカ合衆国の詩人）の『草の葉』（一八五五年）には、「teeming nation of nations」という言葉があります。色々な民族であふれかえった国。少し訳しにくいですが、アメリカがそのように多様性を持った国であることを、ホイットマンは高らかに誇りを持って歌いました。

改めてこのことを感じたのが、二〇二〇年のトランプ前大統領の弾劾公聴会のときでした。その公聴会に重要参考人として呼ばれ、証言した人たちには外交官も多かったのですが、その中で目立ったのが、外国生まれの人、あるいはソ連やナチスドイツから逃れてきた人々を両親に持つような人でした。

そういった人たちが「アメリカの憲法を守るために」行動したい、あるいは「ここはアメリカなのだから、権力に対して真実を言う自由が保障されている」と言い切るわけです。実際には身の危険があっても、原則を貫こうとします。それを見ながら、改めてアメリカは時とともに古くなる国ではなくて、時とともに新しくなる国、つまり、新しい人たちが入ってきて作る国なのだということを痛感させられました。

このことはアメリカの多様性やグローバル性を示すのですが、他方でそこから出てくる言説はやはり「アメリカはこうあらねばならない」という、アメリカの憲法やアメリカの理念なのです。多文化主義はアメリカのイデオロギーになるのではないかということを私はずっと考えてきました。実際になっているかどうかは別として、やはり多様性がパトリオティズムや「アメリカニズム」（これは古矢旬先生［東京大学名誉教授・政治学］の言葉です）に収斂するという面があるわけです。

ですから、先ほど指摘した普遍的な「のっぺらぼう化」とはまた別に、多様な人間の活力がありながらも、一つのイデオロギーへと収斂してしまう、そういった問題や現象もアメリカには常にあるのです。これは、アメリカとグローバル性という問題を同時に考えるときには、避けて通れない問題だろうと思います。だから厄介であるということでもあり、だからこそ面白くて、関心を持ち続けてきたわけです。

アメリカ研究をすれば世界が見えるか？

アメリカがグローバルとの関係についてそういった問題を持っていたとすると、アメリカ研究はこの問題にどう対応したのでしょうか。アメリカ研究とグローバリゼーションの問題に関してはいくつも切り口がありますが、戦後の系譜としては大きく分けて二つあると思います。

一つ目は、地域研究の系譜です。これはエリア・スタディーズと言われ、一九五〇年代以降のアメリカでは軍事研究と並んで力を注がれていた分野です。この分野の発展には、明らかに冷戦という時代背景がありました。フォード財団などが戦略的にお金を出して、アジアやラテンアメリカなど、色々な途上国の研究を盛んに行っていました。アメリカの地域研究は政府や財界の方針と密接につながっていたのです。

もう一つは、冷戦が終わる前後から二〇〇〇年代にかけての、研究者中心のプロジェクトです。研究者が中心になって、グローバル・スタディーズ、あるいは歴史の分野でいうとグローバル・ヒストリーが模索されるようになっていきます。

外交史の分野でも、それと類似・並行した動きがありました。まずは第二次世界大戦後にアメリカがそれこそグローバルな国家として強大化し、「パクス・アメリカーナ」などといわれるような時代になると、アメリカ外交史には一つのパラドックス——パラドックスが多過ぎて申し訳ないのですが——が生まれます。

それは、第二次世界大戦後のアメリカ外交史が、それ以前に比べて一国史研究中心になっていったということです。二〇年代・三〇年代は、ヨーロッパ中心ではありますが、色々なヨーロッパの国々の外交文書館を訪ねて、あるいは多様な言語で出版された本をベースにした多国間研究といいますか、色々な国々の資料にもとづいた研究が行われていました。

しかし、第二次世界大戦後になると、アメリカ中心の歴史、しかもワシントンの政府を中心とした歴史が多く書かれるようになっていきます。さらに、その潮流は、ベトナム戦争などでニュー・レフトといわれる「修正主義」、すなわちアメリカ外交を批判的な視点から捉え、その帝国性や暴力性を暴くような研究が出てきた後も続きます。ニュー・レフトの研究自体も、その多くは一国史中心の研究であったと言えます。

ここから言えるのは、大国であるからこそ見えなくなってしまうことがあるということです。ですから、「アメリカ研究をやっていると、世界が見えていいですね」と言われると、それは全く違うと私は答えます。アメリカ研究をやっているから世界が見えなくなることが沢山あるのです。実際、大国になったアメリカは、実際の政策面でも、そのような視野狭窄に陥りがちだったと言えるでしょう。

グローバル・アメリカン・スタディーズのパラドックス――一つの大きなるつぼのなかの多様性

このような研究動向に対しては、七〇年代後半から批判が強まってきました。とくに、入江昭先生（ハーバード大学名誉教授・歴史学）たちが、外からの視点を導入すべく、国際史《インターナショナル・ヒストリー》を提唱しはじめました。外交史は一国史であってはならないというわけです。

それから数十年経ち、現在では、「アメリカ外交史（US Diplomatic History）」という言葉はあまり使われなくなりました。むしろ「アメリカ合衆国と世界（US and the World）」が大学の科目名になることが多いようです。それから、アメリカン・スタディーズも、単なるアメリカン・スタディーズではなくて、「グローバル・アメリカン・スタディーズ」という言葉で表現されるようになりました。

ただ、この間、どれくらい研究の仕方が変わったのかというのは問われるべき問題だろうと思います。複数言語を使用し、複数国にある文書館を利用するマルチ・アーカイバル・リサーチが、アメリカ中心主義やアメリカの優越性を強調する例外主義からの解放を実現するのでしょうか。実現しないとは思いません。確かに、リサーチの幅が広がることで、外の地域、他者の歴史、多様な文化に対する感受性や関心が培われていったとは思います。しかし、そのような「他者」の受け入れ方には疑問が残るところもあります。それが、実は先ほど述べた、イギリスやアメリカで、例えば中東研究の分野に中東出身の研究者を雇う傾向があるという話とつながってきます。他者に開かれることだけでなく、それによって何がどう変わるのか。それを考える必要があると思います。

繰り返しになりますが、アメリカの歴史学部などのスタッフを見ると、アジアの歴史を研究している人がアジア系の名前を持ち、アフリカの歴史やアフリカ系アメリカ人の歴史を研究する人にアフリカ系の人が多いといったことが多々あります。これには、いくつも理由があります。学部のなかに多様性《ダイバーシティー》が必要であるということも一つの大きな理由です。逆にいえば、今まではアフリカ研究やアフリカ系アメリカ人の歴史の比重は軽く、しかもそのポストが白人の研究者に占められることがよくありました。それでよかったのかというと、むろんそうではない。やはり自らの歴史を語る声を聞く必要があるというのは、本当に真っ当な理由です。

しかし、そうだとすると、またしてもアメリカという一つの大きなるつぼのなかに、色々な人を入れ込んで、それでアメリカの「グローバル・アメリカン・スタディーズ」が誕生するという結果になってしまう。本当にそれで良いのでしょうか。それがアメリカ中心主義や例外主義から自由になったということを意味するのでしょうか。私から見ると、そう単純ではないように思えます。

イデオロギー研究の意義——人種問題との共通点

もう一つ、ここで指摘したいのは、このような流れのなかで、アメリカのイデオロギーを研究することが時代遅れだとみなされるようになったということです。例えば、先ほどお話ししたようなアメリカ例外主義を研究することが、例外主義を助長すると捉えられて、研究そのものがおろそかにされるようになりました。この傾向に対しても、私には疑問があります。

その大きな理由は、私自身がこのような例外主義にこだわってきたからなのですが、それだけではなく、例外主義を研究するのは、例外主義のイデオロギーを反芻し、喧伝することではなく、それがどういった問題を及ぼしてきたのかを批判的に検証することにつながると考えるからです。例外主義を無視したからといって、例外主義が消えるわけではなく、やはりこの問題には正面から取り組まなければならないと思うのです。例外主義を批判的に研究することで、その脱構築が進められるということは十分に理解し得ることです。

これは、おそらく人種問題にもあてはまる考え方です。「人種」が人工的に作り上げられてきたというのは事実だと思います。でも、それを認識した上で、それがどのように構築され、どういう作用を及ぼしてきたのかを問わなければ、それを脱構築することはできません。「人種」は人工的な構築物だから無意味だと言ってみたところで問題は終わらない。それと同じような意義を、このようなイデオロギー研究に見いだすことができるのではないかと思います。

グローバル・スタディーズに求められるもの

さて、ここまで来て、グローバル・スタディーズはどこへ行ってしまったのかと思われるかもしれません。アメリカ研究についていえば、ここまで述べてきたように、グローバル・スタディーズを掲げる際には厄介な問題がたくさん出てきます。「グローバル」という言葉の使われ方の多様性を説明するだけで、一章が尽きてしまうかもしれません。ですので、私自身は今後もこの言葉をあまり使わないだろうと思います。

ただ、ならばグローバル・スタディーズには意義がないかというと、それはやはりそうではありません。最後に私なりの落としどころをお話ししたいと思います。

変な例えですが、グローバル・スタディーズは、SDGsに似たところが少しあります。SDGsは一七の目標、一六九のターゲットを掲げており、世界が直面する問題のほとんど全てをそこに入れることができます。グローバル・スタディーズにも同じ傾向がみられます。

SDGsであれグローバルであれ、お題目になると陳腐化する危険性があります。SDGsはあまりにも頻繁に使われ過ぎて、陳腐化していると感じるのは私だけでしょうか。それはある種のシニシズムを招き寄せる可能性があります。グローバル・スタディーズもこの点に注意する必要があると思うのです。

したがって、お題目を唱えるのは控えめに、そしてその内容はきちんと考えるのが基本でなければならないと思います。グローバル・スタディーズなるものが現れ出たことがもつ、根源的な問題意識を考えていかねばなりません。最後にその問題意識を三点ほど挙げてみます。

一点目は、聴衆《オーディエンス》の問題です。受け手の側に批判的視点があることを常に意識することが大事です。具体的にいうと、オーディエンスがグローバルに存在することを意識すること、さらに、常に自分が研究しているのとは違う地域の研究者の視点を想定することが大切です。

先ほど、アメリカ研究、とくに外交史等を研究すると世界が見えなくなるという問題を指摘しました。この点は私にとってとても重要です。ですから、イラク戦争のときには、酒井啓子さん（千葉大学教授・国際政治学）の本を読みましたし、グローバル・スタディーズに関する話をするときは、タイ研究を行っている小泉順子さん（南アジア地域研究研究所教授・歴史学）などがどう言われるだろうと考えたりします。お二人とも同級生で親しくしていますから、多様性と言っても限界がありますが、多様なオーディエンスを常に意識するための「よすが」の大切さを思い出させてくれます。

二点目は、謙虚《ヒュミリティ》さです。アメリカ研究は多様性を求めて、人種やジェンダーのほか、色々な属性や性格を持つ人たちを取り込んでいきます。もちろん、そこに日本の研究者も取り込まれていきます。取り込む活力はすごいと思うのですが、そのとき、取り込む側に謙虚さが伴わないといけないと思うのです。つまり、取り込んで大きくなっていくだけではなくて、取り込んだ人たちに十分に耳を傾けるということです。そのような謙虚さを伴わなければ、ディシプリンは研究者を飲み込んで肥大化していくだけになってしまいます。新しいメンバーを受け入れつつ、そうした受け入れから何を学んでいくか。謙虚さがなければこの学びは成功しないでしょう。

最後は、知的好奇心《キュリオシティ》を常に刺激していくということです。言いかえれば、自分の研究領域の外にあると思っている世界の重要性に気づくことです。このことも、その際に、自分の研究に「活かせる」「役立つ」から勉強するという功利的な発想ではなくて、単純に面白いという感覚を磨くことの大切さを強調したいと思います。グローバル・スタディーズからはそのような体験が生み出されるはずですし、グローバル・スタディーズを生み出すのもそのような体験ではないでしょうか。

私自身は、このような知的刺激を、総合文化研究科のグローバル地域研究機構の活動や、日本学術会議の地域研究に関する会議やシンポジウムから得ることができました。東アフリカの遊牧民が、居住地からの避難を迫られたとき、彼らは何を携えて避難するのか。アンコールワットの改修工事を現地の人々とともに続けていく活動の背後には、どのような理念や実践があったのか。こうした話は私の研究に直接つながるわけではありません。しかし、もっとも根源的なところで、私の知的好奇心を刺激してくれます。人間の社会は多様であり、豊かさに満ち溢れているという実感が湧いてくる。そうした知的営みの面白さや豊かさを維持するためにも、グローバル・スタディーズは重要であると思います。

おわりに――姿勢としてのグローバル・スタディーズ

最後に、私が長く親しくしている歴史学者のマイケル・アダス氏(米国ラトガーズ大学名誉教授)に触れて締めくくりたいと思います。彼は一九四三年生まれでいわゆるベトナム世代の方ですが、ビルマの社会経済史からはじまり、東南アジア、インド、ベトナム、アメリカへと地域的にもアプローチの上でも研究対象を広げられました。そのような背景もあり、アダス氏は七〇年代から欧米とアジアとを繋ぐグローバル・ヒストリーやワールド・ヒストリーの重要性を説いてこられました。ただ、アダス氏の意図とは異なり、当時のアメリカでは、グローバル・ヒストリーとは「エキゾチック・ヒストリー」であり、東南アジアやラテンアメリカを対象とする「湿地地帯(marshes and swamps)の研究」と捉えられていたようです。

けれども、彼自身は一つの「視点」あるいは「問題意識」としてグローバル・ヒストリーを捉えてきたがゆえに、研究そのものの一貫性を保ちながら、新しいテーマを求め続けることができたと言っています。これは研究者としてのみならず、教師としてとりわけ重要な特質で、アダス氏のもとには、そのアプローチや問題意識に惹かれて実に多様な学生が集まりました。それぞれ研究テーマや対象地域は大きく異なるのですが、間口は広いながらも根源的な研究姿勢は共有されていく。自分はそのような学生を指導しながら、新しい発見をし、新しく成長する機会を得てきたというのが退職にあたってのアダス氏の言葉でした。

グローバル・スタディーズとは、このような一つの「姿勢」を指すとも言えるのではないでしょうか。これを思考の途上ではありますが、私の結論としたいと思います。

2 領域再編の政治学

石田淳
（国際政治学）

はじめに――リベラル・アーツ教育としてのグローバル・スタディーズ

今回の連続セミナー企画のテーマ「グローバル・スタディーズの課題」について、国際政治学の研究者として考えるところを「領域再編の政治学」というタイトルで試論的にお話したいと思います。はじめに、東京大学におけるグローバル・スタディーズ・イニシアティヴ（GSI）とは何かということに簡単に触れたうえで、本論として、グローバル・スタディーズの見地に立つ「共振論」について語る、という構成で進めます。

まず、グローバル・スタディーズ・イニシアティヴについては、教養学部におけるリベラル・アーツ教育の文脈と、全学における大学院教育改革の文脈との二つに分けて説明しましょう。

前者については、第二次世界大戦後の一九四九年に設置された新制東京大学（university）における教育・研究は、駒場キャンパスでは（1）学部前期課程（college）、（2）学部後期課程（faculty）、そして（3）大学院（graduate school）の三層が一体を成しながら展開しましたが、その教養学部におけるリベラル・アーツ教育を牽引したのが「グローバル・スタディーズ」と呼びうる教育であったということです。特に、開設（一九五一年）期に立ち戻って考えてみると、学部後期課程教養学科（Department of *Liberal Arts*）は、外国語・地域研究系の四分科（英・米・独・仏の各文化と社会）、「国際関係論」分科、「科学史及び科学哲学」分科から成る六分科体制をとるものでした。この歴史的経緯に明らかなように、言語・地域研究と国際関係論から成るグローバル・スタディーズがリベラル・アーツ教育の根幹に位置付けられてきたと言えるでしょう。

後者については、五神真総長（任期は二〇一五年〜二〇二一年）の下で、本学では複数の研究科が連携協力して学際的な修博（修士課程と博士課程）一貫の学位プログラム（「国際卓越大学院教育プログラム」）を立ち上げることに合意し、総合文化研究科は「グローバル・スタディーズ・イニシアティヴ国際卓越大学院」と「先進基礎科学推進国際卓越大学院」などの開設を申請して、設置の承認を受けました。

このうちGSIの受け皿となったのが、アメリカ太平洋地域センターなど伝統ある地域研究センターを擁するグローバル地域研究機構（Institute for Advanced *Global Studies*）でした。この意味では、GSIは駒場キャンパスにおける「グローバル・スタディーズ」の制度的基層の上に構築されたものであることは間違いありません。そのGSIを基盤に、学内他部局とも密接に連携しながら総合文化研究科の文系四専攻（言語情報科学、超域文化科学、地域文化研究、国際社会科学）が共存、共生しつつ、学知の持続的な発展を図ろうという現在の仕組みがその形を整えたのでした。

グローバル・スタディーズとは何か——視座としての共振論

ここから本題です。

グローバル・スタディーズとは何かということついて、社会科学のみならず人文学も含めて誰もが納得できるような定義を共有するのは容易なことではありません。とは言え、これから「共振論」へと話を進めるにあたり、以下のようなグローバル・スタディーズ観を示しておきたいと思います。

それは、グローバルな社会とローカルな社会との関係を意識しながら、グローバルな社会変動のダイナミクスとローカルな社会変動のダイナミクスの双方を一体として理解しようとする空間的に総体的《ホリスティック》で時間的に動学的《ダイナミック》な研究群であるというものです。依然として抽象的ですから、敷衍しましょう。

グローバル・スタディーズの見地に立つと、国際政治の変動はどのように俯瞰できるでしょうか。

これからお話する「共振論」とは、国際秩序の変動と国内秩序の変動とを、その連動関係に着目して一体として理解しようというものです。その前にひとこと、「共振」という用語について付言しておかなければなりません。着想の当初は「共進化（co-evolution）」という用語も考えてみたのですが、必ずしも「進化論」を念頭においている訳ではないので「共振」としました。ただ、これはこれで

「振動論」を連想させるだけなのかもしれないという反省は残っています。

政治学者としての私の関心は、国際秩序の変動と国内秩序の変動とがどのように連動するのかを解明することにありました。そして私は、ふたつの秩序変動をつなぐ鍵は国家の領域性にあると考えました。

国際問題としての国内統治

まず、国内における政治秩序の安定から考えます。国内において複数の集団が存在し、とりわけ多数者と少数者とが対峙する中で、いったいどのような条件の下で両者は平和裡に共存できるでしょうか。多数決による意思決定と少数者の権利保障はたやすく両立するものではありませんが、特定の国家の統治が及ぶ一定の領域のなかで、集団はそれぞれの権力基盤に応じて、政体の保障する(たとえば憲法上の)権利を確保して共存する状況を想定できます。

ところが、ある時点において、具体的に二〇世紀の経験を振り返ると第一次世界大戦、第二次世界大戦、そして冷戦といったグローバルな対立の終結を機に、グローバルな統治領域の再編がなされました。国際社会が戦後維持するべき領域的現状が再設定されると言ってもよいでしょう。

第一次世界大戦を機にオスマン帝国、ロシア帝国、ドイツ帝国、ハプスブルク帝国が崩壊し、ヨーロッパを縦断する形でフィンランド、バルト諸国(エストニア、ラトヴィア、リトアニア)、ポーランド、チェコスロヴァキア、ハンガリーそしてユーゴスラヴィアが成立しました。第二次世界大戦後も、戦間期の英・仏の委任統治が終了するとともに、英・仏・蘭などの植民地帝国の旧植民地においても徐々に脱植民地化が進み、そこから新生国家（イスラエル建国、インド、パキスタンの分離独立などを含む）が誕生しました。また、冷戦の終結後も、ソ連邦やユーゴ連邦といった社会主義連邦が解体し、それまで連邦を構成していた共和国が独立を果たしました。

統治領域の再編によって新たに分節化された領域では、その住民の間に、政治共同体の正統な構成員の人的範囲をめぐる《国内問題》が生まれます。同時に、領域国家は国際社会の構成単位ですから、その領域的範囲の画定は必然的に《国際問題》でもあります。

直感的に分かりやすい例を挙げるとすると、冷戦終結後の社会主義連邦において、ソ連の場合であればロシアの域外に住む在外ロシア人の存在や、旧ユーゴ連邦の場合であればセルビアの域外に住む在外セルビア人の存在を考えてみてください。連邦の解体は、連邦を構成していた共和国の独立という形で進みましたが、この過程は彼ら彼女らにとって連邦における多数者から、他の民族を基幹民族（民族名が共和国名を成す民族）とする共和国（たとえばウクライナやクロアチア）におけるローカルな少数者に転落することを意味しました。ローカルな多数者を中心としてあらたに再編される共存の枠組みのなかで、ローカルな少数者がその将来に不安をいだくことは想像にかたくありません。

このように領域再編後の新生国家のなかに緊張が生じるだけではなく、域外勢力がそれに介入することもあります。政治学者マイロン・ウィナーや社会学者ロジャース・ブルーベイカーが論じた通り、領域再編は、エスニック集団が居住する範囲と新生国家の統治が及ぶ範囲との間の乖離を深刻なものとします。図式的に整理すれば、（一）領域内部において少数者の同化を図る多数者、（二）居住領域における自治あるいは当該領域の独立を求める少数者、さらには（三）民族同胞の奪回を企てる隣国の間に、国境線をめぐって「領土保全」、「分離独立」、「失地回復」の三者三様の思惑が交差する三角紛争をひきおこしかねないのです（Myron Weiner, "The Macedonian Syndrome: An Historical Model of International Relations and Political Development," *World Politics*, Vol. 23, No.1 (1971), pp. 665-683; and Rogers Brubaker, "National Minorities, Nationalizing States, and External National Homelands in the New Europe," *Daedalus*, Vol. 124, No.2 (1995), pp. 107-132)。

つまり、共存の枠組みの再編をめぐる対立が特定領域内部に限定されずに、その周辺隣接諸国をも巻き込む可能性が出てきます。それは領域主権国家が併存する体制の安定を脅かすため、国内統治の在り方が国際問題化する契機が生まれます。

秩序の成立と変動

秩序の変動とひとくちに言っても、そもそも秩序とは何を意味するものでしょうか。言いかえれば、社会の秩序はどのように概念化できるでしょうか。

ここでは、二つの基準を社会の主たる構成員が共有することによって秩序が成立すると考えます。一つは、その社会における正統な構成員資格をめぐる資格基準です。もう一つは、その構成員の間における適切な行動をめぐる行動基準です。この二つの規範的な基準を社会の構成員が共有することによって秩序が生成され、構成員の行動が整序されて予測可能性が生まれます。

領域主権国家から成る国際社会については、正統な構成単位《ユニット》として主権国家があり、主権国家間の関係において、一定の規範原則が共有されます。今日の国連憲章体制の下では、武力不行使、内政不干渉、領土保全といった原則がこれにあたるでしょう。

国内社会についても、立憲体制の国家であれば、どのような法的地位にある個人・集団に、どのような法的な権利・義務・権限を配分するのかが特定されています。

正統な構成員と適切な行動についての基準を社会の構成員が共有することによって社会秩序が成立すると考えるならば、この基準が変動することによって秩序が変動すると考えられます。このように秩序を捉えることによって、領域国家内部の秩序の成立・変動のみならず領域国家間の秩序の成立・変動も概念化できますし、この理解を前提として、国内秩序の安定と国際秩序の安定とが両立する条件や、あるいはそれぞれの変動が連動する条件を探ることもできるでしょう。

二〇世紀以降のグローバルな秩序変動

では、グローバルな権力対立の終結を契機とした領域再編は、国際社会の構成単位たる領域国家の範囲に関する国際社会のいかなる規範的な了解に基づいて行われるのでしょうか。領域国家の境界を画定する枠組みは以下の二類型に大別できます。一つは現状承認原則とも訳される「ウティ・ポシデティス（*uti possidetis*）原則」です。これは独立達成時点において現に存在する境界（たとえば特定宗主国の植民地における行政単位間の境界、宗主国を異にする植民地間の境界、連邦を構成する共和国間の境界）を新たな国境とするという考え方です。もう一つは「自決原則」で、国家の構成員と民族とが合致する（すなわち、一つの民族《ネーション》が国民《ネーション》として一つの国家を構成する）ように国境を画定するというエスニック・ナショナリズムの考え方です。

　第一次世界大戦後の場合は、自決原則を領域再編の枠組みとして帝国の解体が進むとともに新生国家が成立しました。自決を原則とするとはいえ、独墺の合邦が禁止されるなどの意図的な例外があったほか、エスニック集団の居住範囲と新生国家の管轄領域とは完全に一致させようもありませんでした。この乖離を放置すると、先に述べた通り国内問題にはとどまらず、国際紛争に連動しかねません。特に中東欧諸国の「民族的少数者（*national* minorities）問題」は「国際問題（*international* problem）」であると認識されました。

　そこで戦勝国は、民族的少数者の権利の国内における保護を関係諸国に求めるとともに、少数者保護に関する条約上の義務の履行を国際連盟理事会が監視する体制を築いたのです。そのために利用されたのは、敗戦国（オーストリア、ハンガリー、ブルガリア、トルコ）については講和の機会、独立や領土変更の認められた国家（ポーランド、チェコスロヴァキア、ユーゴスラヴィア、ルーマニア、ギリシャ）については承認の機会、そしてアルバニア、バルト諸国については国際連盟への加盟承認の機会でした。

　ですから、一方で、自決原則の承認といったかたちで、国際社会の正当な構成員の資格基準の変更があり、他方で国家間の適切な行動規準についても、少数者保護を求めるなど、国際社会が領域国家内部における統治のあり方に外から要請するといった形で変更がありました。歴史的な経緯からみて、国際社会における資格基準の調整と行動基準の調整が対を成すものであったことは明らかです。少数者保護という国内統治基準の達成が、国際社会への加入条件となったとも言いかえられるでしょう。

このように第一次世界大戦後という時系列上の一時点において、自決原則と少数者保護原則とがシンクロナイズした訳ですが、このグローバルな文脈における秩序の調整はローカルな文脈における秩序の緊張を考慮しなければ理解できるものではありません。

国際社会の歴史的な変化を見るときに、自決権や少数者の権利といった特定の規範原則ごとに、規範の生成の背景や精緻化の経緯を個別に通観するという国際社会論はありえるでしょうし、実際にあるのですが、国内秩序の変動と国際秩序の変動を関連付けて、一体として理解するという共振論の見地にたつことによってはじめて、なぜ特定の変化が生じたのかを理解できるのではないかと考えます。

第二次世界大戦後の場合、領域的現状を承認するというウティ・ポシデティス原則型の領域再編が行われました。基本的に、植民地と植民地との間の境界を新生国家の国境線としてその独立が承認されました。これは戦間期の苦い経験もあってのことでした。ナチス・ドイツはチェコスロヴァキアのズテーテン地方の割譲要求をドイツ人の自決という観点から正当化して、領域的現状を変更したのです。

また、ヨーロッパの宗主国の海外植民地については、独立を達成する過程において自決の主体として認められた人民とは、新生国家の人的構成員の範囲を自己決定する民族ではなく、植民地支配下にあって未だ自らを統治するに至っていなかった領域の住民でした。このような自決主体の特定は、独立達成時点において存在する国境に変更を加えるものではないので、領土保全原則との間に緊張を生まない自決原則の解釈ともいえます。一九六〇年の「植民地独立付与宣言」（国連総会決議一五一四、一九六〇年）が、自決主体たる人民についてまさにこのような領域的な定義を行っています。この領土保全を尊重する決議を主権国家から成る国連総会が採択したのは理の当然というものでしょう。

少数者の権利保障についても、少数者集団に属する個人の人権保障による解決が図られました。裏返せば、少数者の居住する領域の法的地位の変更（特に分離独立）を認めるという代替案はとられなかったのです。

最後に冷戦終結後の場合には、社会主義連邦の解体においても前述のウティ・ポシデティス原則が適用され、連邦を構成していた共和国間の境界線を国境線として連邦の解体が進みました。旧ソ連邦の場合、領域は基幹民族名を冠する共和国に分割され、市民は民族区分に分類されていましたが、特定の基幹民族名を冠する共和国の領域的範囲と同民族の居住範囲は完全に一致するはずもありませんでした。したがって、連邦の解体にともなう統治領域の再編は、領域国家と個人との結びつきを組みかえることになりました。

それゆえ旧ソ連については、たとえばエストニアやラトヴィアにおいては、独立後の国籍取得要件を、旧ソ連による併合（一九四〇年）以前の国民およびその直系子孫とする（すなわち、併合後に流入したロシア人を除外する）かどうかをめぐって対立が起こるなどしました。

一方、旧ユーゴ連邦については連邦を構成する共和国の独立を欧州連合（ＥＵ）諸国が承認した際の共通指針は、承認の条件として少数者の権利保障を挙げました。一九九〇年代の欧州評議会（人権、民主主義、法の支配を推進するために一九四九年に設置された国際機関）や欧州安全保障協力機構（ＯＳ

CE）の姿勢は、あくまでも少数者集団に属する個人の人権を保障する体制を整えることによって領土保全（国境不可侵）を図るというものでした。

類推論を超えて

グローバル・スタディーズの見地に立つ共振論は、国際政治学における既存の秩序論とは異質のものです。従来の国際政治学における秩序論は、類推論的な発想に基づいていました。それは国内類推論と市場類推論とに大別できます。

国内類推論の系譜は多様ですが、国内社会について成り立つ命題が国際社会についても成り立つとする類推的な思考様式で、国内秩序の安定条件が国際秩序の安定条件ともなり得るという発想です。例えば、秩序の安定は現状維持勢力と現状変更勢力の勢力分布によって規定されるというE・H・カーやハンス・モーゲンソーの秩序論がその典型で、現状維持勢力の力の優位が秩序の安定をもたらすのは国内も国際も変わらないというものです。

これに対して市場類推論は、分権構造を持つ市場経済について成り立つ命題が、類似の分権構造を持つ国際社会についても成り立つとする類推的な思考様式です。それは、「市場の失敗」を緩和する条件（国際公共財を提供する大国の存在や、個別取引に要する費用を削減する国際制度の存在など）の中に国際協力の可能性を探るという論理構造を持っています。

こういった類推論的な秩序論は、国際秩序の変動を国内秩序の変動と関連づけて一体として理解する視座を持つものではありません。この二つの変動を架橋する論理を提供するのが共振論なのです。

おわりに

最後に、この共振論の今日的な意義についても一言触れたいと思います。

一九六〇年の「植民地独立付与宣言」は、「政治的、経済的、社会的または教育的な準備が不十分なことをもって、独立を遅延する口実としてはならない」としました。言いかえれば、旧植民地の独立は、そのような準備が不十分であっても否定されない権利（自決権）に基づくとされたのです。この意味では、国際社会が旧植民地の独立を承認するにあたって、国内統治のあり方について国際的な基準を設けることは否定されました。

しかし、いったん否定されたこの《国内統治の国際基準》の論理が、近年、国内における残虐行為の禁止という文脈でよみがえりました。それは、「保護する責任」論と「国際刑事裁判所（ICC）」という形をとるものでした。

「保護する責任」論については、個別国家が所定の残虐行為（ジェノサイド、戦争犯罪、民族浄化、人道に対する罪）から住民を保護する一次的責任を負うものの、当該国家が所定の責任を果たす「意思と能力」を備えない場合には、国際社会が住民を保護する二次的責任を負い、平和的手段では不十分ならば国連安全保障理事会は強制措置をも講ずるとしました（二〇〇五年の国連首脳会合成果文書）。

またICCについては、その設立条約であるローマ規程（一九九八年）は、所定の残虐行為（ジェノサイド、戦争犯罪、人道に対する罪、侵略犯罪）は、国際社会全体の関心事である重大な犯罪であり、それは国際の平和に対する脅威であるとの認識を示すとともに、すべての国家はこれらの犯罪に責任のある個人に対して刑事裁判権を行使する責務を負うとしたうえで、関係国の国内裁判所が被疑者を捜査・訴追する「意思と能力」を持たない場合には、ＩＣＣが国家の刑事裁判権を補完するとしました。

このように国内統治のあり方が国際問題とされる今日、国内秩序の在り方と国際秩序の在り方を一体として捉える共振論の視点がいっそう必要になっているのではないかと考える次第です。

3 奴隷貿易とその廃止運動を再考する——チャリティと共感の観念史を通して

大石和欣
（イギリス文学）

はじめに——ジョージ・フロイド事件

二〇二〇年五月、アメリカ合衆国ミネソタ州ミネアポリスにおいて、警察官が黒人男性に手錠をかけて地面に組み伏せ、顔を地面に押さえ続けて窒息死させた事件が発生しました。これを契機に被害者となったジョージ・フロイドを追悼する反人種差別運動が世界を席巻することになりました。この一連の社会現象には、黒人に対する偏見や反感、その一方でマイノリティへの共感や権力に対する憎しみという感情が錯綜しています。

この事件の歴史的ルーツとして奴隷貿易があることを忘れてはなりません。ヨーロッパ諸国が一五世紀から行っていた奴隷貿易によって、多数の人びとがアフリカから南米・中南米・北米へ強制的に移送され、プランテーションや鉱山で奴隷として労働させられることになりました。奴隷解放後も黒人に対する市民生活上の差別や抑圧は、合衆国において深刻な政治問題であり、社会の軋轢であり続けてきました。

今回はイギリスで一八世紀から一九世紀初頭にかけて行われていた奴隷貿易およびその廃止運動を、「反感」や「憎悪」の反意語である「共感」というテーマから再考したいと思います。このテーマは私がイギリスに留学していた頃に考えていた問題なのですが、その時と現在とではかなり状況が変わっています。当時イギリスではトニー・ブレアが率いる労働党政権が誕生し、政治の潮流が変化しました。その後、グローバル化がいっそう進展し、研究の動向も大きく変わりました。それを含めて前半では「共感」を観念史として分析し、後半でその一例として奴隷貿易を考えてみたいと思います。

私の学術的関心事の一つは、社会的弱者に対するチャリティや共感を観念史として捉えることです。また、歴史研究において最近台頭してきた感情史も私の研究に深く関わります。観念史、あるいは感情史の中で、とくに文学を中心にしながらも、色々な史料を基にして特定の観念なり、感情なりを位置づけていくのが私のアプローチです。

感情というのは普遍的なものであって、特定の時代に限定されたものではないだろうという見方もあります。しかし、それぞれの時代において特定の観念なり感情なりが、特異な歴史的文脈のなかでそれ以前とは異質な意味を付与されていくこともあります。その位相や動態を言語活動として捉えることで、人間と社会の関係、そして両者と感情や言語の関係について重要な側面を照射できると私は考えています。文学テクストの解釈に終始するのではなく、歴史的な史料等も考察することで、言語が措定する観念や感情が歴史的実態を伴って浮かびあがってきます。「チャリティ」が一つのキー観念とすれば、それに絡む観念あるいは感情として「共感」を考えてみる必要もあると思います。

チャリティと共感の観念史——歴史的背景

チャリティはキリスト教的な枠組みのなかで考えるべきものですが、イギリスにおいては救貧法という法的な扶助と、個人の篤志やその集合体としての篤志協会、その実践としての慈善事業といった私的扶助の総合的関係のなかでとらえる必要があります。金澤周作『チャリティの帝国——もうひとつのイギリス近現代史』（岩波新書、二〇二一年）が優れたイギリスにおけるチャリティの俯瞰的通史を提供していますので、詳細はそちらを参照していただきたいと思いますが、ここでは奴隷貿易に関わる問題として簡潔に紹介しておきたいと思います。

エリザベス朝期に制定された救貧法は、一八三四年の改正を経て福祉国家の制度が確立する一九四八年まで公的扶助の根幹を担いました。教区単位、あるいはその集合体としての地域単位で、貧しい人たちを扶助するという制度です。当初の救貧法制定の背景には、当時増加していたアイルランドからの移民・流民を取り締まるという、ある意味で移民排斥的な理由もあったことはつけ加えておきたいと思います。

近代になると、救貧法だけでは貧しい人たちを救済できない状況が生じてきます。そこで有効に機能し始めるのが私的扶助です。イギリスが他国と顕著に異なる点は、個人の篤志に基づく私的扶助の規模の大きさと多様さです。公的扶助と私的扶助の両輪によって社会的弱者への救済が実践されています。こうしたイギリス的チャリティの構造を説明する際に「ミックスド・エコノミー（mixed economy）」という概念を用います。「混合経済」と訳してもよいと思いますが、この複層性が貧民救済についてもある程度有効に機能していました。

篤志としてのチャリティがとりわけ盛んになっていったのは一八世紀からであると考えられます。国内における膨大な資本の蓄積が背景にあります。この時代は、イギリスが海外覇権を構築していきました。一七世紀においてクロムウェルが海軍を増強した結果、英蘭戦争にも勝ち、海外における覇権伸長を果たしていくことになったのです。結果として海外貿易が盛んになり、植民地も獲得していきます。その過程で、国が借金しながら対外戦争を行い、それに勝利を収めて植民地を分捕り、そしてさらに資本を蓄積していくというサイクルを繰り返していきます。ジョン・ブルーアの言う「財政軍事国家」としてのイギリスの姿が見えてきます（『財政＝軍事国家の衝撃——戦争・カネ・イギリス国家　1688-1783』名古屋大学出版会、二〇〇三年）。今回お話しする奴隷貿易もその重要な一角を担っていました。

この過程で経済は活性化し、消費も活発になり、いわゆる近代的な消費文化も台頭します。例えば鏡や櫛、キャラコなどの服地といった奢侈品が、小さなコミュニティ単位ではなく国、あるいは植民地を含めたグローバルな規模で流通し、消費されていきます。ショーウインドウも作られ、顕示的消費も見られるようになります。

資本の余剰は、チャリティの活性化も促しました。皮肉なことに消費文化が盛んになってくると風紀も乱れてくるので、風紀改善運動も盛んになっていきます。それもチャリティの一形態です。また、一七三〇年代~五〇年代は、慈善施設、とりわけ病院が数多く建設されていきます。医学・生理学の進展にも裏打ちされていますが、広い視点から見れば啓蒙時代の申し子とも言えます。慈善病院の建設は、近代のチャリティと啓蒙との結婚によって生まれた現象と言えるでしょう。消費文化の興隆とチャリティの活性化、そして啓蒙は、共通する社会・経済構造の中から生まれ、結びついたものなのです。

ただ、これらは恵まれない人たちへの思いやりという純粋なチャリティとは言い切れません。ロンドンだけではなくてダブリンにおいても同時期にプロテスタント系の人々によって慈善病院が建設されますが、そこには植民地化されたアイルランドのカトリック系人口が急増していく状況に対して、入植者であるプロテスタント系の人びとが危機感を持ってプロテスタント人口の増加と支配の強化を促そうとする帝国主義的意図が垣間見えます。

また、ジョナス・ハンウェイが一七五六年に海洋協会を創設しますが、これも帝国主義と結びついたチャリティです。貧しい子どもたちを協会に入れて水夫として訓練を行うのが目的です。もちろん孤児たちですから、彼らに職を与えた点では立派に慈善事業の役割を果たしたのですが、水夫になった子供たちが何をしたかと言えば、海軍の一部として帝国覇権の伸長を後押ししていく原動力となっていったわけです。

観念としてのチャリティと共感

こうしたチャリティが活性化していく時代において、社会的弱者や他者への共感、あるいは類似の道徳感情を美徳として掲げる言説が多く著されていきました。「慈愛（charity）」はもちろん、「共感（sympathy）」や「仁愛（benevolence）」、さらには「憐憫（pity）」、「同情（compassion）」、さらには「思いやり（human kindness）」、「人情（humanity）」が主な美徳です。文学の時代区分として一八世紀の半ばは「感受性の時代」と呼称され、共感や憐憫を含む感受性をテーマにした「感受性文学」の台頭を見ることになりました。ローレンス・スターンの『センチメンタル・ジャーニー』（一七六八年）やヘンリ・マッケンジーの『感情の人』（一七七一年）などは代表例です。後者は、多感な主人公が他者への篤志を半ば強要され続けた結果、心身ともに消耗して肺炎にかかって亡くなるという物語です。共感に基づく篤志が必ずしも有意義でもないし、美徳にもならないというアイロニーを示唆しています。スターンの小説も、篤志だけではなく、異性との共感、ときには性欲まで感受性に含まれることを開示している点で興味深いものです。

「チャリティ」と「共感」に焦点を絞って、観念史的な視点から考えてみたいと思います。英語としての「チャリティ（charity）」は、ラテン語の“caritas”の英訳として一二世紀頃に入ってきます。主要な使用は聖書に関わるものであり、ウィクリフはギリシャ語の「愛《アガペー》（αγάπη）」がラテン語で“dilectio”と“caritas”に分かれたものを「愛情（love）」、「慈愛（charity）」と訳しています。一六世紀の教義論争を経て「慈愛」が教会用語として採択されますが、一九世紀になると「愛」が聖書のテクストに復活します。いずれもキリスト教の愛、人間と神、隣人同士の愛を意味しますが、一六世紀には隣人への善意や貧しい人たちへの施しとしては「慈愛」が広範囲に流布し、一七世紀から一八世紀にかけては社会的な意味が付与され、組織的な慈善行為としての「チャリティ」が用語としても、概念としても確立します。一九世紀半ば過ぎに、「チャリティ」が「資格に値する貧者」への慈善という特殊な意味を担う場合が目立つようになるのも興味深い社会言語論的現象です。

一八世紀の道徳感情として重要なものには「仁愛（benevolence）」があります。ラテン語の「善意（bene + voluntas）」をそのまま英語にしただけですが、さまざまな社会的不公平を是正する社会的、ときに政治的美徳として盛んに使われました。アイルランド出身でスコットランド啓蒙思想の祖とも言われるフランシス・ハチスンの「普遍的仁愛（universal benevolence）」は影響力の大きかった概念です。神が普遍的に公平無私な状態で仁愛を備えているように、人間も「普遍的仁愛」を通して社会全体に対して「公的に有益な行動」を追求するべきである、とハチソンは主張しました。

ハチスンの「普遍的仁愛」は、アメリカ独立戦争に対して思想的な動機づけをすることになったと考えられています。また、イギリス国内において社会的差別を受けていた非国教徒にとっても、彼らが政治・社会改革を追求する際の思想的キー概念として流布しました。後で詳述しますが、フランス革命の余波を受けたイギリス国内の急進的政治活動において、非国教徒たちの「普遍的仁愛」はフランス革命が掲げる美徳の一つ「友愛（fraternité）」と同義として用いられるようになります。英語としては「博愛」あるいは「人類愛」を意味する“philanthropy（phil + anthropos = love of mankind）”とも可換な概念とことばです。急進主義者たちは奴隷貿易廃止運動や奴隷制廃止運動に対しても「普遍的仁愛」を掲げることになります。

一方で、普遍的仁愛に対して懐疑的だったのがデイヴィッド・ヒュームです。極めて現実的な人間観を保持したヒュームは個人的にも好きな思想家です。彼の考えを要約すると「仁愛は自然な特性と言えるかもしれないが、それは正義にならないでしょう」ということになります。仁愛といった徳性ではなく、「公共的利害への共感」というものを重視し、道徳的是認を受ける人為的かつ公正な法に基づいてそれが実施されるべきだと主張したのです。公共の効用性を基準にして道徳感情の是非を判断すべきであるという立場です。

チャリティについてもヒュームは面白いことを言っています。お金を物乞いに施すのは、そうしないと自分の気分が悪いから、あるいは物乞いの視線や姿が痛ましく、その痛みを軽減するために施すという利己的な動機に基づいていると分析するのです。共感や憐憫が必ずしも道徳的善でもなく、利己的な動機に基づいている限り社会的正義にはならないというわけです。いかにもヒュームらしい主張です。

もう一つ、一八世紀的概念として重要なのが「共感」です。アダム・スミスが『道徳感情論』（一七五九年）で掲げたものが著名な事例です。ストア派の影響を受けたスミスは、「公平無私」な視点に立った共感を唱導します。ヒュームのような立場からすればそれは非現実的すぎるということになるでしょうが、『道徳感情論』を読んでみると、自己愛を否定しているわけではないことがわかります。自己愛を維持しつつ共感を原理とする自然な感情が「公平無私なる観察者」になっていく過程を辿り、結果的に「人間行為の偉大な審判者」となると論じます。

スミスが『国富論』（一七七六年）で提示した「神の見えざる手」という考え方は、人間一人ひとりがこの公平無視なる共感を備えているという道徳的前提があるからこそ主張できた考え方です。「神の見えざる手」はいわゆる「摂理《オイコノミア》」という神学的枠組みとも無縁ではありません。家政や宇宙と自然界の摂理、ひいては神の摂理を意味するオイコノミア（οικονομία）は経済（economy）の語源でもある言葉ですが、スミスの考え方に従えば、国家経済の「摂理《オイコノミア》」は人間が人為的に操作するものではないということになります。スミスが提唱した自由経済を裏打ちしているのは、自然状態においてこそ摂理《オイコノミア》によって公平かつ公正な状態がもたらされるという確信です。その根底には人びとが自己利益の追求ではなく、公益への配慮を含めた「共感」に動機づけられているという信念も潜在します。

その一方、「共感」を含めて人間の感情は利己的なものであり、人間が自己の欲望にしたがって自己利益のみ追求する以上、政治・経済の領域においても人為的な干渉をしない限り神の意図する本来の摂理《オイコノミア》が保てないという考え方もあります。保護主義を含めた人為的政策によって自由経済がもたらす弊害を是正しようとする人びとは、一八世紀末から一九世紀にかけて自由経済を信奉する人びとと論争し続けました。貧困問題について言えば、自助こそ美徳であり、救済は貧民を堕落させるだけであるという自由放任主義者に対して、彼らは公的扶助・私的扶助はもちろんのこと、政治・経済政策を通して貧民を救済する措置を講じる必要を訴えます。

一八三四年の救貧法改正は、ベンサム的功利主義者や自由経済を信奉する人びとの考え方を反映しながら、自助の精神を助長すべく厳格かつ中央集権的な貧民管理制度が導入されたものです。その間においても私的扶助としてのチャリティは、長い一九世紀を通して依然として盛んに行われ、救貧法や自由経済からこぼれ落ちてしまった人たちを救済し続けていきます。

奴隷貿易に当てはめて考えると、自由放任主義の立場に立てば人びとは公益への共感を基にして自由に貿易を含む経済活動をするのだから、奴隷貿易を廃止するのは市場を含めた摂理《オイコノミア》への干渉だということになります。一方で、奴隷貿易廃止を主張する人びとは奴隷たちへの共感や「慈愛」を土台にして、奴隷貿易の倫理的妥当性を否定し、政策を通してその廃止を実現することで本来あるべき「摂理」を実現しようと試みます。

家族愛か、人類愛か、というジレンマ

ここで考えなければいけない一つの道徳的ジレンマがあります。共感というものを誰に対して感じ、どこまで支援するかという問題です。奴隷貿易について言えば、海の向こうで苦しむ奴隷たちの境遇に同情し、救済するのはどこまで実効性があるかという問題です。

一番身近な人や家族、コミュニティの人にまず共感を感じるのが人間的本性であるという点で多くの哲学者は一致しています。ですが、この同族的共感からより広範囲な地域の人びと、そして国家という単位、さらに世界にいる人びとに対して、共感の同心円が広がっていくと、どこまでが感情を伴ったものであり、実効性を伴って機能するのか、またどの規模の共感が一番倫理的に適正なのかについては一概に言えません。とりわけ一八世紀においては自己愛と利他主義の関係が哲学的問題として

議論されていましたから共感の境界線をどこに引くのかは、大きな問題でした。

家族や身近な人びとへの共感はもっともリアルに感じるものであり、不幸があった場合には支援の行動が自然に伴うことが多いものです。その延長線上に地域への愛着を考えることも十分理解できます。しかし、国民まで規模が広がると必ずしも共感は機能し得ないし、また共感に基づいたチャリティも有効に機能したりするわけではありません。博愛や人類愛という概念はさらに抽象的概念であって、チャリティが実体を持ち得ない可能性も高くなります。奴隷たちへの共感や奴隷貿易廃止運動は、実際そうした博愛や人類愛と結びつけられ、結果としてその有効性や有益性に対して疑問が付されることがありました。

奴隷という異人種への共感は、人類愛と結びついた「世界市民」という概念に絡めて考えるべきものでもあります。現代でも考えなければいけないテーマの一つでしょう。所属する地域や国家を失った、あるいは実質的に帰属していない人びとにとって、世界を自分の所属として主張できるのか、またグローバル化した現代の私たちは人類全体への共感を感じ、それを土台にして行動できるかという問題です。ガヤトリ・スピヴァクが『ある学問の死――惑星思考の比較文学へ』(みすず書房、二〇〇四年)の中で提唱した惑星的(あるいは地球的)想像力や『ナショナリズムと想像力』(青土社、二〇〇一年)で述べている主張は、グローバル化した現代世界における博愛と考えることもできます。一八世紀から続く共感の系譜において考えるべきものでしょう。

「世界市民《コスモポリタン》」について言えば、一八世紀のフランスで編まれた『百科全書』の中で定義がなされています。決まった住所を持たない人、どこへ行こうとも異邦人として掲げられるものとして、世界を市民とする、世界を自分の住まいとするという意味で世界市民《コスモポリタン》という考え方が出てきます。「ある古代の哲学者」としてシノペのディオゲネスへの言及があります。奴隷出身のディオゲネスは都市国家ポリスに帰属する市民としての資格に疑問が付されることを嫌い、「私はコスモポリタンだ、全世界の市民だ」と答えたことが記されています。

『百科全書』は加えて、「別の哲学者は」ということでフェネロンに言及し、「私自身よりも私の家族を、私の家族よりも私の祖国を、私の祖国よりも人類全般を愛する」と述べたという言葉を記載しています。高邁な理想ですが、はたして人類全体への愛のために、身近な人や家族を犠牲にすることは可能でしょうか。そこに倫理的なジレンマが生じます。

いずれも地域や国境を越えた共感と市民意識を胚胎した理念ですが、とりわけ後者はフランス革命の「友愛」、あるいはイギリスの急進主義者が掲げる「普遍的仁愛」、あるいは「人類愛」といった美徳に直結していくことになります。

フランス革命を契機にした「博愛」論争

「人類愛」や「世界市民」の延長線上にあるフランス革命が標榜する「友愛（fraternité）」の美徳は、一八世紀末のイギリスで大きな政治論争の焦点になります。

図1はフランス革命期のイギリスの急進主義者とその思想を揶揄した諷刺画です。描いたのはジェイムズ・ギルレイという当代きっての諷刺画家です。政府の依頼を受けて、フランス革命を称揚する

図1　ジェイムズ・ギルレイ『新しい道徳』（1798年）©Alamy

急進主義者たちの考え方を批判する政府系の雑誌『反ジャコバン派評論雑誌』に一七九七年に掲載したものです。リベラルなホイッグ系の政治家や急進主義者、詩人たちが海獣《リヴァイアサン》に擬したベッドフォード公爵の背中や周囲に群がり、司祭を演じるフランス総裁政府の総裁ラ・ルヴェリエール＝レポーを見上げています。その背後、図の右端に崇め奉られているのが、「人類愛（Philanthropy）」「感受性」（Sensibility）」「正義（Justice）」の三つの美徳です。真ん中に立つ「人類愛《フイランソロピー》」は両手に抱いた地球を噛みながら、私は世界を愛するというジェスチャーをとっています。革命の理念「自由」「博愛」「平等」を想起させますが、それらと呼応してイギリスの急進主義的思想が追求するのが、平等な市民権と市民社会を確立する政治的「正義」や世界を愛する「人類愛」＝「博愛」、さらには社会的弱者への「共感」を含む「感受性」となっています。フランス革命の掲げる政治的理想が、啓蒙思想やジャン＝ジャック・ルソーの政治思想の影響下にあると同時に、そのルソーが『エミール』（一七六二年）において強調した感受性や道徳感情の系譜にあることが暗示されています。

「普遍的仁愛」をとりわけ声高に主張し、自らが被っている社会的不平等の撤廃、政治・社会改革を訴えていたのが、国教会に属さない非国教徒のうちユニタリアンと言われている人たちです。合理的で高い知的文化をもった富裕層が多い宗派ですが、三位一体説を否定したため非国教徒にならざるをえず、大学にも行けず、公職にもつけないなどの市民的差別を受けていました。加えて、原罪も否定し、人間の善性を信じ、それに基づいて人間も社会も改善可能であると考えていましたから、政治的不平等を是正する社会・政治改革も積極的に主張しました。少なくとも一七九〇年代前半はフランス革命を支持していました。彼らが唱導したのが、「普遍的仁愛」、つまり「人類愛」であり、「正義」でした。その道徳的美徳の土台にあるのが「急進的感受性」と呼称されるものです。

リチャード・プライスや科学者でもあったジョゼフ・プリーストリーが代表的ユニタリアンです。プライスは「理性的仁愛」を非常に高く評価して、フランス革命が起こったときも『祖国愛について』（一七八九年）のなかで、「祖国愛というのは小さなコミュニティに対する愛ではなくて、全人類、あるいはより広範囲の人間への愛と考えるべきだ」と主張します。いわゆる「愛国主義《パトリオティズム》」は「人類愛《フィランソロピー》」と対立するものではなく、同義であると定義したのです。

この考え方に異論を唱えたのが、かつてアメリカ独立戦争を支持したエドマンド・バークです。『フランス革命についての省察』（一七九〇年）において、抽象的な「博愛」に基づいた身分制廃止や財産没収・平等配分は、叡智の結晶としての伝統や国家体制を破壊する空虚で破滅的な「自由」「平等」でしかないと指摘したのです。ルイ一六世と王妃マリー＝アントワネットが捕まえられる場面をドラマティックかつ感情的に描写し、「騎士の時代は潰えた」と悲嘆しました。

バークの感傷的な革命批判に対して、急進主義者たちは猛然と反発し、多数の政治パンフレットが書かれます。またそれに対する反駁も反革命派・政府側の人びとから寄せられます。フランス革命の解釈をめぐって総計で七〇とも八〇とも言われる政治論評が出版され、論争が繰り広げられることになりました。それは社会的弱者への共感や自由で平等な市民社会を支える博愛の理念についての思想論争でもありました。

トマス・ペインは『人間の権利』（一七九一～九二年）において、バークの憐憫が国王と王妃だけに向けられる一方、苦しんでいる民衆と社会の病理に向けられていないことを、羽根を憐れみながらも、瀕死状態の鳥そのものを無視していると痛烈に批判します。ウィリアム・ゴドウィンも『政治的正義』（一七九三年）において、「公平無私なる正義と理性」を掲げます。その根本に「一般的福利」を追求する特性として仁愛や博愛を位置づけ、この「公平無私なる正義と理性」を個人個人が備えていれば政府は不要になると、アナーキズムを提唱しました。当時の知識人に甚大な影響を及ぼした著作です。『政治的正義』は一七九五年、一七九八年と加筆修正の上増版されます。ペインやゴドウィンはユニタリアンではありませんが、ユニタリアンと親交があり、「普遍的仁愛」に基づく政治的・社会的正義の実現を追求したために、「理性的非国教徒」と呼称される集団の一員として位置づけられます。

奴隷貿易廃止運動から考える

奴隷貿易廃止運動はフランス革命およびその余波を受けたイギリス急進主義運動と並置して捉えるべき側面があります。そこにこれまで見てきた「共感」や「博愛」、あるいは「普遍的仁愛」、あるいは「慈愛《チャリティ》」といった感情、あるいは美徳が絡んできます。そしてそれらが政治的、あるいは宗教的、時にジェンダーの問題に関与しながら規定されていきます。

奴隷貿易は、一五世紀から一九世紀にかけて大西洋を軸に行われた三角貿易の一角を成す通商形態です。ヨーロッパからラム酒や武器、台所用品を含む金属品などが積み荷として載せられ、主に西アフリカに向かいます。西アフリカではヨーロッパから持ってきた商品を売り、その代わりに内地で捕獲された黒人たちを奴隷として買い取り、彼らを積み荷として船に載せます。船はその後「中間航路《ミドル・パッセージ》」と言われる赤道直下の航路を通って南米、中南米、あるいは北米へ向かいます。南米の鉱山、中南米のサトウキビプランテーション、それから合衆国南部のタバコプランテーションや綿花プランテーションに労働力として供給されていったのです。

元々はスペインやポルトガルがアフリカ－南米間で奴隷貿易を行なっていましたが、一八世紀はイギリスが規模においても、収益においても、ヨーロッパ随一の奴隷貿易国となりました。一八世紀前半はブリストル、後半はリヴァプールが奴隷貿易船の発着港として殷賑《いんしん》を極めます。ブリストルでは町の壁は奴隷の血で塗り固められているとまで言われるほどでした。ジョージ・フロイド圧殺事件を契機にして二〇二〇年に起きた反人種差別運動において、ブリストルでは市中心部に立っていた一七世紀の奴隷商人エドワード・コルストンの銅像が引き倒されて、川に投げ込まれました。コルストンは慈善事業や都市整備に多大な貢献をしましたが、財産基盤が奴隷貿易にあったために批判の矛先が向けられたのです。

奴隷貿易は人道性の点でも、またディアスポラという現象を生み出した点でも歴史的汚点として認識されています。奴隷たちは船内にすし詰めにされ、排泄処理さえ許されないまま赤道直下を航海するために、感染症や疫病の犠牲になることが頻繁でした。命を落とす人たちも無数にいました。アフリカで積み込まれた人たちの三分の一が中間航路で命を落としたと言われています。死体だけではなく、時には病気になった人たちも生きたまま海に投げ落とされることがありました。彼らは「商品」として保険をかけられていたために、そうした場合は損失として補填されることが期待されていたのです。

奴隷たちは互いに家族や同部族からも隔離されて乗船することになりました。航海中に奴隷同士で謀って叛乱を起こさないようにするためです。彼らはアメリカ大陸の各地に離散していきます。一八世紀になると召使いとして、あるいは解放奴隷として、ヨーロッパにやってくる人たちも増えてきます。いわゆるディアスポラという現象です。現在はDNA鑑定で自分のルーツを辿ろうとする子孫も数多くいます。

この奴隷貿易が関与している三角貿易というのは、近代初期においてグローバル化を推進しました。とくにイギリスでは一七世紀末の金融革命によって巨額の資本を投資・運用できる金融システムが確立し、それを通して海外における帝国主義的覇権の伸張を助長し、同時に通商網をグローバルな規模で拡大していきました。結果として金融市場を持つロンドンなどの都市を通して、「資本」と「情報」というものを集め、世界中に「物」を流通させ、「人」も移動させ、「知」を含めた「文化」を拡散していくことになりました。ピーター・バークは『文化のハイブリディティ』(法政大学出版局、二〇一二年)において、グローバル化の構図として全てがクレオール化していくと論じていますが、そんな単純なことではないでしょう。金融資本の掌握者が人や物、情報を支配し、結果として文化的な覇権も掌握してしまうプロセスとしてグローバル化を捉えるほうが妥当ではないでしょうか。少なくとも奴隷貿易は、集積された資本がロンドンなどの金融市場を通して投資され、人や物の動きをグローバルに加速させ、イギリスの言語や文化をグローバルに流通させた帝国主義覇権の一翼を担っていました。

奴隷貿易廃止への道程

イギリスでは一八〇七年に奴隷貿易が廃止され、一八三三年に奴隷制が廃止されます。これらのことは世界に先駆けて行われたのですが、それに至る過程にはさまざまな事件や確執がありました。奴隷たちの窮状については、一七五二年にマルティニークで、一七六五年にジャマイカで奴隷による反乱や蜂起が起こって、広く知られるようになります。イギリスにおいて耳目を集めることになったのは、一七七二年のサマセット訴訟でした。ボストンの関税官が訪英した際に連れてきた奴隷が逃亡し、取り押さえられて裁判にかけられました。グランヴィル・シャープの尽力によって最終的には釈放されることになったため、それ以後、北米の奴隷たちの間ではイギリスに行けば自由になれるという神話がまことしやかに出回ることになります。

反奴隷貿易の世論をもっとも推進した事件にゾング号事件（一七八一年）があります。中間航路《ミドル・パッセージ》を航行中に疫病が船内で蔓延してしまったゾング号は、死亡者だけではなく、売り物にならなくなった病人まで百数十人を鎖につないだまま海に投げ落としたのです。そして所有者だったリヴァプールの商人が保険会社に「積荷」の損失を請求しました。しかし、損失の規模が前例にないものだったことに驚いた保険会社が、調査を行ったうえで支払いを拒否し、訴訟に訴えることで事件が明るみに出たのです。

損失補填を無効とする判決が出た一七八三年から奴隷貿易への批判が勢いを増していきます。その前年に自伝的書簡集を出版した元奴隷のイグナティウス・サンチョは、各地での講演や書簡を通して奴隷貿易の実態を伝えると同時に、その廃止を訴えました。クエーカーは大西洋の両側で一八世紀半ばから奴隷制や奴隷貿易に対する批判を繰り返してきましたが、イギリス側のクエーカーたちは一七八三年に国会に奴隷貿易廃止の最初の嘆願書を提出しました。一七八六年にトマス・クラークソンは『奴隷制と貿易についての小論』を出版し、その後は主にクエーカーの伝手《つて》を頼って、奴隷貿易の実態解明と反奴隷貿易の世論喚起にイギリス全土を奔走します。翌一七八七年にはシャープやクラークソンにハンナ・モアやウィリアム・ウィルバーフォースといった国教会内の福音派が加わって、「奴隷貿易廃止実現のための協会」がロンドンに設立されました。地方にも設立が相次いだ同様の協会と連携し、目標達成のために活動することになります。

アメリカ独立戦争とフランス革命は、こうした奴隷貿易廃止の機運を助長することになりました。一七八八年にイギリス議会に対して全国の一〇〇以上の組織から嘆願書が送られ、奴隷船が一度に運ぶ奴隷数を制限するドルベン法が成立します。一七九二年には段階的に奴隷貿易を廃止する法案が可決されますが、期限を設けないことにしたため実効性を欠いた骨抜き法になってしまいました。奴隷貿易と利害関係にあったスコットランドの政治家ダンダスの差し金です。二〇二〇年の人種差別反対運動では彼の銅像も破壊対象になりました。

一七九一年にはフランス革命の影響を受け、ハイチのサン＝ドマングで奴隷反乱が起きました。最終的にはトゥーサン・ルヴェルチュールに率いられてフランス軍に勝利を収め、一七九四年にジャコバン派の国民公会に奴隷廃止を認めさせ、事実上独立することになりました。ハイチの革命はイギリス政府の奴隷貿易廃止への態度を硬化させてしまうこととなり、以後一八〇七年にいたるまで奴隷貿易廃止は法案として実現しませんでした。

ユニタリアンの反奴隷貿易言説

長い年月がかかってしまった奴隷貿易廃止を実現した要因は一つではありません。複数の要因を想定しなくてはなりません。いくつかの歴史的な出来事のなかで多様な人たちが異なる動機と目的を持って奴隷貿易の廃止を追求していったというのが実態です。「共感」や「人類愛」、あるいは「普遍的仁愛」はその一つでしかないことはあらかじめ述べておきたいと思います。

トリニダード・トバゴの首相になったエリック・ウィリアムズが『資本主義と奴隷制』（ちくま学芸文庫、二〇二〇年）において主張するように、奴隷貿易の不経済性も廃止法案が可決された理由に考えることは可能ですが、今ではそれについては否定的な学説が主流になっています。一方で、C・L・R・ジェームズが『ブラック・ジャコバン』（大月書店、二〇〇二年）で指摘したのは、上述のルヴェルチュールのような奴隷たち自身による反乱や解放運動が果たした大きな役割です。純粋に人道主義的な動機もありますが、アメリカ独立戦争やフランス革命、さらにはその余波を受けたイギリス国内の急進主義的な運動といった政治的背景はより重要な意味を持っています。

宗教的要因としてこれまで指摘されてきたのはクエーカーと国教会内の福音主義者たちの言動です。クエーカーは最も早くから奴隷制そのものを問題視し、奴隷貿易を含めて廃止を訴えてきました。プランテーションや奴隷貿易に関与しているクエーカーもいましたが、信仰の篤いクエーカーは大西洋の両側で貿易を罪として批判していきました。奴隷制廃止法案可決の立役者である国会議員ウィルバーフォースや作家・慈善家のハンナ・モアに代表されるように、国教会内の福音派も「奴隷貿易廃止実現のための協会」を軸に奴隷貿易廃止に重要な役割を果たしてきました。

また、個別に考えるのではなく複数の要素が重なっていることも確かです。クリストファー・ブラウンは、宗教的要因や政治的要因の背後に、植民地だったアメリカを喪失したことで、帝国としてのイギリスの倫理性や国民の道徳的アイデンティティに対する疑念と不安が共有され、奴隷貿易にも批判の矛先が向けられたことを指摘しました。一八世紀末にアフリカやインドなどにおける宣教活動が国教徒と非国教徒の双方の間で活発化していくのは、そうした帝国の権威失墜に対する危機感の裏返しと考えられます（*Moral Capital: Foundations of British Abolitionism*, University of North Carolina Press, 2006）。

しかしながら、今まで注目されてこなかった二つの動機・要因が近年指摘されるようになりました。すでに述べてきた理性的非国教徒たちの言動と、それに加えて女性たちの役割です。「仁愛」あるいは「共感」が動機として言説にも浮かび上がっています。

理性的非国教徒の中でもユニタリアンは奴隷貿易廃止の政治的意義を強調した点で突出していました。フランス革命論争のきっかけを作ったリチャード・プライスは、アメリカ独立戦争時に、奴隷貿易が「人類にとって衝撃的であり、残酷かつ邪悪であり、極悪非道そのもの」であるとして、建国まもないアメリカが自由と平等の理念に沿って奴隷貿易を廃絶するように訴えました。

プリーストリーは一七八八年に奴隷貿易廃止についての説教をします。ユニタリアンの思想を濃厚に反映したものです。人種の優劣という考え方そのものを否定し、聖書解釈を土台にしつつ、自然の権利としての平等と自由という理念に基づいて奴隷制を真っ向から批判します。奴隷制は奴隷から教育の権利を奪い、それゆえに能力向上の可能性も消滅させてしまうことに加え、奴隷所有者の道徳的堕落をもたらし、結果的に社会全体が退化すると論じます。一方で自由な貿易は「文明」を発展させ、アフリカをイギリス製品の市場にすることができると、奴隷貿易廃止に反対する人たちの不安や論理を一掃しようとします。

教育や自助努力に基づく能力向上および自由貿易への信頼は、多くのユニタリアンが共有していたものですが、以下の一節は彼らの個人主義や自由と公正、平等という理想が、グローバル規模の普遍的な「仁愛（benevolence）」や「同情（compassion）」と結びついていることを示唆している典型的なユニタリアン言説です。

自由を愛する心に動機づけられているイギリス人の同胞として私も主張させてもらいたい。お金になるものならなんでも増大させたいと願うほど私たちは利己的な人間なのでしょうか。仁愛の気持ちがあるなら、そして社会における公正の感覚があるのであれば、自分が欲するものを他者にも行き届くのを目にしたいと願うでしょう。であれば、私たちはイギリス人として、私たちの植民地にあるプランテーションにいる黒人たちの状況に見て見ぬふりなどとうていできないのですから、最大限の同情を彼らに対して抱き、境遇や状況において私たちからはるかに遠く隔っているにしても、同胞であり、隣人として彼らを扱い、苦しみからの解放に全力で努力すべきでしょう。

（原典強調）

平易な文体で理路整然と論じているところもユニタリアン言説の特質ですが、公正を社会に求めるのは、非国教徒として大学教育や公職の機会を剥奪されるなどの差別を受けている自分たちの状況があるからです。その意味でも奴隷たちは彼らにとって同胞だったと言えるでしょう。

もう一つ事例をあげましょう。一八世紀後半にはブリストルを抜いてイギリス随一の奴隷貿易港となったリヴァプールで、奴隷貿易廃止を訴えた勇気あるユニタリアンがいました。ウィリアム・ロスコーという人物です。父親の農園で働きながら余暇に読書をして学び、一六歳の時に法律家を志しました。四〇歳のときに銀行を設立しますが、ナポレン戦争終結後の不況で銀行が倒産してしまい、その後学究者として生きました。奴隷貿易の非人道性がイギリス国内で問題になっていた時、『アフリカの虐待』（一七八七〜八八年）という詩を出版します。まだ法律業で生計を立てていた時の著作です。リヴァプールでも奴隷貿易を問題視し、その廃止に賛同する人は少なくありませんでしたが、この詩はユニタリアンのネットワーク内ではもちろんのこと、イギリス国内に広く出回り、アフリカの人びとに対する不当な仕打ちについて啓蒙的な役割を果たし、奴隷貿易に対する批判的な世論を喚起していくことになりました。その中でも「共感」と「普遍的な愛」が重要な美徳として称揚されています。

柔和な共感
そして普遍的な愛の一筋の輝く閃光は
感謝の香とともに天へとのぼりゆく

詩としてはあまり技巧的とは言えない作品ですが、それゆえにわかりやすくユニタリアンの信仰を共有していない人の間でも広範囲に流布し、影響をおよぼしたと考えられます。これまでユニタリアンたちの奴隷貿易廃止運動に対する貢献は看過されていましたが、アメリカ独立戦争とフランス革命の余波を受けたイギリスにおける政治・経済に関わる思潮と「共感」の系譜の中で位置づけるべきものであり、発言力と影響力も大きなものであったことを踏まえて注目すべきだと考えられます。

女性たちの「共感の疼《うず》き」

奴隷貿易廃止運動において「共感」をとりわけ声高に叫んだのは女性詩人たちです。一八世紀半ば以降感受性をテーマにした文学が台頭しますが、一七八〇年代以降には女性作家が豊かな感受性の持ち主ということで、文壇に女性たちが進出しはじめます。このことはチャリティとも無縁ではありません。同時期に女性たちがチャリティという社会活動を媒介にして、地域福祉に貢献したり、日曜学校や出産に際しての補助など労働者階級や貧民の教育や医療に関わる領域でもめざましい活躍をしはじめています。福音主義者のハンナ・モアの言葉を使えば、「チャリティこそ女性の専門職」という建前的根拠に基づいた行動ですが、それは彼女が考えるようにチャリティ活動が家政の延長線上にあるからというだけではなく、女性が備える憐憫や共感といった感受性の美徳を盾にして参加できる社会活動だったからです。

奴隷貿易廃止運動には無数の女性たちが貢献したことが知られています。国会への署名活動の中心にいたのも女性たちでしたし、西インドのプランテーションで作られた砂糖の不買運動を繰り広げたのも女性たちでした。クラークソンは一連の運動の中で女性たちが「司教補佐」ともいうべき重要な補助者だったことを認めています。奴隷貿易廃止協会の陰の設立者であるマーガレット・ミドルトンはモアとともに運動全体に大きな影響力を保っていました。他にも五〇名弱の女性たちが協会の会員として名前を連ねています。夫の名前を用いて加盟した既婚女性もいると考えられます。

奴隷貿易廃止運動は、地域に限定されたチャリティ活動ではなく、国家経済を左右する政治活動であるという点で女性たちに新たな次元での社会活動を切り拓いたものでした。以下の『マンチェスター・マーキュリー』紙に一七八七年一一月六日に掲載された広告文は、「共感」や「憐憫」の情に基づいて女性たちに運動に参加するよう促しています。

もし女性たちが同じ女性たちに対して共感を抱くことが公正かつ正当なことであり、もしそれが自然の理にかなない、人間として当然のことであるとしたら、もし男性が残虐行為によって男性としての責務に叛くようなことがあれば、女性は同じ女性としての憐憫の情から、非人道的な男性が提供することがない援助の手を差し伸べてもよいであろう。

「女性たち」に向かって「人間性、善意、そして深い同情」をもって同性である黒人女性奴隷たちの過酷な境遇を哀れみ、奴隷貿易を廃止すべく国会請願書に署名するよう求めています。社会的に抑圧された状況にある自らの境遇に対する不満とそうした社会制度への批判が、こうした女性奴隷への共感の根底に横たわっています。クレア・ミジリが指摘するように、女性たちにとって奴隷への共感に根ざした奴隷貿易廃止運動や後の奴隷制廃止運動は、公共圏における立派な政治活動だったわけで、一九世紀後半から興隆する女性参政権運動や二〇世紀のフェミニズムと結びつける余地も十分にあります（Clare Midgley, *Women against Slavery: The British Campaigns, 1780-1870*, Routledge, 1992）。

女性たちが奴隷貿易廃止を言葉によって訴える際に用いたのが詩という形式です。散文では政治評論という男性の領域を侵犯したと見なされ、厳しい批判に晒されるリスクがありました。詩では感受性の言語を用いて表現することが許されます。メアリ・ロビンソンの「黒人の女の子」(一八〇〇年)は、白人の主人の妾にされてしまった奴隷の少女が奴隷の男性と恋に落ち、最終的には入水自殺する詩です。主人公の「無慈悲なる運命」、白人男性の「圧政」への痛烈な批判は、ロビンソン自身が皇太子の妾だったこともあり、自身が経験してきた社会的抑圧に対する悲憤が込められているように思います。また、ユニタリアンであったアナ・リティシア・バーボルドは、「奴隷貿易廃止法案否決に際して――ウィリアム・ウィルバーフォース氏に宛てた書簡詩」(一七九一年)において、ユニタリアンが称揚する「素朴さ」、「独立」、「自由」といった美徳が、奴隷貿易によって社会から消滅し、代わりに「腐敗」と「退廃病」が蔓延してしまったと嘆きます。

非国教徒であるヘレン・マライア・ウィリアムズの『奴隷貿易制限法案可決に際しての詩』(一七八八年)はドルベン法可決を祝して書かれたものですが、感受性の言語を用いて女性奴隷への共感を訴える点で典型的な事例です。

か弱い女は、苦痛を加える鎖、
漂う臭気に耐え切れずにいる。
か弱き心は、ますます痛みを増す
激痛に持ちこたえられない。
恐ろしい絶望のあまり、喘いでいる子供を

取り乱して抱きしめることもない。
母性愛を胸に
目からとめどなく涙を流して
蒼白になった子供の吐息を吸いこみ、
苦悶の死の床に沈みゆく。

船底にすし詰めにされた奴隷たちの窮状は地獄のようで、阿鼻叫喚さえ聞こえてきます。そんな中で泣き喚く子供を胸に抱きしめながら死んでいく女性奴隷たちの姿は、白人女性読者の胸に母性愛を喚起するとともに、悪しき慣習としての奴隷貿易に対する批判を掻き立てるべく描写されています。さらにその背後には、法的差別を受けている非国教徒としての自意識も潜在しています。彼女にとってこの詩は、「虐待を通して付与された富を軽蔑し／枷をかけられた敵を傷つけることを侮蔑する」言説であり、体制を批判する言説にほかなりません。その「雄弁さ」の力よって人びとの間に「共感の疼《うず》き」を喚起することを願うのです（**図2**）。

おまえの力は聞いている人々の心を繋ぎとめ、
共感の疼き（the throb of sympathy）を喚起するのです。

ハンナ・モアの『奴隷制、詩』（一七八八年）もまた、感受性の言語を修辞的に用いながら母子が引き裂かれる悲劇を描写することで奴隷貿易の非人道性を強調していますが、福音主義のプロパガンダである側面を持っています。詩の中で突如として出てくるキャプテン・クック礼賛がその証左です。

ああ、クックよ、これらの征服者がお前の温和な精神、
技芸を愛する心、人類愛（the love of human kind）を持っていたならば、
彼らがお前の温厚で、寛大な計図を追い求めたならば、
新大陸発見者が人類の呪いになることはなかったのです。
神に祝福された「博愛（Philanthropy）」よ、
社会を結ぶおまえの両手が、
分割されてしまった世界を同胞の群れに
つなぎとめたでしょう。

図2　奴隷船上で黒人女性が虐待されている状況を描いた挿絵，アイザック・クルックシャンク『奴隷貿易の廃止』（1792年）©Alamy

この頃から盛んになるキリスト教伝道協会を通じてプロテスタント的福音を植民地へ伝えていこうとする意図も詩の中に見え隠れしています。クックは私利私欲を追求する植民地主義者や奴隷貿易商人とは峻別され、世界中の人々を結び合わせる「博愛」精神の持ち主として描かれていますが、その博愛は植民地をプロテスタント・キリスト教によって文明化

させていく精神でもあります。実際、モアはインドやアフリカを含めた植民地に伝道師を派遣することを積極的に推進し、「アフリカおよび東洋への伝道協会」(一七九九年発足)の設立にも関与します。奴隷貿易・奴隷制の廃止運動、フェミニズム、そして植民地主義の底部には共通するイデオロギー基盤が存在します。

いくつかの奴隷貿易廃止に関わる女性詩を見てきましたが、奴隷たちへの「共感」、さらには奴隷貿易廃止への「共感」によって結びついているように見えますが、国教徒と非国教徒、あるいは階級や境遇などの点でその「共感」を支えている信条や考え方は異なり、「共感の疼き」はウィリアムズが謳うほど頑丈な一枚岩ではありませんでした。

「共感」のジレンマ

最後に、こうしたときでも常にチャリティや共感のジレンマというものが存在することを示したいと思います。図として示したいのは一九世紀イギリスにおいて厚い読者層を誇った『パンチ』の「望遠鏡的博愛」という挿絵です(**図3**)。背を向けて望遠鏡をのぞいているのはイギリスを象徴する女神ブリタニアです。自分の足元に垢と煤で真っ黒になった貧しい子どもたちが救済を求めているにも関わらず、望遠鏡で海の向こうにあるアフリカや西インドなどの黒人たちの境遇を覗き込んで心配しています。身近に苦しんでいる人びとがいるにもかかわらず、遠い異国の人々に向けて実体の伴わない抽象的な「博愛」を語っているだけの慈善家を揶揄しています。もっともよく知られた文学的事例はチャールズ・ディケンズの『荒涼館』（一八五二〜五三年）に登場するジェリビー夫人です。自分の子どもが階段の欄干に頭が挟まってもがき苦しんでいるのに、ひたすら遠い異国にある黒人奴隷たちの境遇を語り、彼らの救済に奔走する人物です。

しかし、すでに『百科全書』におけるコスモポリタニズムの定義に絡めて指摘したように、家族愛、隣人や地域への愛情、そして博愛は同心円を形成していながらも、すべてを同時に行動に移せるわけではなく、いずれかを犠牲にせざるを得ない道徳的ジレンマが生じたり、利害の相互干渉が起きる場合もあります。一八〇七年の奴隷貿易廃止法案可決、一八三三年の奴隷制廃止法案可決を経た後、植民地における宣教活動とチャリティは帝国主義的枠組みの中で活発に行われていきました。国内でも多様なチャリティ活動が行われていました。しかしながら、植民地における抑圧的状況は継続していましたし、国内でもスラムの衛生問題や貧困問題は一九世紀後半にはいよいよ深刻なものになっていきました。世紀末に社会主義を掲げて社会改革を目指す

図3　ジョン・テニエル「望遠鏡的博愛」『パンチ』第48巻（1865年3月4日）©Alamy

フェビアン協会が台頭し、一九〇〇年に労働党が設立する頃には、「共感」や「博愛」は有効性を失った空虚な言葉になりつつあったというのが実情です。ディケンズのジェリビー夫人は共感に基づくチャリティの失墜を予兆させる人物でもあります。

家族愛と博愛との矛盾や二律背反性を示唆している作品の一つがシャーロット・ブロンテの『ジェイン・エア』(一八四七年)でしょう。主人公の家庭教師ジェインは雇用者となったロチェスターに「共感」を感じます。社交の場でロチェスターを目で追いながら、「私の頭や心、心や血の流れには、あの人と精神的には一体化するものがある」とジェインはある意味でストーカー的な共感を抱きます。最終的に二人は結婚することでこの「共感」は「愛」へと昇華されます。

しかしながら、それは同族への共感というべきもので、二人の間に他の人たちへの共感が入り込む余地がありません。ロチェスターの館ソーンフィールドから一時離れることにしたジェインが身を寄せたのは従兄の牧師セント・ジョンですが、セント・ジョンがインドでの宣教活動と子どもたちの教育のために妻として随行するようジェインに求婚した際には、断固拒絶します。また、ロチェスターの西インド出身の妻バーサに対しても、狂人として屋根裏部屋に監禁せざるをえない境遇について、ジェインもロチェスターも共感はおろか微塵の同情も持っていません。ジーン・リースが『サルガッソーの広い海』(一九六六年)でバーサ側からの物語を通して『ジェイン・エア』の狭量な白人主義や帝国主義を批判しているのは、パロディーとして妥当性を持っています。ブロンテの小説では、植民地出身の混血女性であるバーサは声すら与えられないまま、炎に呑まれた館とともに自殺させられることで、ジェインとロチェスターの愛が成就可能になります。二人の共感は、精神疾患を抱えた西インド人妻への共感、そして植民地への博愛という同心円につながることなく、閉じた円環に終わっているのです。

おわりに――奴隷貿易と反人種差別運動

二〇二〇年に世界を席巻した反人種差別運動について考察を戻して話を終わりたいと思います。アメリカ合衆国ミネソタ州で起きた警察官によるジョージ・フロイドの殺害は、黒人差別の歴史的原因として奴隷制あるいは奴隷貿易に対して再度人びとの目を向ける契機になりました。奴隷貿易に関わった人たちの銅像や遺産が破壊行為にさらされているのは不法行為ではありますが、歴史認識を深めるという点では意味がないわけではありません。奴隷貿易廃止法案可決から二〇〇年経った二〇〇七年に、その時の首相トニー・ブレアが奴隷貿易を行ったイギリスの罪を認め、被害を被った人びととその子孫たちに謝罪したのは画期的でした。その頃からイギリスでは過去の帝国主義が生んだ歴史的過失を直視するポスト・コロニアリズム的態度が世論にも顕著になっていきます。

とはいえ、イギリスには奴隷貿易によって莫大な規模の富が流れ込み、膨大な歴史的遺産を形成しています。相当数のカントリー・ハウスや歴史的建築物、美術品、蔵書などが奴隷貿易でなされた財にルーツを持っていますから、過去を見直すことはこうした文化的伝統を支える文化財や文化資源の倫理的妥当性にも疑念を示すことになってしまいます。

また、差別にあえぐ黒人たちへの共感から反人種差別運動がグローバルに起きている一方で、移民排斥運動のように移民や異人種への反発や敵対的行動もグローバル規模で顕著になっています。それは『ジェイン・エア』が具現する同族への共感に根ざした排他主義にほかなりません。イギリスがEUから離脱することになったブレグジット問題は、外交や政治・経済の問題だけに還元できるわけではなく、狭量で閉じた同族愛と他者への共感との確執でもあります。グローバル化への反動は、「共感のジレンマ」という観念史、あるいは感情史上のテーマを再現したものでもあるのです。

4 謝罪・赦し・和解の政治とグローバル化

高橋哲哉
（哲学）

はじめに――「精神の傷は癒えない」

私は西洋哲学を学んできた者ですが、馬齢を重ねる間にいろいろな問題に手を出してきました。全体をまとめるのは困難ですので、本日はグローバル・スタディーズ・イニシアティヴの趣旨に比較的近いと思われるテーマを選びました。最近の日本語では「歴史問題」と言うのでしょうか。戦争や虐殺など人間集団間に深い傷を残す出来事が起きてしまった後、その傷をどう乗り越えていくのか。一般に求められる「謝罪」や「赦し」や「和解」といった事柄をどのように理解すべきか。そうした問題です。

私自身の著作で言えば、『記憶のエチカ』（一九九五年）にまでさかのぼるテーマです。同書の第三章は「精神の傷は癒えない」と題しています。ここで赦しと和解について論じたのですが、その際の「論敵」は主にヘーゲルでした。ヘーゲルの『精神現象学』のなかに、赦し（Verzeihung）を通した和解、宥和（Versöhnung）の議論があって、そこに「精神の傷は必ず癒える」という命題が登場します。それに対して、「精神の傷は癒えない」としたわけです。謝罪から赦しを経て和解へというオーソドックスな考え方の哲学的表現に対して、クロード・ランズマンの『SHOAH（ショアー）』（一九八五年）という映画に出てくる証言者たちや、エマニュエル・レヴィナスなどの観点を対置して何とか抵抗しようとした。そういうものでした。

当時すでにハンナ・アーレントの赦し論には言及していますが、ジャック・デリダのそれにはしていませんでした。この時点では、一九九〇年代以降の状況を踏まえたデリダの赦し論は、少なくとも私にはまだほとんど見通せていなかったからです。今日は、九〇年代以降のいわゆるグローバル化が進む状況を意識したデリダの議論まで行きたいと思っています。

デリダとジャンケレヴィッチ

じつは、私のスタンスはこの「精神の傷は癒えない」というところからあまり変わっていません。四半世紀前から変わっていないのでは、進歩がないと言われても仕方がないのですが、晩年のデリダの議論をある程度知った今でも、基本的にはあまり修正する必要を感じていないのです。

デリダは「赦し」に関する彼の思想のエッセンスを、一九九九年のインタビューで語っています。

その邦訳が翌年、鵜飼哲さんの訳で『現代思想』(「特集＝和解の政治学」、青土社、二〇〇〇年一一月号)に載りました。これが「世紀と赦し」です。

このインタビューの背景には、デリダのセミネールがあります。デリダは社会科学高等研究院で長年セミネールを行なっていました。とくに一九九一年から二〇〇三年まで「責任の問題(Questions de responsabilité)」という総題で、長大な連続セミネールを行なっていたのです。セミネールといっても、日本流に言えば階段状大教室での講義ですけれども、それの九七年度と九八年度のテーマが「偽証と赦し(Le parjure et le pardon)」でした。

二年間合わせると、全部で一八回のセッションになります。そのうち九七年度の最初の回のセッションだけがまず二〇〇四年に雑誌に掲載され、二〇一二年には単行本になります。その邦訳が守中高明さんの訳で二〇一五年に出版されます。昨年には九七年度のセミネール全体がフランスで出版されました(その後、二〇二〇年一一月に九八年度分も刊行)。

「世紀と赦し」が載った『現代思想』には、ウラジミール・ジャンケレヴィッチの論考「われわれは許しを乞う言葉を聞いたか?」の邦訳も掲載されました。ジャンケレヴィッチはユダヤ系フランス人の哲学者で、今では邦訳もかなり出ていてよく知られていますが、ドイツ占領下のフランスでレジスタンスに身を投じ、ホロコーストを生き延びたユダヤ人として、ナチス問題を熱心に論じたことはあまり注目されてきませんでした。一九六四年から六五年にかけて、ドイツ連邦共和国(当時の「西ドイツ」)でナチス犯罪人の時効をめぐる論争があったのですが、その際に、ジャンケレヴィッチが時効に断固反対という立場から書いたのがこの重要な論考です。

ちなみにいえば、西ドイツは六五年、六九年と二回、時効を延長しています。当時問題になったのは刑法上の「謀殺罪」、つまり組織的・計画的な殺人の罪の時効ですが、批判が強く、二回にわたって延長したのです。一九七九年、最終的にヘルムート・シュミット政権が時効廃止の刑法改正を実現して、時効なしに裁くことになりました。

つい先日、七月二三日にも、ブルーノ・デイという元SS隊員で、ポーランドのシュトゥットホーフ収容所で看守役をしていた現在九三歳のドイツ人が、ハンブルクの裁判所で有罪判決を受けました。現在九三歳といっても当時は一〇代の少年でした。しかし五千人のユダヤ人が殺害されるときに看守であったがために、まさに時効なしに今でも追及されているということです。

ジャンケレヴィッチのこの論考が、なぜデリダの「世紀と赦し」と一緒に訳出されたのかといえば、それはデリダがジャンケレヴィッチの議論を重視しているからに他なりません。じつはデリダが「世紀と赦し」でその議論を取り上げるまで、ジャンケレヴィッチは英語圏では全く無名でした。ところがデリダの「世紀と赦し」の英訳が出た途端に、アメリカでジャンケレヴィッチの関連著作が翻訳され始めたのです。『赦し』というそのものズバリの書名をもつ一九六七年の著作が、二〇〇五年になってようやく翻訳されます（Vladimir Jankélévitch, *Le pardon* [1967], Champs essais, 2019 / *Forgiveness*, English translation by Andrew Kelley, Chicago UP, 2005）。これは、次に述べますように、赦しと和解の問題が世界化したことの一つの現れでもあります。

赦しへの問いのグローバル化

「赦しと和解」のテーマに関しては、一九九〇年代以降、世界的に明らかに新しい状況が生まれたと言えます。九〇年代以降とは当然、東西冷戦構造の崩壊、東側社会主義圏の崩壊以降で、いわゆるグローバリゼーションが加速度的に進行する時代です。「赦しと和解」の問題が世界的に広がったのも、この「グローバル化」の進行の一位相かもしれないわけです。

次頁の年表は、私が以前『〈歴史認識〉論争』（二〇〇二年）という本を編集したときに、自分であちこち調べて作ったので明らかに不十分なものですが、少なくとも九〇年代初めから二〇〇〇年代初めまでだけでも、相当多くの事例があることはお分かりいただけると思います（一四〇―一四一頁より）。

右側の欄はヨーロッパです。一番上に九一年五月、「ポーランドのワレサ大統領がイスラエル議会で第二次大戦中のポーランド国民によるユダヤ人迫害の罪を謝罪」とあります。意外に思われるかもしれませんが、ワレサ氏はここで「赦しを乞う」と踏み込んだ言葉を使っています。その後、ハンガリーやチェコ、ルーマニアなど東欧諸国に、ユダヤ人迫害について似たような動きが見られることが分かります。西ヨーロッパ、さらに北欧の国でも似たような動きがありました。

左側の欄はヨーロッパ以外の事例です。オーストラリアで先住民権利法が成立し、ニュージーランドでも先住民に対する人権侵害の見直しが進む。南アフリカではアパルトヘイト廃止後、真実和解委

1990年代における欧州各国（およびローマ・カトリック教会）の「過去の克服」の努力の例
（文中で言及したものを除く）

1991年5月	ポーランドのワレサ大統領、イスラエル議会で第二次大戦中のポーランド国民によるユダヤ人迫害について謝罪。
1993年	オーストリアのフラニツキ首相がイスラエルを訪問し、戦後のオーストリア首相として初めて、オーストリアも「ナチズムへの自発的奉仕者だった」と加害責任を認める。
1993年10月	ポーランド社民党のクワシニェフスキー党首、共産主義政権時代の党の誤りを国民に謝罪。
1994年7月	ハンガリーのホルン首相、ハンガリーのユダヤ人のアウシュヴィッツへの移送にハンガリーが加担したことを謝罪。
1995年5月	スイスのフィリガー首相が過去のスイスの反ユダヤ政策を謝罪。
1995年7月	オーストリアで「ナチス犠牲者給付基金」発足。
1997年1月	チェコのハヴェル大統領と独のコール首相が和解宣言に調印。独はズデーテン地方の併合（37年）について、チェコは独系住民の追放（45年）について遺憾の意を表明、和解基金を設立。
1997年4月	独のヘルツォーク大統領、スペインのゲルニカに対する空襲について謝罪の書簡を送る。
1997年5月	ルーマニアのセベリン外相が独のキンケル外相との会談で、第二次大戦中の独系少数民族迫害政策について謝罪。
1997年10月	フランスのカトリック教会、ヴィシー政権下でのユダヤ人迫害に沈黙を守ったことを謝罪。
1997年	英のブレア首相、19世紀半ばに数十万人の死者と大量の流出移民を生んだアイルランド（当時は英植民地）の大飢饉について、英の責任を認めて謝罪。
1998年5月	ローマ・カトリック教会が「ショアーに関する宣言」で「悔悛」の意を表明。
1999年3月	ノルウェー議会がドイツ軍占領下でのユダヤ人虐殺に部分的な責任があることを認め、政府が補償を決定。
1999年6月	仏国民議会が、従来「法秩序維持軍事行動」と呼ばれてきたアルジェリア戦争について、「独立戦争」と認める法案可決。
1999年8月	アルジェリア戦争中のパリ警察によるアルジェリア系市民虐殺事件について、政府報告書で実態を認める。
1999年9月	クロアチアで戦時中にヤセノバツ強制収容所長としてセルビア人、ユダヤ人、ロマなどの虐殺を指揮したディンコ・サキッチ被告に「自由剥奪」20年の有罪判決。
2000年1月	オランダのコック首相、独占領下でのユダヤ人資産の略奪と、戦後生還したユダヤ人への冷遇に関して謝罪。
2000年1月	スウェーデンのペーション首相、議会に宛てた声明でスウェーデンのナチス協力を初めて認め、「道義的・政治的責任」に言及。
2000年3月	ローマ法王ヨハネ・パウロ二世が「新ミレニアム」のための特別ミサで、異端者・異教徒への差別と迫害、十字軍遠征、ナチスのユダヤ人迫害の容認などの「過去の過ち」について総括的に「赦しを請う」と呼びかけた。
2000年3月	ヨハネ・パウロ二世がローマ法王として初めてイスラエルを訪問し、キリスト教徒によるユダヤ人迫害の歴史に「強い痛みと悲しみ」を表明。
2000年6月	仏の「ル・モンド」紙に、アルジェリア戦争中に拷問を受けたアルジェリア女性の証言が掲載され、国家責任を認めるかどうかをめぐり論争が始まる。
2000年7月	オランダ政府、ユダヤ人資産の略奪に対して補償を決定。ナチスの迫害を受けたロマにも補償。
2000年7月	独に続きオーストリア議会で、ナチス時代のオーストリアによる強制労働被害者15万人への補償法案を可決。
2001年1月	オーストリア政府が、第二次大戦中のユダヤ人資産没収の被害者に補償することを決定。
2001年3月	ポーランドのブゼク首相、戦時中のイエドバブネ村のユダヤ人虐殺におけるポーランド人の関与を認める。
2001年7月	ポーランドのクワシニェフスキー大統領、イエドバブネ村のユダヤ人虐殺におけるポーランド人の責任を認め、「あの犯罪行為で良心を砕かれた者を代表し、私は赦しを請いたい」と謝罪。

欧州以外での、政治指導者による責任の公的認知、被害者への補償、責任者処罰などの例

1993年	オーストラリアで「先住民権利法」成立。
1993年2月	旧ユーゴスラヴィア国際刑事法廷（ＩＣＴＹ）をオランダのハーグに設置。
1994年11月	ルワンダ国際刑事法廷（ＩＣＴＲ）をタンザニアのアルーシャに設置。
1995年	ニュージーランド政府が19世紀におけるタイヌイ族の土地収奪について全面的に謝罪・補償。
1995年7月	新生・南アフリカで「国民統一和解促進法」公布。
1996年	イギリスのエリザベス女王が、先住民マオリ族の権利を認めたワイタンギ条約（1840年）をニュージーランド政府が破り、マオリに苦痛を与えてきたことを認める。
1996年4月	南アフリカで、マンデラ大統領のもとにアパルトヘイト時代の人権侵害を審理する「真実和解委員会」設置。
1996年4月	国連人権委員会で日本軍「慰安婦」問題に関する「クマラスワミ報告」採択。
1996年12月	グアテマラ政府と左翼ゲリラとの最終和平協定調印。
1997年5月	米国のクリントン大統領が1930年代にアラバマ州で行なわれていたアフリカ系米国人に対する梅毒研究のための人体実験について、国家を代表して謝罪。
1997年11月	ロシアのエリツィン大統領が10月革命を「致命的な歴史的誤り」とし、犠牲者の追悼記念碑の建立を約束。
1998年3月	米国のクリントン大統領がウガンダで、「ヨーロッパ系米国人」による奴隷貿易の歴史的過ちを認めて謝罪。
1998年6月	戦時中に中南米から移送され米国の強制収容所に収容された日系人に対し、米国が大統領の謝罪と1人5000ドルの補償を決定。
1998年6月	韓国軍兵士1164人がベトナム戦争中の枯葉剤被害で韓国政府に対し国家賠償請求訴訟を提起。
1998年7月	ロシアのエリツィン大統領、ソヴィエト共産党が犯した「罪」について「われわれ皆が有罪である」と述べる。
1998年7月	国連のローマ全権外交会議で常設国際刑事裁判所（ＩＣＣ）設立条約採択。
1998年8月	国連人権委員会小委員会で日本軍「慰安婦」問題に関する「マクドゥーガル報告」採択。
1998年10月	チリのピノチェト元大統領、軍事政権時代の人権侵害の容疑でイギリスで拘束される。
1999年2月	グアテマラ内戦時代の人権侵害に関する「真相究明委員会」の報告書公表後、米国のクリントン大統領は、指摘されたグ政府軍への米国の支援を誤りと認め、グ国民に現地で謝罪。
1999年9月	アルジェリアのブーテフリカ大統領、政府軍とイスラム勢力との内戦の終結を目指す「国民和解法」を国民投票で可決。
1999年	ベルギーで、世界中のどこで犯された「人道に対する罪」でも、ベルギーの裁判所で審理できる法律が成立。
2000年5月	韓国・金大中大統領と北朝鮮・金正日総書記の南北首脳会談が成功。和解と統一への協力に合意。
2000年11月	米国で「戦時のイタリア系米国人に対する市民権違反法」が成立、日系人に続き、謝罪と補償をめざす調査を開始。
2000年12月	東京で行なわれた「日本軍性奴隷制を裁く女性国際戦犯法廷」で、ガブリエル・Ｋ・マクドナルド前ユーゴ国際刑事法廷所長を裁判長とする判事団が、日本の国家責任と昭和天皇の「有罪」などを認定し、日本政府に被害者への個人補償などを勧告。
2000年12月	米国上下両院が10月に可決した「日本帝国政府情報公開法」がクリントン大統領の署名により成立。旧日本軍の戦争犯罪調査が本格化。
2001年1月	フランス議会下院が、前年11月の上院に続き、第一次大戦中のオスマン・トルコによるアルメニア人虐殺を「ジェノサイド」と認定する法案を可決。事実を認めないトルコ政府を批判。
2001年5月	8月に予定される国連主催の「人種差別撤廃世界会議」の準備会議で、アフリカ諸国が欧米諸国に対して植民地支配と奴隷貿易の被害の補償を求める姿勢を示す。
2001年6月	ニューヨークで「朝鮮戦争中の米軍による良民虐殺の真相を究明するコリア国際戦犯法廷」が開かれ、ラムゼー元米国司法長官が裁判長として米政府の責任を認定、被害者への補償を勧告。
2002年6月	ニュージーランドのクラーク首相がサモア独立40年式典に出席し、植民地統治時代の「不当な行為」について公式に謝罪。

員会を中心とした動きが当然上がってきますし、中米のグアテマラの内戦あるいは南米のチリやアルゼンチンの軍事政権時代の人権侵害に対する見直し、体制転換にともなう「移行期正義」の問題化も起こってきました。

すでに冷戦構造下でも、とくに西ヨーロッパではナチスの問題をめぐって様々な論争があり、哲学的・思想的な議論も行われていたのですが、九〇年代には「謝罪・赦し・和解」といったテーマが一挙に世界に拡散していくことになったと言えるのです。

最近では先月（二〇二〇年六月）三〇日、ベルギーのフィリップ国王が、ベルギーがかつてコンゴに対して植民地支配をしていたときの加害行為について、「最も深い遺憾の意」を表明したことが報じられました。原文では mes plus profonds regrets、英訳では deepest remorse という表現を使っています。

この声明が出たきっかけは、稀にみる過酷な支配をしたことで知られるレオポルド二世の像がベルギーの複数個所で攻撃され、毀損された事件です。今、アメリカではＢＬＭ（ブラック・ライブズ・マター）運動で founding fathers（「建国の父」たち）の像まで撤去されていますが、同じような動きがヨーロッパに波及したというわけです。フィリップ二世の謝罪はこうした動きを強く意識したものでした。

今月六日には、ホワイトハウスのマケナニー報道官が記者会見で Armenian Genocide という表現を使ったことが物議をかもしました。コロラド州デンバーにあるアルメニア人大虐殺の記念碑が攻撃されたことに言及しての発言です。この記念碑は、ＢＬＭ運動のなかで誤って標的とされたのではないかとも言われていますが、アルメニアン・ジェノサイドは「人道に対する罪」の概念との関係で重要なのです。

第一次世界大戦中の一九一五年、オスマン・トルコ領内で行われたアルメニア人に対する虐殺を、トルコ政府は戦争にともなう不可避のことだったとして、ジェノサイドと認めていないという事実があります。かなりの数の国と地域、EUやアメリカ合衆国の連邦を構成するいくつかの州では、ジェノサイドと認めて非難しており、メモリアルも各地にあります。アメリカの上下両院も決議をしていますが、アメリカ大統領は正式には認めてきませんでした。それゆえ、ホワイトハウス報道官がArmenian Genocideという言葉を使ったことが問題になったのです。公式のものなのかどうかが問われたわけです。

アルメニアン・ジェノサイドは「人道に対する罪」との関係で重要と言いましたが、なぜかと言うと、第一次大戦中、連合国のフランス、イギリス、ロシアがアルメニア人虐殺を非難する共同声明を出して、その中で、those new crimes of Turkey against humanity and civilizationという表現が使われた歴史があるからです。つまり、ナチスドイツによるユダヤ人絶滅作戦、ホロコースト（ショアー）を裁くためにニュルンベルク国際軍事裁判憲章で導入された「人道に対する罪」の概念、その後も国連を中心に国際法としても確立されつつあるこの概念が、最初に政治的に登場したのがこの時であったということです。

昨今、九〇年代以降のこうした状況を対象とした研究書が続々と出版されています。たとえば、マーク・ギブニー（ノースカロライナ大学アッシュビル校特別教授）という政治学者が中心となって編集した『謝罪の時代——過去に向き合うこと』（Mark Gibney〔ed.〕, *The Age of Apology : Facing up to the Past*, University of Pennsylvania Press）という本。これは法学、政治学、人類学、歴史学、社会学、そして哲学等の研究者が二〇人以上集まって編集したもので、二〇〇七年に出ています。また、二〇〇二年に出たサンドリーヌ・ルフラン（フランス国立科学研究センター研究員・政治学者）の『赦しの政治（*Politiques du pardon*）』。タイトルの中の「政治」は politiques つまり複数形になっています。南アフリカやチリなどいくつかの具体的なケースを挙げながら、哲学的な議論もしている本です。このように、本日のテーマについては九〇年代以降、新たな時代に入ったという見方はほぼ定着しつつあるといってよいと思います。

デリダと村山首相談話

こうした動向を、デリダはどのように見ていたのでしょうか。彼は「世紀と赦し」のなかで述べています。「先の大戦以降、そしてこの数年加速度的に増えてきた、改悛、自白、赦しあるいは陳謝の場面の数々において、個人ばかりか共同体の全体が、職業団体、聖職位階制の代表者、君主や国家元首が「赦し」を求める姿が見られる」。職業団体としては、たとえばユダヤ人迫害に関わった警察や憲兵隊など、聖職位階制の代表者としてはカトリック教会、トップに行けばローマ法王ということになるでしょう。

さらに、君主や国家元首が赦しを求める場面について、デリダはこう続けます。「それはアブラハム的な言葉遣いでなされているのですが、この言葉遣いは（例えば日本と韓国の場合）それを行なっている人々の社会の支配的な宗教の言葉遣いではありません」。さて「アブラハム的な言葉遣い」とは何か。アブラハムを信仰の祖とするユダヤ教、キリスト教、イスラム教の三つ、いわゆる一神教をアブラハム的宗教と称するわけですが、デリダとしては、この三つを視野に入れた上で、やはりキリスト教を最も範型的なものと考えているようです。つまり、改悛し、謝罪し、赦しを求め、そして赦しが与えられれば、和解に至る。こうしたプロセスやこれに関連する事柄を表わす語彙が、デリダによるとアブラハム的宗教の語彙なのです。「それは、すでに、法律、政治、経済あるいは外交の普遍的な固有語法になっており、この国際化の作因であると同時に徴候なのです」というわけです。

「日本と韓国の場合」については、こう説明しています。「なぜ今日、この言葉遣いが、元来ヨーロッパ的でもなければ「聖書的」でもない諸文化にも否応なく課せられてきているのでしょう？　私が考えているのは、日本の首相が、過去の数々の暴力について、韓国人と中国人に「赦しを求めた」いくつかの場面です。なるほど彼は、彼の「心からのお詫び（heartfelt apologies）」を彼自身の名で行ったのであり、なにより天皇を国家元首としてかかわらせたわけではありません。しかし、首相なのですから、単なる一私人以上のものをかかわらせていることはたしかです。最近、今度は、本物の、公式の、緊迫した交渉が、このことについて、日本政府と韓国政府との間で行われました。問題となったのは補償であり、政治経済上の方向付けの再設定です」。

これは何を指しているのかといえば、間違いなく、一九九五年八月一五日に村山富市首相が閣議決定を経て発表した「村山総理大臣談話」のことです。ご承知の通り、そこには次のような一節がありります。「わが国は、遠くない過去の一時期、国策を誤り、戦争への道を歩んで国民を存亡の危機に陥れ、植民地支配と侵略によって、多くの国々、とりわけアジア諸国の人々に対して多大の損害と苦痛を与えました。私は、未来に誤ち無からしめんとするが故に、疑うべくもないこの歴史の事実を謙虚に受け止め、ここにあらためて痛切な反省の意を表し、心からのおわびの気持ちを表明いたします」。外務省の英訳では最後の部分が「my feelings of deep remorse and state my heartfelt apology」と、apologyはデリダの引用と異なり単数になっていますが、デリダがこの談話を報道で知って言及したことはまず間違いないでしょう。

デリダは「日本と韓国の場合」を念頭に置きながら、「謝罪・赦し・和解」の問題が、アブラハム的宗教が支配的な社会だけでなく、その外部にも広がっているのだと捉えているわけです。この現象について、「世界ラテン化（mondialatinisation）」の一側面だと考えてもいるようです。民族宗教だったユダヤ教がパウロによって地中海世界に広がって普遍宗教化し、カトリックが成立したというイメージだろうと思いますが、今やキリスト教会を必要としないローマ的キリスト教の効力が世界化している。脱魔術化とか世俗化と言うけれども、それらによって効力がなくなるわけではない。むしろ教会を必要としないキリスト教化が進んでいるのだということでしょう。

アブラハム的宗教から人道に対する罪へ

とはいえ、「謝罪」や「赦し」や「和解」、あるいは「償い」や「贖い」といった概念について、それがアブラハム的宗教に淵源すると言われて、私たち東アジアの人間は納得することができるでしょうか。そうした言葉遣いや振る舞いが東アジアの文化伝統になかったと言えるのでしょうか。単にデリダがアブラハム的宗教圏外の文化伝統を知らないだけではないのか。

ここで鍵を握っているのは、「人道に対する罪（crime against humanity）」の概念です。この概念が導入されたのは、ご承知のように、ナチスドイツによるホロコーストが前代未聞の、かつてなく重大な犯罪だと考えられたからです。なぜ、それは、従来の概念では裁ききれない重大な犯罪だと考えられたのか。それはホロコーストが、人間の人間性（humanity）そのものを否定する犯罪、その意味で人類（humanity）全体に対する犯罪だと考えられたからです。では、なぜ、人間の人間性そのものを否定することが、それほど重大な犯罪なのか。それは、「人間」存在が他の何物にもまして尊厳なるもの、不可侵のもの、いわば「神聖にして侵すべからざる」ものと考えられているからでしょう。しかし、「人間」存在そのものを尊厳なるもの、神のように不可侵の価値をもつものと見なす思想は、東アジアなどには生まれなかったと思われます。「人間の尊厳」、「生まれながらの人権」といった観念は、アブラハム的宗教の伝統から、とくにキリスト教の伝統の世俗化から生じたものと言わざるをえない。「人道に対する罪」をめぐって、国家元首すらもが謝罪し、赦しを乞う場面が広がっていくのは、「人間」を不可侵の尊厳なるものと見なす思想が、「近代化」とともに世界化していくからに他ならない、ということになるでしょう。「アウシュヴィッツを繰り返さない（nie wieder Auschwitz）」を掲げるドイツ連邦共和国の憲法（基本法）が、第一条に「人間の尊厳は不可侵である」と宣言しているのは、象徴的だと言えるかもしれません。

アーレントと赦し

ここからは哲学者の議論を見ていきたいと思います。ヨーロッパの思想界では、ナチスドイツによるホロコースト、ショアーがとても大きな衝撃でした。「赦し」をめぐる現代の議論が活発化したのは、これがきっかけだったといっても過言ではないでしょう。

この問題を考えた最初期の思想家としてハンナ・アーレントがいます。彼女は一九五一年に『全体主義の起源』（みすず書房、新版二〇一七年）を出して、ナチズムとスターリニズムを「全体的支配」として論じたわけですが、一九六八年には著名な『人間の条件』（ちくま学芸文庫、一九九四年）のなかで、「赦し」について正面から取り上げています。

アーレントは、「労働（labor）」や「仕事（work）」と区別して「活動（action）」を意味づけました。人が言葉と行為によって自分が誰であるかを他者に対して表わすこと、私たちが一般に公的活動と呼んでいるものを重視して、これを突き詰めて考えることで政治《ポリティクス》の意味を捉え直そうとしたのです。

彼女によれば、「活動」は重要だけれども、それには弱点もある。そのひとつは、活動の結果はあらかじめ見通せないということです。いったん活動の結果が生じるとそれをなかったことにすることはできない。したがって、人間が人間に対して、人間集団が人間集団に対して深刻なダメージを与えるようなことが起こってしまうと、それに対する赦しがないと人間は前に進んでいけなくなる。「活動」と切り離せない極めて重要な、それ自体が一つの活動であるものとして、アーレントは「赦し

(forgiveness)」を導入したわけです。

ところが、彼女はこれを導入すると同時に、私たちは公的な舞台で「根源悪」の出現を目の当たりにしていると述べます。「根源悪」とは彼女によれば、「罰することも赦すこともできない」悪であり、これは人間の力を越えているとアーレントは言います。ナチスによるショアーが念頭にあることは明白です。ショアーは彼女にとっておそらくもっとも大きな出発点でした。そこから彼女は、「赦しえない罪」について考えたのです。

一九六一年になりますと、アーレントはご存じのようにアイヒマン裁判を傍聴して、有名な「悪の凡庸さ」というテーゼとともに、『エルサレムのアイヒマン』(みすず書房、新版二〇一七年)を出版して大論争を巻き起こします。彼女はアイヒマン裁判を批判しましたが、しかし、その結論、つまりアイヒマンの絞首刑については同意していました。それどころか、自分ならばこう言ってアイヒマンに判決を伝えると言って、そういう文章まで書いています。つまり、彼女も結局、ショアーに関わった者たちの罪を裁くこと、罰することは否定できなかったわけです。通常の犯罪は罰せられるけれども、途方もない犯罪は罰せられないとしたら、それは不条理きわまりないということでしょう。一九六五年の「道徳哲学のいくつかの問題」(『責任と判断』所収、ちくま学芸文庫、二〇一六年)では、赦すことも罰することもできないことについて私は「よく語ったものだ」と過去形で書かれています。

ちなみに、二〇一一年にベッティーナ・シュタングネトが『エルサレム「以前の」アイヒマン』を出版して、アイヒマンが確信犯的な反ユダヤ主義者であったことを説得的に示して以来、「凡庸な」官僚というアイヒマン像は大幅に修正されつつあります。しかしだからといって、「悪の凡庸さ」というアーレントの問題提起自体が色褪せたわけではありません。

ジャンケレヴィッチと赦し

次にジャンケレヴィッチの議論を概観します。

ジャンケレヴィッチが時効論争の最中に書いた「われわれは許しを乞う言葉を聞いたか？」のなかに、興味深い記述が出てきます。

当時、一九六〇年代の戦後ドイツですが、ナチス犯罪人をはじめとしてそれを支持したドイツ人たちは、「罪を悔いない」人々だとジャンケレヴィッチは言うのです。一九六五年に訪れる謀殺罪の時効、これは当然認めるべきだという人がいるけれども、しかし、ナチス犯罪人そしてそれを支持したドイツ人たちは、「我々にかつて赦しを乞うたことがあるだろうか」。赦しを求めたことがあるだろうか。一度もない、と。悔い改めもしないし、赦しを求めることもしない人々には、赦しを与えることはできないのだ、とこういう主張です。

これは逆に言えば、真摯に赦しを乞うてくれれば赦すこともあり得るということです。つまり、条件が満たされれば赦すことは可能だ、という考え方です。ところが、彼は同じ論考のなかで、「赦しは死の収容所で死んだ」とも書いているのです。死の収容所、すなわち絶滅収容所、アウシュヴィッツ＝ビルケナウをはじめ全てポーランドに作られたユダヤ人絶滅作戦のための収容所、ここで数百万人のユダヤ人が殺害された。この犯罪は犯罪の性格自体によって赦すことが不可能になった。ここでは大勢のユダヤ人が殺されただけではなくて赦しも死んだのだ、こういう主張をする。これは「赦しえない罪」が起こったということですから、その点はアーレントと一致します。

たとえば、犯罪に対しては、損害賠償をする、あるいは刑に服するということがあります。金銭や労役を代価として支払えば、負債は「清算」されるという理解です。反省して赦しを乞うことも一つの代価と見なすことができる。ところが、そうやって償いをする、贖いをすることによっても清算できない犯罪、償いも贖いも不可能な犯罪が起こってしまった、そういう認識です。

そして、これもまた印象的な主張ですが、第三者には赦す権利がないとジャンケレヴィッチは明言するのです。「時効は法律で定まっているのだから認めるのは当然ではないか」、「隣人愛の精神から時効を認めるべきだ」、「罪を犯した人にこそ寛容であるべきだ」などと言う人たちを皮肉って、彼は「寛容な法律家」と言っているのですが、そうした人々は何の権利があって「赦せ」と私たちユダヤ人に言っているのか。第三者には赦す権利はない、赦しは厳密には加害者と被害者の二者関係において生じるものでなければならない、というわけです。

この考え方を突き詰めていきますと、ジャンケレヴィッチのような生存者にも、絶滅収容所で殺された数百万の犠牲者たちに代わって、彼らを殺害した加害者たちを赦す権利はないことになります。それゆえ、ジャンケレヴィッチは、最終的には、自分たちにも殺害された犠牲者たちを赦す権利はないのだ、その意味でも赦しは不可能なのだ、と言うわけです。

さらに興味深いのは、論争的な「われわれは赦しを乞う言葉を聞いたか？」とさほど違わない時期、一九六八年に刊行された『赦し（*Le pardon*）』という著作との関係です。ジャンケレヴィッチは後者について、「純粋に哲学的な書物」であると言っています。たしかにこの本のなかには、ナチスやショアーやホロコーストやユダヤ人といった言葉は登場しません。西洋の哲学、文学、宗教等から様々な材料を取り出してきて、赦しの本質について「純粋に哲学的」に論じた書物に見えます。

そのなかに、こういう文章があります――「赦しには限界がない。赦しは、犯罪人が赦されるに値するかどうか、贖罪や贖いが十分であったかは問わないのだ。究極的に赦すことのできない過ちは存在しないのだ。赦しは、ある意味で全能であり、不可能なものはない。たとえ罪人が贖いえないほど怪物的な罪があるとしても、それでもなおその罪を赦す手立ては残されている。というのも、赦しはまさにそうした絶望的な、癒やしえないケースのためにこそなされるものだから」。贖いえない怪物的な罪にこそ赦しは取っておかれるべきだ、そういう主張です。

そうすると、ショアーにとって赦しは不可能だという主張とどうも矛盾するように思われるわけです。しかしこの矛盾は、ジャンケレヴィッチにとって、論理的な誤謬や不整合といったものではなく、事柄自体の本質に属しているものに他なりません。実際、彼はこの矛盾は乗り越えられないと言ってこう書き付けています。「赦しは悪のように強力であるが、しかし悪は赦しのように強力である」。「悪の非合理性、不条理性と愛の全能性は和解できない」。ジャンケレヴィッチにとっては、これが最後の言葉なのだと思います。

デリダと赦し

最後に、デリダの「赦し」に関する議論を見ておきます。彼の議論のエッセンスが比較的分かりやすく語られている「世紀と赦し」によれば、デリダの「赦し」の概念の特徴は、突き詰めると三つほどにまとめられるのではないかと思います。

デリダはまず、赦しえないものがあることを認めます。そこから出発しなければいけない、と。この点では、アーレント、ジャンケレヴィッチとやはり近いのです。ところがデリダは、むしろ、唯一それだけが、つまり赦しえないものだけが赦しの対象であると述べます。カトリックなら「小罪」と呼ぶような普通の罪、それしか赦せないというのであれば、「赦し」という観念そのものが消え失せてしまうだろうと。赦すべきものがあるとすれば、むしろ「大罪」、宗教的な言葉を使えば「致命的な罪（péché mortel）」と呼ばれるものこそ、それだと。つまり、最悪の罪、赦しえない罪のことです。

ここから、次のようなアポリアが出てきます。赦しはただ赦しえないもののみを赦す。赦しえないものは、赦せないのですから、赦せないものを赦すというのはありえないだろうと普通考えるわけですが、赦しは、その意味で「不可能なもの」として現われる。「現われる」とも実は言えないところがあるのですが、それはともかく、重要なのは、赦しえないものを赦すという考えが提示されていることです。

次に、こう述べます。「赦しはたとえ高貴で精神的な目的であっても、ある目的に資することになるのならば、決して純粋ではあり得ない」。「高貴で精神的な目的」とは、たとえば償い、贖い、和解、救済といったもののことですが、そういう目的のためになされる赦しは純粋ではありえない。同じことは、何らかの「記憶のセラピー」や「記憶のエコロジー」によって「正常性の回復」をめざす場合にも当てはまる。社会、国民、政治、心理等のノーマリティを回復しようとする場合、たとえば「癒やされたい」とか、そんなことも含めて連想していただければよいのですが、そういう赦しは純粋ではないというのです。ノーマライゼーションのために行われる場合、赦しは純粋であるとは言えない。赦しは「不可能なものの試練に耐えつつ、例外的なまま、異常なままでなければならない」とデリダは言います。これが二番目の特徴です。すなわち、正常化のための赦しは赦しではない。

三番目に、「条件つきの赦し」と「無条件の赦し」の区別です。ジャンケレヴィッチは赦しを乞われてはいないのだから赦すことはできないと言っていましたが、デリダに言わせれば、これは「条件付きの」「交換の論理」になっているといいます。罪人が改悛し、赦しを求めているという条件においてのみ赦しを認める、というのは広く受け入れられている命題ですが、ここにあるのは「エコノミー的」な「一種の取引」であるというのです。

デリダは、アブラハム的宗教の伝統のなかにこの交換の論理にもとづく赦しの観念が存在することを認めつつ、他方で、この伝統の中にそれとは異なる考え方があることを指摘します。それが「無条件的な赦し(unconditional forgiveness)」です。「恩寵的」で、「無限」つまり限度がなく、「非エコノミー的」で、罪人としての罪人、改悛しない者、赦しを求めない者にさえ対価なしに与えられる赦し、それが無条件的な赦しです。

「無条件的な赦し」は「純粋な赦し」と重なると考えてよいのではないかと思います。国民的あるいは国際的な和解のためとか、救われるためとか、そういった目的に奉仕する赦しは、カント的に言えば仮言命法的に与えられる赦しということになるでしょう。デリダが考えようとしているのは、定言命法（categorical imperative）的な無条件的な赦しなのです。「赦しえないものの赦し」、「正常化のためでない赦し」、「無条件的な赦し」——少なくともこの三つの主張がデリダの赦しの概念の中に見出されるとすれば、これらを私たちはどう受け止めていくべきなのか。

まず人がデリダに問いたくなるのは、無条件の赦しといっても、そんなことが可能なのか、ということでしょう。デリダはこれに「不可能だ」と答えるのですが、しかしそれは「不可能なもの」としてのみ可能なのだ、と言い換えます。では「不可能なもの」とは何か。ここでは、「私はできる（I can）」や「我々はできる（we can）」に対応する主体の能力を超えたもの、個人であれ集団であれ主体の行為によって実現することができないもの、と考えるのがよいかと思います。そうすれば、デリダがアーレントやジャンケレヴィッチの赦しの概念の「人間的」限界を指摘したり、赦しが「主権性（souveraineté）」と結びつくことを厳しく斥けたりすることも、分かりやすいでしょう。

では、赦しは主体の行為ではないとしたら、あるいはその意味で「行為（action）」ですらないとしたら、それはどこから来るのでしょう。ここで、安易に「神」に訴えることができないことは言うまでもありません。存在論＝神学的な神、主権的な神の存在は、デリダにおいてはつとに脱構築されています。一つの可能性として、「赦しえぬものの赦し」から「デリダ的な神」を考えるのは興味深いことですが、はたしてどこまで行けるかは見通せません。

もう一つ、デリダの議論を多少ともご存じの方ならば、「純粋な赦し」や「無条件の赦し」の概念を強調することで、デリダは何をしているのか、疑問が生じるのも故なしとしません。デリダのデリダたる所以は、「純粋」なもの、「固有」なもの、「本来的」なものを否定し、全ては「根源的汚染（contamination originaire）」から「始まる」のだと論じたことにあったからです。

デリダは、自分が「純粋な」赦し、「無条件の」赦しを強調するのは、「道徳的精神的潔癖主義」からではない、と釘を刺しています。さらに重要なことは、「無条件的な赦し」は「条件つきの赦し」と「異質」ではあるが「分離不可能（indissociable）」だとしていることです。「無条件的な赦し」は、それが意味をもつためには、歴史の中でもろもろの条件の中に入り込まねばならず、実際には「条件つきの赦し」となってしか現象することはできない、というのです。したがって、「汚染」の不可避性はたしかに認められてはいるのです。しかしそうであるなら、「無条件的な赦し」をなぜそれほど重視するのか。

「無条件的な赦し」の概念がなければ、「条件つきの赦し」のあらゆる現象は「赦し」ではなくなってしまうだろう、とも言っています。しかし、「無条件的な赦し」が「条件つきの赦し」の、「純粋な赦し」が「不純な赦し」の、範型であるとするなら、この議論はプラトン的なイデア論にあまりに似ているのではないか。デリダにおいてプラトン主義への回帰はありえないとすれば、プラトン的なイデアというよりむしろカント的な「イデー」、つまりこの場合ならば、「赦し」に関わる私たちの経験がそこへ向かって漸近的に接近していく統制的理念と考えるべきなのか。しかしこの解釈も、デリダ自身によって斥けられています。「無条件の赦し」――さらには「無条件の歓待」等、「不可能なもの」一般――は、歴史の流れを予見不可能な形で切断しにやってくる「異常な（extraordinaire）」経験でなければならない、というのですから。「純粋な赦し」、「無条件的な赦し」がプラトン的なイデアでもカント的な理念でもないとしたら、それの身分をどう理解したらよいのでしょう。デリダは「世紀と赦し」の最後にこう述べています。

私が夢見ているもの、その名に相応しい赦しの「純粋性」として私が思考しようとしているもの、それは権力なき、無条件的だが主権なき赦しだということになるでしょう。もっとも困難な任務、必要であると同時に一見不可能にみえる任務は、したがって、無条件性と主権とを分離することになるでしょう。それがなされる日がいつか来るでしょうか。よく言われるように、今日明日のことではないでしょう。

そうすると、「純粋」で「無条件的」な赦しは「夢見ること」の対象なのでしょうか。「無条件性と主権性を分離すること」――「主権なき」無条件的な赦しの到来――が「いつか」ありうるとしても、それは「今日明日のことではない」と語るのは、「不可能なもの」の到来は予見不可能だとする主張に抵触しないのでしょうか。

これらの問題の考察については、他日を期したいと思います。

5　グローバル化の中でのイスラーム

池内恵
（イスラーム思想史）

はじめに

私は地域研究の一環としてイスラーム思想史を研究してきましたが、それがどのようにグローバル・スタディーズであり得てきたのか、今日は自ら振り返り、これからさらにどのようなグローバル・スタディーズを行っていけるか、考える機会にいたします。

まず、あらゆる発言をするときは、その場が何なのか、そして、その受け手はもちろん、話す者が何者なのかというところは、確認しておかなければなりません。そして、その場で話す対象となっている、グローバル・スタディーズで取り組む対象となっている地域はどこで、そしてその地域にいる人は誰で、語り手とどのような関係性にあるのかということを、時折、振り返って考え直しながら、話を進めていく必要があるでしょう。

私は、職業は人類学者ではないのですが、研究対象と向き合うとき、そして日常生活でも、組織人としても、人類学者のように、自分自身が置かれた空間や環境や時代を一歩下がって外から見てしまう癖があります。あらゆることにそんな見方や、話し方をしていると、「あなたは人類学者なのか？」とふと問われることもあり、英語で問われた時には「生まれついての人類学者（innate anthropologist）」と答えてみたりすることもあります。職業的な専門分野として人類学を選んだわけではないのですが、性格として、常に、自分が置かれている状況は何なのかということを、外から構造的に把握しようとした上で、その構造の中の主体としての自分に再び内在して演じているような、そのような感覚があります。いわば私の「内なる人類学者」のようなものが常にいて、自分が何を話すにしても、その場が何であって、どのような歴史的経緯とか制度とか権力関係とかによって規定されていて、その中で私が何を演じているか、演じさせられているかを告げる、それに従ったり抗ったりしながら発言する、というかなり面倒臭いプロセスを経て言葉を発しています。

さて、今日のこの場の性質から、私は東大駒場の学生、そして東大駒場に属する研究者に向けてお話しするということにします。これから何らかの意味でグローバル・スタディーズという世界に踏み出す学生の皆さん、すでにグローバル・スタディーズのどこかに関わっている同僚研究者の皆さんに向けて、それぞれ何かの専門分野をお持ちかこれから身につけていく人たちに向けて、私の特有の専門分野で培った一つのグローバル・スタディーズのものの見方をお話しする。

私自身もかつて駒場キャンパスで教養学部生だったこと、大学院に所属したこともある、といった経緯も、背景にうっすらと滲んでいます。現在は私は駒場といっても駒場Ⅱキャンパスという、この教養学部がある駒場キャンパスから少し離れたところに位置する、理系の研究所が二つ置かれていて学部生はいない別キャンパスに所属しておりまして、たまにこの駒場Ⅰキャンパスに授業をしにくることもある、そういう付かず離れずの関係に落ち着いております。駒場の教養学部という学問の空間を、私自身もそこに通って、そこで研究をしていたことがあり、今でも時々教育でも関わらせて頂いている関係から、駒場という場について何らかの認識があり、その独特の空間を知っており、大切にしたいと考えている、一方的ながら愛着も抱いている人間としてお話をします。この駒場という場所は、教養学部生から博士課程の大学院生まで、つまり高校を出たばかりの学生から、すでに年季の入った大学院生まで、幅広い学生がいます。そして、文系も理系も併せた巨大な教員・研究者の集団がいて、研究を行いながら膨大で重大な教育任務を負っています。東大の学部生の全てが、一度は駒場という場所に加わり、出ていく。この特殊な空間は本当に類例のないものだと思います。その面白さを私は常に感じています。これはちょっと離れた外の駒場Ⅱキャンパスで研究者とだけ過ごしているからこそより強く感じ取られることかもしれませんね。

さて、本日は、駒場の教養学部に時折顔を出すけれども、ちょっと部外者という立場からの、「番外編」の授業と考えています。私の通常の授業では、今日のような話をするわけではありませんし、駒場の専任の先生も普段の授業では今回のような話し方はしないかもしれません。懐かしい、馴染みのある、しかし今の私にとっては別世界の教養学部キャンパスに、ゲストとして呼ばれて一回だけお話しするならば、どのような話をしようか、そう考えて今日は臨んでいます。オンラインですが、しかしなおも「場」というものを強く意識しています。

なお、「学生」と「研究者」の違いは何なのかというと、それは、本質的には、違いはありません。ただ、物事には「量」とか「程度」というものは常に関わってくるのであって、非常に長いキャリアを積んだ研究者と、これから未知の学問の世界に踏み入って、道具を手にしていく人たちの間には、実質的にかなりの違いがあることは当然と思っています。今回の話は、学問の入り口にいる人にも、かなり先の方まで入ってしまった人にも、向けられています。

その上で、今回の内容は、一般聴衆にも伝わることを目指しています。オンラインということもあり、より気軽に一般聴衆の参加を得られると想定しています。リアルな大学という場は、ある特殊な空間です。別の論理が通用する場に物理的に入るということそのものに意味があります。しかしコロナ禍により何もかもがオンラインですから、その境目は曖昧になりがちです。とはいっても、大学のキャンパスの中と外では、議論の仕方や目的に、違いがあります。一般聴衆の方々には、外の世界とどこか少し違った大学の議論を垣間見る、という感じで聞いていただきたいと考えています。

「グローバル・スタディーズ」とは何か?

今回の「場」は、グローバル・スタディーズ・イニシアティヴによって設定していただいたものです。グローバル・スタディーズ・イニシアティヴは、駒場全体で取り組んでいる、特にその中でも外国の研究、地域研究を行っている研究者が主体になって取り組んでいるプロジェクトであり組織であると、私は理解しています。駒場の教養学部とその大学院に所属している研究者が、全体として世界の広範囲な地域をカバーしていて、一人一人の研究者が、それぞれの対象とする地域に根ざして、テーマや言語や手法を異にしていて、専門的に研究していくと、深くなるけれども細分化されていく。それをもう一度地域を横断して統合してみる。地域研究者としての側面を何らかのかたちで備えた研究者たちが、それぞれのやり方でグローバルな関係の解明に取り組む。

しかしこれを体系的に行うのはさぞかし大変な作業と思います。関わっている先生方には、まことに頭が下がります。地域を深く掘り下げていくことと、グローバルな、或いは地域横断的な関係論へと統合すること、この二つを両立させるのは、言葉の上では簡単に見えても、実際にはそう簡単ではありません。一つの地域に根差すこと自体が、一生かけてもできるかどうか分からない作業です。それを、ある程度進めたところで、今度は各地域の知見をグローバルな関係として見直していく。この切り替えをいつどこでどうやって行うか。大きな頭の切り替え、研究のやり方の切り替え、人間関係の切り替え等、色々なものが必要となります。そして、必ずしもできるとはかぎりません。ですが、それを組織的にやろうという試みなのではないかと考えています。地域に沈潜しつつ、グローバルに開いてみる、この往還作業は、実は、グローバルな現代社会を生きている誰もが、気づかずにやっていることかもしれません。それを意識的にやってみる、それが研究を専門職業とする駒場の人間に、そして中でも地域研究を行っている人間に、必然的に課された役割なのかもしれません。

中東地域とグローバリズム

さて、地域研究と、グローバルな関係論を往還して統合する、まずはどこかの地域に取り付いてみるというプロセスから始まります。どの地域で、どんなテーマをどう扱うか、それは千差万別です。私の場合はどうだったのかというと、中東という地域を選んだのですね。中東の中でも特に、アラビア語を読み書きし話している、アラブ世界に入っていきました。そしてテーマはイスラーム教の思想を扱いました。アラブ世界のイスラーム思想という地域と研究対象には、地域研究とグローバル・スタディーズの関係という観点からは、一つ「ひねり」が入っています。それは、イスラーム教は、中東というある一つの地域で、アラビア語を主要な言語として用いて信仰されている、いわば固有のローカルなものであると同時に、グローバルなものでもあるということです。地域の固有な文化の研究が、そのままグローバル・スタディーズでもある、ただしその場合の「グローバル」なものは、欧米主導のグローバル化と同じとは限らない。これは研究を進めていくにつれて、私にとって明らかになっていったものですが、最初に地域とテーマを選ぶ際に、すでに薄々と予感もしており、意図して選んでいたのかもしれません。

同時に、中東の現地に身を置くと、中東に及んでいる欧米主導のグローバル化の影響も、やがて感じ取るようになります。イスラーム教に由来する固有文化のグローバルさ、ある種の普遍性と、現代世界において普遍とされ支配的である欧米型のグローバリズムの両方が、地域研究を通じて見えてくる。「生まれついでの人類学者」として、俯瞰的に、構造的に、自分が身をおく研究対象とする場を外側から見てしまう癖もあって、このことは研究を始めた初期から気になっていました。

中東地域を研究していくと、一方でイスラーム教に代表される固有なものが、同時に強く普遍性を主張しており、実際に世界のムスリム（イスラーム教徒）に多くの支持者を得て、グローバルなネットワークを形成している。そこに、外側からは欧米主導のグローバリズムの影響が強く及んでくる。そしてその「欧米」も、中東にとって実はそれほど遠い外部の世界ではなく、かけ離れた外部とも言い切れないところがあります。中東は西欧と環地中海の一つの文化圏に属している面があります。また、大西洋を横断した米国と英国という近現代の大国にとって中東はすぐ目の前です。グローバルな権力政治の中心に、ほど近いところに、中東は位置している。

イスラーム教に代表されるローカルな固有の文化や価値規範が、ある種の独自のグローバリズムを強く志向し主張しており、逆に欧米主導のグローバリズムは、その発信源が中東と地理的に近接しており、その根底にあるキリスト教やユダヤ教でさえも、そもそも中東に発しているなどの、不可分の関係がある。このように、中東についての地域研究をしていると、非欧米の一つの地域を研究し、その地域と欧米主導のグローバリズムとの関係を研究するという、截然とした分離や相互関係では割り切れないところが、やがて出てきます。

このことは若干の、そしてかなりの居心地の悪さにもつながるかもしれません。それは正常です。この居心地の悪さとは、欧米／非欧米といったわれわれの認識の枠組みによる視点の設定が必然的に生じさせる視野の制約、死角の存在に関係するもので、辻褄の合わなさをあまり深刻に捉えず、複数の視点を使い分けながら対象を見ていく柔軟な姿勢が必要です。

地域研究からグローバル・スタディーズへ――個人的な軌跡

とはいえ、このような複数の視点の併用と、それぞれの視角の限界、相互補完あるいは共役不可能性といった問題に本格的に直面するのは、かなり先のことです。最初は多少引っかかることがあっても、まずは対象地域の言語と文化と歴史、そこからくる世界観に取り組んで、さまざまな手がかりを手繰り寄せ、深掘りしてみるしかありません。地域研究を深め、それがどこでどのようにグローバル・スタディーズにつながるか、私の辿った道を少し振り返ってみます。ここで出す例は決して普遍的な唯一の道ということではあり得ません。私個人の興味関心に大幅に依存しており、世代の影響、時代の制約を課されています。今始めるのだったら私自身が全く違う地域に違う切り口から取り組んでいくかもしれません。

ですので、全く普遍的ではない一例に過ぎないのですが、しかし、異なる世代の、今この瞬間に学問の多様な側面に触れ始めた学生や、これから学問をより職業的に深めていこうとしている大学院生、あるいはすでに何らかの分野、私とは程遠い分野で研究者としてキャリアを積んでいらっしゃる方々にとっても、私がある時代や世代の制約の中で行った主体的な選択と判断、関心の向き方というものが、もしかすると参考になるかもしれません。

私の個人的な経緯を抜粋してお話しします。東大の場合は、一、二年の教養学部と、三、四年の各学部の専門課程に分かれています。私が明確に中東の地域研究に踏み込んだのは、文学部に進学してイスラーム学を専門とする学科を選んだ段階ですので、順序が逆になるのですがそこから先にお話しします。

三年次に進学した文学部で何を研究したのかというと、思想です。とくにイスラーム教の規範の典拠となるテキスト群の読み方を教わった。学部の三、四年でできることは当然限られていますから、イスラーム学の基礎の基礎を学んだとしか言えないですが、少なくとも、イスラーム学のテキストの体系性に触れました。文学部イスラム学科の研究室に行くと、文字通り体系的に、イスラーム学の古典の書籍が本棚に並んでいます。文学部の学科としてかなり新しく、一九八二年に設立されて、私が進学した一九九四年にはまだ一二年しか経っていなかった、若々しい学科でした。その研究室に通って、雑談したりして時間を過ごしながら、複数の部屋や、文学部図書館に移設された本の背表紙を眺めていると、手に取って見ても最初は何も分からない。ただ、どうやらイスラーム学には、これぐらいの量の本があって、このような言語で書かれている、ということだけが、まず感じられてくる。そこに未知のテーマが隠れているらしいという期待が膨らむのです。この時期が最も楽しかったかもしれません。

演習や文献購読の授業を受けて、必死に読んだり聴いたりしていると、置いてある本のうち一部が、何について書いてある何の本かぐらいは分かるようになってくる。ある時久しぶりに同じ本を手に取って開くと、ちょっと読めるようになっている。そんなことをひたすら繰り返しました。実際にはこの作業は学部の二年間で終わるようなものではないので、別のキャンパスの大学院に行ってからも、文学部のイスラム学科の研究室には入り浸って、続けていました。

テキスト読解から実際の社会へ

さて、アラビア語は初学者にとってかなりハードルの高い言語ですから、少しは読めるようになる、という程度で学部は終わってしまいます。その後はどうしたか。壁に並んでいる本のうち大部分はまだ一行も読んでいない。そう簡単に読めない。これは一生かけて読むような対象だな、と分かってきます。「一生かかって読む」という現実を、若いからこそ、あまり深刻に考えずに受け止めたような気がします。一生かけて読むと決めているわけですから、そのまま居心地のいい文学部イスラム学科の大学院に進学して読み続けても良かったのですが、私の個人的な志向性、あるいは嗜好とか指向と言ってもいいのでしょうが、先程の「生まれついての人類学者」が首をもたげてきます。テキスト群が揃っている日本の研究室で読み続けるだけでなく、このテキスト群が実際に作用している現実の社会を見たい。そこで、より「地域研究」を明確に打ち出している学科、大学院ですから専攻課程と呼びますが、これを探した。そうすると近いところでは、東大の中に、この駒場キャンパスの大学院である総合文化研究科、その中の地域文化研究専攻課程というものが、より私の志向性に合っているような気がする。さほど根拠があるわけではないのですが、そう思いまして、大学一、二年を過ごした駒場キャンパスに大学院で戻ってきました。

イスラーム教の規範典拠のテキスト群は読み続けたい。しかし主に前近代のテキストを扱うイスラーム思想研究を踏まえて、現代の中東の社会や政治や国際関係も含めた、地域研究に広げたい。私のこのような茫漠とした関心に、広大な領域をカバーした駒場の空間は、合致していました。

駒場の大学院で、特定の学問や学科の枠組みになるべく囚われず、イスラーム思想と中東地域についていろいろな角度から本を読み続け、現地に足繁く通いました。そのうちに「宗教思想と政治の関係」に研究テーマが絞り込まれていきました。イスラーム学のテキスト群は、テキストだけを見ていれば、自己完結的な論理的な世界です。しかも、歴史を通じて規範典拠となるテキストそのものはほとんど変化しない部分が最も重要な部分を占めています。神が啓示した法の文言が明文で記録され、その読解と解釈が詳細に行われ、記録されてきました。相互に参照し合う、独自の論理の範囲内で、きわめて整合的な思想体系を一生読み続けることができます。

しかし、これらのテキストは実際の社会の中で生まれ、社会に影響を与え続けてきました。イスラーム教の規範の典拠テキストは、それが法であり、神によって啓示されたと、信者の間であまねく信じられているがゆえに、その適用は直接に政治権力と関わります。宗教思想研究が現実政治の研究と不可分であることを思い知らされ、両輪でやっていかざるを得ないと思い定めました。

中東の政治を研究するとなると、現代のリアルタイムの情報が必要となりますが、私が大学院生になった頃は、中東の社会や政治そのものに関する情報はきわめて限られていました。「一身にして二生を経るが如く」とは、明治維新の前後での学問の激変について福沢諭吉が『文明論之概略』で評した言ですが、中東地域研究者も、私の世代は、「一身にして二生を経るが如く」の変化を体験しています。私が中東研究を始めた一九九〇年代半ばは、インターネットが普及し始めた時期です。インターネット以前は、中東の新聞やテレビ、ラジオなどのメディアをリアルタイムで見ることは日本からは不可能でした。現地に行って、現地にいる間だけ、中東のメディアにアクセスできる。一九六〇年代に現地に滞在した先生が段ボール箱に詰めて持って帰ってきた新聞が、研究室に大事に保管されていたのを見つけて、頼み込んでもらってくる、なんてことも、勉強し始めてアラビア語がかろうじて読めるようになった時期にはやりました。単なる古新聞で、一時期だけあってもしょうがないのですが、それぐらい現地の資料に飢えていた。じれったいので、格安航空券を買って現地に通い資料を買い漁りましたが、それでも戻ってくるとまた現地のメディアから切り離されてしまう。

それが、一九九〇年代後半から一部の新聞がネットに紙面を掲載し始めました。衝撃でした。電話線をパソコンに繋いで、モデムが音を立ててインターネットに繋がる。アラブ世界の代表的な新聞『アル＝ハヤート』のウェブサイトに繋ぐと、当時はデータ転送速度が非常に遅かったので、じわじわっと少しずつ、紙面が見えてくる。日本にいながら現地の新聞が読める。その時の感動を思い出します。

インターネットで現地のメディアが読めるのは、今は当たり前になっていますし、むしろ読めないものの方が少なくなっています。というか、インターネットで読めないものは、ほぼ存在しないものと見做されるようになって久しい。インターネットで読めることが当たり前になりすぎて、紙の新聞が売れなくなって、『アル＝ハヤート』は二〇一八年に印刷を停止、二〇二〇年にはウェブサイトも消滅してしまいました。

さて、そのようにして隔絶していた中東に格安航空券で頻繁に渡航したり、黎明期の遅いインターネットで必死に現地情報を得たりしていましたが、お金も続かないので、どこかに就職して研究を続けられないかと思って探したところ、研究会に参加させてもらって論文を書いていたアジア経済研究所にちょうど求人が出たので応募して、二〇〇一年春に就職しました。アジア経済研究所は、元々は地域研究・開発研究のための独立した特殊法人でしたが、省庁再編のあおりを受け、一九九八年に日本貿易振興会（ジェトロ）と合併したばかりでした。さらに一九九九年には、市ヶ谷から幕張に移転を進めていました（日本貿易振興会は二〇〇三年一〇月に日本貿易振興機構に改組）。ジェトロの一部となりつつ、ジェトロ本部からは遠く離れた幕張でエジプトを担当して地域研究をやりながら、その一環としてイスラーム思想研究をやっていれば良いというので、喜び勇んで就職しました。とはいえ当時は、経産省系の特殊法人に勤めるということは研究を辞めることだと受け取った人も、大学の研究者・学生には多かった。これも今となっては隔世の感があります。

アジア経済研究所に就職しますと、ここでは当時は皆が終身雇用ですので、長期的な生活設計が視野に入ってきます。この研究所が長年培ってきた独自の研究者養成システムによれば、六〇代の定年までの間に、最大三回、二年ずつ、現地駐在に行ける。この三回の現地駐在でどこに住み、どの組織と関係を構築し、何を調べて、どのような成果物にしていくか。これをぼんやりと考え始めました。時間は十分にある。そのように思えました。

しかし、地域研究というものは研究の対象となる地域で何が起こるか、そこに人生を大きく左右されます。相手の地域がどう変わるかということは、ちっぽけな個人、それも外国人である自分には、まったくコントロールできません。専門家といっても、将来を正確に予想することは、まずできません。もしかすると、かろうじて大まかに将来を予想できるようになるのかもしれませんが、それは研究を何十年も続けた挙句のことであって、研究を始めた頃は、対象地域が将来どうなるかを予想することは不可能で、つまり自分の将来がそれによってどうなるかも予想できないということになります。風まかせ、運まかせの人生ですね。その頃は将来が予想できないということが心地よかった。

そして、全く予想もしていなかった米同時多発テロ事件が二〇〇一年の九月一一日に起こります。それによって私自身の研究者としての道のりも、全く予想していなかった方向に転じていきます。

発端となる関心事――二つの本

二〇〇一年の九・一一事件をきっかけに、米国は、中東を中心とした地域のイスラーム主義過激派を敵とみなし、グローバルな対テロ戦争を外交・安全保障政策の中心課題に据えて邁進していきます。その過程でアフガニスタンやイラクでの戦争に踏み切ると共に、中東各地への民主化圧力、宗教思想や規範をめぐる改革圧力をかけていきます。

中東の地域研究を、イスラーム思想研究を通じて行おうとしていた駆け出しの研究者にとって、これは本当の意味での「一身にして二生を経るが如く」の転換です。

中東地域研究とは、日本においては特にマイナーな対象についての、少数の専門的な研究者が特殊な言語を用いて行う周辺的な分野と思われていました。政府の外交や安全保障政策においても、中東の優先順位も高くはなかった。ましてやイスラーム教の思想となると、現実政治には関わりのない分野と見られ、外交政策の上で重要性を持つなどということは一般には全く思われていませんでした。ところが、米国がこれが最重要の課題だと決めてしまう。日本にも追随・支援を求めてくる。日本政府が米国との関係を、外交・安全保障の最重要の優先課題としているのに対して、米国側は中東のイスラーム主義勢力をどうにかするのが最優先課題だ、と日本にも言ってくるのです。米国との関係上、日本も必死に対処しないといけない。突然に、中東の地域研究、そしてイスラーム思想研究が日本社会一般から高い関心を集めるとともに、政府の政策上も最優先課題とされる。

私としては、二〇〇一年の四月に就職していたところ、半年も満たない九月に、自分のやっているマイナーな分野が急に重要になって、朝から晩まで駆り出されることになりました。主観的には、中東の地域研究とイスラーム思想研究を、マイナーな重要性の低い分野と思って選んだわけではありませんが、客観的には、大学の中でも、社会一般でも、政府の政策の課題としても、中心的な位置にはなく、周辺的である事実は認めざるを得ない、と考えていました。メジャーだから、中心的だから偉いということはない、マイナーだから重要ではないということではない、という姿勢であって、そこに何ら否定的な価値判断はなかったのですが、現実に日本社会でそれほど重要視されておらず、注目もされていないことは承知していました。

それが全く私のあずかり知らない、外在的な要因によって急転するのです。

ただし、そうなってから振り返ると、私自身がある意味で漠然と予感していたことが現実になったとも言えるのです。駒場の一、二年生の間に、できる限りの、あらゆる分野を覗いてみて、色々な言語を齧《かじ》ってみて、その結果として中東のアラビア語のイスラーム思想にこそ、現代世界の理念をめぐる何か重大な問題があり、これに取り組んでいくことで何かが開かれる、そういう予感がありました。同級生の誰も関心を示さなくとも、三年次に選択したイスラム学科の進学者が毎年一名か二名か、あるいはゼロ名であっても、授業に出ても先生と一対一になることがしばしばであっても、私の主観では、この分野こそが現代世界の最重要課題で、ど真ん中のメインストリートを歩んでいるつもりで、意気揚々と踏み込んだのです。

なぜそのような気持ちになっていたのか。それを振り返ると、駒場の一、二年での教養課程の授業で読んだ本が大きく影響を及ぼしていたことが分かります。なぜ中東という地域の、アラビア語の、イスラーム思想を専門に研究していこうと思い至ったかというと、その発端を思い返すと、駒場の一、二年で読んだ二つの本に行き当たります。まず、フランシス・フクヤマの『歴史の終わり』（三笠書房）です。この本は元になる論文が一九八九年に『ナショナル・インタレスト』誌に掲載されて注目された上で、単行本として一九九二年一月に原著が英語で出版され、日本でもこの年三月に邦訳が刊行されていました。私が駒場の教養学部に入学したのが一九九二年四月で、刊行されたばかりのこの本を、社会思想史の演習授業で読んだ覚えがあります。一九八九年に突如表面化し、急速に進んだ東側・社会主義陣営の崩壊・消滅を、これはリベラリズムとデモクラシーの勝利である、人類史の理念の発展に終止符が打たれた、世界は今後、遅かれ早かれリベラル・デモクラシーの体制に収斂していくのだ、と意味づけたフクヤマの議論は、確かに時代の雰囲気を言葉にしていました。

もう一冊が、『文明の衝突』です。これは一九九三年の夏に『フォーリン・アフェアーズ』に掲載された論文が世界的な話題を呼び、賛否両論・甲論乙駁が続く中、一九九六年一一月に単行本が英語で刊行されたのですが（邦訳は一九九八年、集英社）、論文が出た時のことを覚えています。これも駒場の授業がきっかけでした。まだ二年生だったのですが、社会思想史の演習に出ていた流れで、駒場の学部の専門課程の学生や大学院生、そして教員が主体になった研究会を覗いていました。すると、そこに出席している思想史や政治学の先生方が、ハンチントンが『フォーリン・アフェアーズ』に刺激的な論考を出したぞ、と騒然となっているのです。あっという間に誰かが論文をコピーしてきて、あたりにいた人たちに配り始めました。私も後ろから手を伸ばして一部もらって、目を通しても何が何だかさっぱり分かりませんが、先生方や大学院生たちの間で勢いよく飛び交う議論に耳を澄ませていました。

『歴史の終わり』と『文明の衝突』という、冷戦後の国際秩序を司る根本的な理念をめぐって世界的に議論を沸き起こした、いわば「メジャー」で「メインストリーム」な書物にしても、中東という地域とイスラーム教に関心を抱き始めていた私にとっては、中東とイスラーム教の重要性を指し示す本のように読めました。この二つの本では、冷戦後の世界を方向づける理念について、およそ正反対の方向性が示されていました。世界はリベラル・デモクラシーに収斂する、いやそうではない諸文明によって分裂し、境目《フォールトライン》で紛争が多発する、と。しかしどちらの著者も、中東という地域とイスラーム教を、今後の世界の行方を左右する何か重要なものとして捉え、しかも、まだ分からない部分が多い、未知の領域として捉えていることでは共通しているように私には読めました。ますますこの地域、この宗教の理念・思想を自分で研究してみようという気になったのです。

これらは駒場という空間で遭遇した、世界に目を開かされた多くの場面のうちほんの一部であって、それ以外にも無数のこういった議論の場に出くわしたのですが、後から振り返ってみると、いくつかの点が繋がって、今に至る線のようになって見えてきます。「系譜学（genealogy）」とはそういうものでしょう。その瞬間は今目の前で起こっていることや聞いている議論がどこに繋がるかは分からない。我々は後になってから振り返って、特定の系譜を選択しているのです。

中東・イスラーム学を頼りに

二〇〇一年に九・一一事件が起こったことで、イスラーム教の思想が中東の社会と政治に現実に大きな影響を与えていることが明らかになり、それが国際関係にも重大な影響を及ぼし、超大国アメリカの外交・安全保障政策の中心課題となっており、それが日本にも跳ね返ってくることが誰にも実感されるようになった。このような経路で、もっぱら外在的な理由で中東地域、イスラーム教への関心が高まり、異なる分野、異なる業界との接点が急速に増えました。二〇〇四年には、国際日本文化研究センターという、元来中東ともイスラーム教とも縁の薄い対象を主に研究している機関に移りました。

二〇〇〇年代半ばから後半にかけて増えたのが米国との関わりです。九・一一事件以後、米国にとって中東に端を発するイスラーム主義過激派に対するグローバルな対テロ戦争が、外交・安全保障政策の最重要の課題になってしまったことから、日米関係にも常に中東問題が絡んでくる。中東のことを分かっていない人が日米関係の重要な部分には携われない、ということにさえなりかねない状況が生まれ、それが二〇年にわたって続きます。そうすると、「日米関係のマフィア」みたいな少数の特定の専門性を持った人たちが司ってきた日米の外交・安全保障関係でも、中東の専門家の知見を取り入れないといけない、しかし日米関係に対応できるグローバルな視野を持った中東の専門家はそういない。ということで、全くの駆け出しだった私などまでが駆り出されて、日米関係にも周辺部で関わるようになりました。特に二〇〇〇年代半ばから後半にかけてです。

そうやっているうちに、例えば、ワシントンDCに米連邦議会が超党派で作ったウィルソン・センターに送り込まれて客員で勤めさせてもらうといった形で、米国の中東政策、米国の側からのグローバルな外交・安全保障政策を仄聞する機会を得るようになりました。それまで中東に直接出向いて地域研究や思想研究をやっていて、中東への米国から及ぼしてくる大きな影響を観察していたのが、逆に、影響を及ぼしている米国の側から中東と中東政策を見てみる、そんな機会が増えました。移民社会である米国の、中東系移民による、民主主義の制度を通じた米国の中東政策への影響力の行使なども、見る機会がありました。

その上で、二〇〇八年一〇月には、この駒場キャンパスから程よい距離をおいた、駒場IIキャンパス（駒場リサーチキャンパス）に位置する、先端研（先端科学技術研究センター）にやってきて、「イスラム政治思想分野」というものを作らせてもらいました。イスラーム教の思想と政治の関係が、現代世界において「先端」的な研究対象であると認めてもらう、そういう意気込みでやってまいりました。一〇年間、「イスラム政治思想分野」で准教授として所属して、設立当初の目的を果たしたということで、さらに二〇一八年一〇月には、新たに「グローバルセキュリティ・宗教分野」というものを設立して、研究対象を拡大し、教授として勤務しています。

「中東研究」とは何か？

このように、駒場キャンパスの中や、その周辺や、しばしば遠く離れた中東や米国で、アラビア語でイスラーム教の規範典拠という一般にはマイナーとされるテキストを読みつつ、フクヤマやハンチントンといった世界的ベストセラーにも感化され、何を見ても中東やイスラーム教と根底で関わる脈絡を見出して、地域研究とグローバル・スタディーズを繋いできました。

さて、ここで対象となっている「中東」とは何なのでしょうか。「中東」という概念は、遡ると非常に歴史は浅いのです。「中東」の概念とその対象範囲が現在のものに定まったのは、二〇世紀の初頭です。それまで「近東」や「極東」という概念が、西欧から見た広範なアジアについて用いられていた。それとは別の「中東」という地域概念が析出され、国際社会の現実として認識されていく。そのプロセスが二〇世紀初頭に進んだ。

もちろん、今「中東」と呼ばれる地域には長い歴史があります。数千年に渡り人間が居住し続けてきた痕跡を残す都市があり、文化や文明が勃興・衰退を繰り返した歴史があり、そして中東で生まれた宗教が世界に発信され、その理念とテキストが人々によって参照され続け、規範としての拘束力を現在も持ち続けています。その意味で、中東は数千年の間、現実としては存在してきました。

しかし、それが「中東」として国際政治の重要な要素として対象化されるのは二〇世紀初頭の出来事です。つまり「中東」という地域は、たかだか過去一世紀ほどの間に構築されたものであるとも言えます。国際関係論では構成主義という考え方がありますがこれを緩く援用してもいいでしょう。

すなわち、中東は、固有の言語・宗教・文化・文明といった実態を、長期間の古代史に遡って豊富に備えていると同時に、近現代のグローバルな関係のなかで政治的に構成され、再構成されるプロセスでもある、ということになります。中東は歴史的な記録の上にも、あるいはその地が生み出したほとんど無時間的に人間を拘束する規範のテキストとしても厳然として存在している。それを見つめると同時に、近現代の国際関係の中で「中東」が構成され、再構成されていくのを目撃していく。この二つの作業を並行して行うのが、私にとっては中東研究です。それは中東諸国の国単位で現地を見ていく場合にも、あるいは「中東」という、地域の国際関係の中で、あるいは米国を中心に西欧も含めた中東地域の外にあるグローバルな国際関係の中心からの影響を多大に受けながら、構成されていく存在を見ていく場合にも共通して必要となる姿勢です。

中東研究は、もちろん研究者として何か特定の狭い専門分野に職業的に研究対象を絞り込まないといけないのですが、前提として、このようなさまざまな次元が重層的に関わっている対象を、異なる複数の次元を行ったり来たりしながら解きほぐしていくという作業です。外国を拠点とする外国人の研究者、しかも中東に政治的な影響力が乏しい日本人という、中東の現実の中ではかなり周辺的で、現実に影響を及ぼすことの少ない立場からとはいえ、今まさに中東を構成し、再構成しつつある政治と無関係ではあり得ないということも認識しないといけないと思います。

また、今は中東について日本語でお話をしていますね。東大駒場という場で、日本語でお話ししていますから、聞いていただいている大多数の方々は、かなり日本を拠点とした視点を持っていると思います。ここからは、そう簡単に逃れられない。また、あえて逃れる必要もないかもしれません。今日は、東大駒場の人たちを主に相手にしているつもりですので、普段はあえて口に出して問い直して見せることの少ない、非常に根本的な話ばかりをしています。地域研究は、地域研究者がどのような視点から見ているかということから究極的には逃れられない。中東研究は、対象となる中東のさまざまな人間集団のアイデンティティとその根拠を探っていく場面が多くなりますが、そこで地域研究者の方は自らのアイデンティティの問題を抜きにしていられるということは、究極的にはありません。

もちろん、研究の初期段階で、例えば言語の初歩を勉強している段階で、アイデンティティの問題を過度に意識する必要はないと思います。しかし、やがては意識せざるを得ない。これから勉強しようという人に、いきなりこういうことを話すのはよくないかもしれませんが、東大駒場の特殊な空間ですから、そんなこともあらかじめお話ししておきます。

まず、日本の視点から見るということがどう問題になりうるかと言いますと、例えば世界の中東研究の中心はどこですかと問えば、色々な考えがあるとは思いますが、大学やシンクタンクなどの大きな制度を持ち、中東に政治・経済的、外交的な多大な影響力を持っている米国、あるいはそれに続いて英国ということになるでしょう。中東諸国そのものにも研究機関はあり、私も訪れますが、それらは研究の「対象」であり、「フィールド」としての側面が強く出ます。対象をフィールド調査して得た資料・情報を、どのように用いてどう議論すれば学術的に意義のあるものとなるか、認定する権威は、実態としては米国や英国を中心とした欧米の研究機関にあります。中東地域の現地の人たちはもちろん、誰よりも中東のことをよく知っています。しかし、中東の人たちが自分たちが生まれ育った、先祖代々ルーツを持つ中東についての知見に価値を付与しようとすると、欧米の大学やシンクタンクで認められる必要があるということがしばしば起こります。中東について、何が価値のある知見であるかを判別する基準と認定する制度が、実質上は欧米の権威的な研究機関にある、というのが現実です。

中東の地域研究を行うために、当然出向いていって知る必要がある中東の「現地」と、地域研究の価値を判定する基準を握っている欧米、日本はそのどちらでもありません。日本で中東の地域研究に取り組むということは、現地についての「一次資料」に生まれながらに触れている、その中で育っている中東の現地出身の研究者とも、中東の地域研究の理論や枠組みの形成を主導し、中東に政治的・外交的に深く関与して影響力を強く行使してもいる欧米諸国の機関に属した研究者とも、異なる立場に置かれることを運命づけられています。

もちろんこのような立場は、必ずしも不利というだけではありません。中東社会の中でのアイデンティティの分裂により、「現地」の人たちはそれぞれの帰属意識によって、同じ国の同じ社会について、同じ地域国際関係について、全く異なる見解を示すことがしばしばあります。中東の中の人間だからといって、中東について中立的で客観的な視点を持てるわけではないのです。また、欧米諸国は、中東諸国との複雑な支配・従属関係を近代に築いてきたがゆえに、政治と経済に部分的に深く関わっており、特定の利害関係も有しています。そのことによって得られる現地の、特に社会の上層、権力の中枢にしばしばアクセスできるメリットは、裏返しに、視野の限定や、偏った情報の摂取といった問題も引き起こします。中東の「現地」出身者や、中東に深く関与した欧米の「列強」に由来する国々の出身者は、自らの置かれた立場が持つ強みと、その裏腹にある弱みについて、しばしば無自覚です。そのどちらでもない、なり得ない日本出身の研究者は、両者が形作る関係を、それぞれの強みと弱みを、横から見ることができます。もちろん、日本の中東研究者は黙っていれば情報を得られませんから、深く現地社会の懐に入り込むために、ことさらに努力する必要があり、現地の言語と欧米の言語の両方に親しんでおく必要もあります。

日本という立ち位置から中東研究を行っていけば、現地社会と欧米諸国のしばしば権威的な研究機関を場にした関係に、やや疎外されながら、中立・透明な立場で入っていくことになります。そのことをあまり初学者の方々にしつこく言うのはどうかとも思いますが、各人がやがては突きつけられることであり、また突きつけられなければならない、無自覚であっては色々見落としてしまう側面だと思います。

もちろん、グローバル化が進むことで、「現地社会」「欧米先進国」「日本」といったものの存在と、その境界が、以前のように画然と存在するものではなく、一歩引いたところから客観的・中立的に観察するという視点が維持されるかどうかも定かではないということは言えるでしょう。しかし、根本的に、コロナ問題でも明らかになったように、グローバル化はボーダーレスな世界を生み出してはいませんでした。世界が一つだから感染症も急速に世界に伝播するわけですが、同時に人間社会は国によって分割され、それぞれが相互に閉ざされている。情報からウイルスまで、透過性が高くなっている部分があると同時に、国家権力は人間社会を隔絶させている、ということを忘れてはならないでしょう。

「イスラーム」とは何か？

さて、中東地域研究が中東と欧米との間の複雑な関係を、日本というやや疎外された立場から、横から見る部分が出てくるという話をしてきましたが、中東の宗教、特に、中東に発して世界に広がり、中東諸国の社会そのものを規定し続けているイスラーム教を見るときに、この問題は特に顕著になります。

まず、「イスラーム」とは何か。そもそも日本では、ある時期から、イスラーム「教」と分節化しない、「イスラーム」という概念が広く流通するようになりました。私自身は、可能な限り、自分で選べる時は、「イスラーム教」「イスラーム教徒（ムスリム）」「イスラーム諸国」「イスラーム世界」といった具合に分節化するようにしています。日本では一方で、中東からかけ離れており、イスラーム教の布教を大規模に組織的に受けた経験がない、ましてやイスラーム教の啓示による法を施行するイスラーム教徒の国家権力による支配を受けた歴史的な経験・記憶がない、他方で欧米のようにイスラーム諸国と政治的に深く関わった経験や、大規模に移民を受け入れた経験もないことから、かなり抽象的・観念的な、「イスラーム」認識が成立しており、現実のイスラーム世界というよりは、日本側で独自に抱いて持っている、分節化されない、理念化・理想化された漠然としたイメージを体現した「イスラーム」という概念が用いられています。

しかし、日本で想像している「イスラーム」とは別に、中東という地域には、宗教としてのイスラーム、すなわち日本語で「イスラーム教」と分節化して示すことが相応しい存在があります。イスラーム教の中核部分は、人によって大きく解釈や受け止め方が変わる漠然としたものではなく、規範の典拠テキストが明確に存在し、テキストの明文が確定され、テキストの解釈学や、それを現実社会に適用する手順や方法が定まっています。イスラーム教とはまず何よりも、原典だけでなくその解釈法の次元まで明文化された「テキスト」の体系なのです。

それと同時に、イスラーム教を信じる人々（ムスリム）がいます。ムスリムは、その一人一人が個人であると共に、ムスリムの全体集団への、共通の帰属意識を、かなり強く持っています。このムスリムの全体集団のことを、イスラーム教の観点から「ウンマ」と呼びます。これは「宗教共同体」とも日本語で訳されますが、ただしこれも誤解を招きかねません。日本語では「共同体」というと、かつて社会学の概念として盛んに用いられた、フェルディナント・テンニースの提唱した「ゲゼルシャフト（機能的組織）」と「ゲマインシャフト（共同体組織）」の対概念でいう「ゲマインシャフト」だと思われかねません。日本語では「共同体」という概念は、会社や結社のような、利益や機能を求めて加盟する「ゲゼルシャフト」と対比される、血縁や地縁などで結ばれた「ゲマインシャフト」として概ね理解されています。しかし、イスラーム教のテキストに基づいて規定され、イスラーム教徒によって想像され帰属意識の対象となる「ウンマ」とは、地縁や血縁の範囲ではありません。むしろそれとは明示的に別な、神が法を啓示した民として理解されます。神が啓示した法を受け止めたイスラーム教徒は、血縁や地縁を超えて、一つのウンマに属すると信じるのです。

ムスリムとしての帰属意識は、中東を発信源とし、中東を中核としていると同時に、中東の外にも及ぶものです。それはイスラーム教を信じる、神から明文化されたテキストを受け取ったイスラーム教徒であれば地球上どこにいても一つの想像の共同体に帰属していると信じるイスラーム教徒たちによって、グローバルな存在となっています。ウンマは人の集まりであり、特定の国家と同一ではないので、地理的範囲は曖昧ですが、イスラーム教が伝播し、文化と歴史、政治と社会に影響を与えている地理的範囲を大まかに指す「イスラーム世界」と、実質的には重なっていると考えられます。中東では、イスラーム教徒のみならず、キリスト教徒も、それぞれのウンマに帰属しているという意識を、それなりに持っています。世界は人々の宗教的帰属によって、複数のウンマに分けられている、という世界観がここにはあります。「国際社会」ではなく「ウンマ間社会」が想像されているとも言えるでしょう。

これと並行して、近代の中東においては、言語に基づいた民族集団への帰属意識も形成されてきました。民族意識を基盤にして、イランやトルコ、あるいはアラブ諸国が、近代の国民国家を形作ってきました。これは過去およそ百年の間の出来事です。

日本で「イスラーム」と分節化されずに用いられる概念は、おそらく「イスラーム教」「イスラーム教徒」や「イスラーム教徒が多数派・主流の中東諸国」以外にも、「精神世界としてのイスラーム世界」といったものも含むのでしょう。ただ、これは日本側の想像や思い入れも多分に含むものですから、現地に対応物があるとは限りません。現地に確実に存在するのは、イスラーム教の規範的なテキストの体系であるイスラーム学です。もちろん、イスラーム学のテキストには属さない文学や哲学なども中東の文化と歴史には存在します。しかしそれらはイスラーム教の規範からは劣位のものとみなされます。

中東において、日本で「イスラーム」という分節化されない概念によって総称され、同床異夢のようにそれぞれの論者で異なる意味対象を指し示されているものの総体のうち、現代社会において最も影響力の大きいものは、これはイスラーム教、宗教の要素に他なりません。まず啓典が、七世紀初頭にアラビア半島で、イスラーム教の教団の創始者と信じられる預言者ムハンマドに神から啓示されたと信じられる明文が、そのまま一言一句欠かさず記録されており、信じられており、最高位の不可侵の法源として、運用されています。

一四〇〇年前に示された宗教の規範の典拠となるテキストが、現在まで一言一句違わずに記録され継承されている、そして現在の社会の成員が標準的な教育を受けるだけでそれを読めるということはかなり異例な事態です。一四〇〇年前のテキストを、現在の社会の構成員が現代語の教育を受けただけで読めるということは、一四〇〇年前のコーランの文法と語彙に基づいて、現代の言語教育も行われているということです。そうでなければ、現代語の教育と別に古文の教育を別に行うことになりますが、そうではないのです。

現代に日本語で育った人が、例えば『源氏物語』を読もうとすれば、よほどの古典文法と語彙の学習が必要でしょう。『源氏物語』の時代と現代日本で、日本語の語彙と文法が大幅に変化しているからです。スペインでラテン語を読めるようになるには、スペイン語の現代語教育と、ラテン語の古典語教育を別に行わなければなりません。しかしアラブ諸国では、現代の国語としてのアラビア語教育の延長線上でコーランが読めるようになってしまう。むしろその逆で、多くの子供がまずコーランの原文に触れていて、中には丸暗記をしている場合もある。その上で、コーランの語彙と文法を規範として、現代語の語彙と文法も多少の変更はあれども、組み立てられている。

これを歴史的にとらえると、よほど大きなコスト、コストというと変かもしれませんが、労力をかけてきたということが想像できると思います。コーランが神から示された。その意味が変わってしまってはいけない。意味が分からなくなってしまってはいけない。だから、コーランの語彙と文法を、その後の世代に途絶えさせることなく教えてきて現代に至っている。それによって、ヨーロッパでラテン語と別のフランス語やスペイン語が成立したのと同様の変化が生じることを拒否し、現代語と古典語の語彙と文法が乖離することを阻止してきたのです。それによって、現代のアラブ人は七世紀のコーランを過去のイスラーム教徒と同じ発音で朗誦し、同じ意味を読み取る。そのようなことができるというのは、一四〇〇年間に渡って、何らかの社会的なシステムが継続して続いてきたということを意味します。それはかなり稀なことと言えるでしょう。おそらく世界中で、アラブ人のイスラーム教徒以外に、このような規模でこのような期間にわたり、これほどの規模の人間集団に、ここまで長い間、世代から世代へと、宗教的な規範テキストを一言一句、意味を変えることなく教え続けることに成功した人々はいないでしょう。「ヨーロッパ諸国の現代人が全員ラテン語を読み書きし、ラテン語を共通言語として意思疎通している状態」を考えてください。あたかもバチカンの聖職者たちだけで構成されるヨーロッパのような状態がアラブ諸国には成立しているのです。

アラブ世界のイスラーム教の言語と宗教テキストの関係がこのように不可分なものであるとすると、

例えばカトリックの宗教が西欧の社会と西欧人に及ぼす影響というものは、ずっと限定的であるということが推測できるでしょう。

法としてのイスラーム教

このように、言語の次元でイスラーム教の規範テキストが強い影響力を持っているという点を踏まえた上で、イスラーム教の規範テキストが法であるということを指摘することで、その社会的影響力の強さを改めて確認する必要があります。

イスラーム教の観点からは、これはユダヤ教でも同様ですが、神の啓示した言葉はそのまま法です。啓示の文言を記した書物、すなわち啓典の文面が最も重要で不可侵の法源なのです。これをアラビア語で「シャリーア」と呼びます。これはアラビア語の「シャルウ（啓示）」の派生形です。シャリーアを「啓示法」と訳すと意味が伝わるでしょう。このシャリーアを解釈し、理解し、具体的に何を神が人間に命令しているか、法の詳細な規定とその適用法を確定し、体系化していくのが、「フィクフ」です。これはアラビア語で「理解」を意味する語です。これが一般に「イスラーム法学」と訳されます。法を啓示する神を担い手とするのがシャリーア（啓示法）で、啓示されたシャリーアを解釈する人間の側を担い手とするのがフィクフ（イスラーム法学）、ということです。

神の啓示を解釈するのは人間だから、実際にはイスラーム法学は多様であり、つまりイスラーム法は多様である、そういう意見もあります。ただしそれは、実際に存在するイスラーム法学の解釈が、極めて限定的な多様性しか許さないものであるという事実を無視しています。それは近代の西欧で勝利した人間中心主義的な考え方、ヒューマニズムの観点をアプリオリに肯定する視点であり、そのような特定の視点を取っているということを自覚できない、問題を秘めた視点です。ヒューマニズムの観点からは、神の啓示した法に人間が服従するというのは合理性がないと言えます。しかし、ヒューマニズムの観点が神の意思と信者に信じられるものに優越するという根拠は、少なくともイスラーム教の信仰の中からは正当化され得ないものです。

もし近代の西欧において発展し、社会の規範として取り入れられ、神の啓示した規範より上位にあるということを認めさせたヒューマニズムの勝利がイスラーム教の解釈においても適用されるのであれば、イスラーム法も人間の自由意志で無限に改変していくことができるのでしょう。しかし実際には、中東において、あるいは全世界のイスラーム教徒がウンマとみなす人間集団の中で、そのようなヒューマニズムの勝利は、私の知る限り、近代において大規模に生じていません。ごく少数の人の心の中で、あるいは少数の集団の中で、ヒューマニズムをイスラーム法あるいはその源のシャリーア（啓示法）そのものより上位に置くことがあったとしても、それが社会の規範として多数に公的に認められたことはほぼないといっていいでしょう。ごく稀な例外として、二〇世紀前半にトルコ共和国が成立し、ケマル・アタチュルクが率いる軍人エリートの指導者が世俗主義政策を推進した際に、明示的にイスラーム法の適用を排除していった事例があります。ただしこれも、民主主義によって選挙を繰り返すうちにイスラーム主義者が台頭して、揺り戻しが生じています。

最古の新興宗教、最新の世界宗教

現代の中東におけるイスラーム教の影響力の大きさ、これを理解するための補助線として、私のやや気軽な形容句として、次のようなものをしばしば用いています。それは、イスラーム教というものは「最古の新興宗教であり、最新の世界宗教である」というものです。

イスラーム教が「最古の新興宗教」というのはどういうことかというと、「新興宗教」というのは、やはり新しいところに最も大きな特色が見出せます。新しいがゆえに活力がある、そして新しいということは、それまでの古い宗教の後に、しばしば先行する古い宗教を批判し、否定しながら現れる。ユダヤ教やキリスト教との関係において、イスラーム教はそれらの先行する宗教から現れた新興宗教です。新興宗教としての立場から、イスラーム教はユダヤ教やキリスト教を名指しで否定し、批判します。あるいは、その一部を受け入れ許容したり、若干改変したりします。そのように、後から出てきた宗教であるということがイスラーム教の性質、特にユダヤ教やキリスト教との関係や対比において重要です。また、ユダヤ教やキリスト教によって影響を強く受けた西欧あるいは欧米の社会との関係においても、重要です。相対的に新しい宗教であるイスラーム教は、ユダヤ教やキリスト教と対比して、明らかに教団の創設者である預言者ムハンマドと、ムハンマドに神から下された啓示を、より生々しい形で記録し、記憶し、継承しています。神がムハンマドにいつどこで何を啓示したか、ムハンマドはいつどこで何をして何を言ったか、それらがイスラーム教の規範の典拠テキストにおいて、明確に記されて残されています。これはユダヤ教やキリスト教においては、かなり曖昧、間接的になり、詳細は不明確になります。

同時に、イスラーム教は世界宗教として広範囲に広がり、定着し、各国の社会で制度化されています。また、国際社会の中で普遍的な宗教としての地位を確立しています。そのような地位を得た宗教として、最新のものと言えるでしょう。

世界宗教というのは、多くは普遍的なものとなる過程で、世界宗教になるためにローカルなものを捨ててしまっています。意識的に捨てたというよりは、長時間をかけて異なる地域の異なる人々にしばしば異なる言語で伝播していくうちに、元来のローカルな要素が理解されなくなるか、忘れられてしまう。

ところが、イスラーム教は、世界宗教としては極めて新しく、そのオリジナルなアラビア半島のローカルな部分が忘れられていない。それがアラビア語を用いて記録されており、文書が継承されている。コーランやハディース、あるいはイスラーム法学の権威的な学説書が、一四〇〇年を経た現代でも、読まれることが可能な状態に保たれている。アラビア語が語彙と文法を固定され教えられ続けてきたことで、今でも読めてしまうので、七世紀のアラビア半島のローカルな要素が忘れられることがなく、継承され伝播され続けている。それどころか、近現代の新しいメディアを使って、継承と伝播がさらに活性化し、遠い将来にまで失われることがないことが予想されます。このような経緯から、今もなおローカルな原点が活発に思い出され、継承され、伝播されていく、新しく活発な世界宗教であり続けています。

「歴史事実」としての啓示

イスラーム教を見る時に、この「新しさ」が重要な点であることは重ねて申し上げておきたいことです。イスラーム教とユダヤ教やキリスト教は、基本的な要素においてかなり重なっています。唯一神への信仰、預言者への信仰、創造や終末への信仰などです。しかし、イスラーム教の教団の成立と発展、そして国家としての展開がまだ記憶に新しい時期になされたことで、ユダヤ教やキリスト教などとは異なる影響を現在も持ち得ています。

まず、イスラーム教の啓示が歴史事実として、イスラーム教徒の信仰に基づいた歴史学の手法によってではありますが、資料によって確定され、明確に記録され、伝承されています。これはユダヤ教やキリスト教、あるいは仏教のいずれとも異なっています。イスラーム教の場合、預言者ムハンマドとそこへの神からの啓示が、比較的新しい時代に生じている(と信じられている)ため、超越的な啓示がムハンマドという人に下ったという超自然的な現象が、少なくとも信仰者の側から見れば歴史事実として実証されている。神からムハンマドに下った啓示を一言一句を確定して継承し、ムハンマドの言行録を詳細に記録して継承してきた。そして記録に用いたアラビア語という言語がコーランの読み方、コーランの文法で、コーランの語彙を用いて継承されてきたがゆえに、後の時代でもコーランもハディースも読めてしまう。

イスラーム教が創始され定着してから現在まで、イスラーム教は特定の聖職者の間だけでなく、ウンマを構成するイスラーム教徒の多数からアクセスしやすいものとして受け継がれてきました。それはイスラーム教を普及させ逸脱させないための、巨大な教育が広範に施され続けてきたことを意味します。

それはイスラーム学者の間の高尚で難解な議論だけでなく、初等教育の段階から行われてきました。近代に至るまでのイスラーム世界を構成する諸地域における一般教育と宗教教育は、かなり連続性がありました。宗教教育としてのアラビア語教育は、そのまま一般教育の基礎というか、最重要部分であった。子供が小さい頃にまずコーランを暗記する。それは宗教教育とも言えますし、またアラビア語教育とも言えます。コーランの章句を暗記すれば宗教の教義も身につくけれども、宗教以外にも用いられるアラビア語の語彙も得ることができる。なぜ一四〇〇年経ってもアラブ世界のイスラーム教徒は七世紀のコーランを読めるのか。それは、そもそも先にコーランの章句を覚えて、その語彙と文法を学ぶことでアラビア語を理解していくのだからコーランが読めてしまうのです。むしろコーランの例文を規範として、アラビア語を学んでいく。

このような、宗教教育がそのまま一般教育の基礎であり、宗教言語が世俗の言語である歴史的な発展を経た地域においては、近代の教育を通じた世俗化といったものも起こりにくい。宗教の語彙を意図的に排除した国語教育を行うとか、アラビア語を意識的に排除して別の言語を国語にするといった、かなりドラスティックな転換を試みないと、言語と宗教が分離する可能性がきわめて芽生えにくいのです。

このように宗教の創設期の超自然的な現象、すなわち啓示という現象が明確に記録され、同じ文法と語彙による言語教育が現代に至るまで行われてきていることから、イスラーム教の信仰の基本要素、すなわち唯一神アッラーの実在や、アッラー西暦七世紀のアラビア半島メッカにムハンマドという預言者を選び、そこに法を啓示して下した、といった一連の要素が厳然とした「歴史事実」として理解され、受け入れられることになります。七世紀に生じた啓示と、現代のアラブ人の間に言語的な障壁や、時間による変化や忘却という障壁が少ないのです。

「物理法則」としての啓示

あたかも「歴史事実」であるかのように記録、記憶されている神の啓示が指し示す内容は、あたかも「物理法則」であるかのように、合理的な人間であれば理解できることが当然であり、受け入れ、信じることが当然であるものとして、中東、特にアラブ諸国では認識されています。理性のある人間であれば、世界の創造者が唯一神アッラーであるとか、全能の神が、自ら作った人間の中から随意に預言者ムハンマドを選び出して法を下すことは当然であるとか、不完全な存在である人間が考え出す規則や法則には限界があるがゆえに信じるに足らないとか、絶対的な存在である神の命令である啓示の法に従うよりもより良い方法はない、といったことを理解できると信じられています。人間が無理をして超自然的な命題を信じるというよりも、手に持った本が手を離せば下に落ちていくような、合理的な人間であれば認めざるを得ない物理法則と同様なものとして、神の啓示は理解されています。

中東の諸国家は近代になって、多くは二〇世紀になって形成されたものです。そうであれば、近代的な学問の考え方からは中東の社会や人間の物の考え方もまた、近代に構成されたものであり、そうであれば作り直すことも可能であると前提にしがちでしょう。

ところが、イスラーム教は近代国家の形成よりはるか前に成立しており、その教学制度によって近現代まで継承されてきた。近代の国家の成立によって宗教の教学制度は強まりこそすれ、弱まってはいません。

七世紀のアラビア半島に下った啓示が歴史事実であることを確認し納得し、啓示法に従うという営為によって、人類に啓示を下し命令する神と、それに奴隷のように服従する人間という、神と人間の間にのみ正統に存在するコミュニケーションの在り方を肯定します。このような関係性の中で生きていくことのみが人間に究極の褒賞をもたらすという信仰は、あたかも物理法則のように真理として受け入れられています。

中東の地域を研究していくと、このような、日本とも近代の欧米社会にもほとんど存在しない別の規範が、歴史事実や物理法則のような当然さを持って存在していることが見えてきます。

近代の主権国家体系と「ウンマ」

このように、中東という地域におけるイスラーム教について議論してきました。これを踏まえて、中東地域研究がグローバル・スタディーズとどのように繋がっていくのか、私なりの視点を示して見ましょう。

ここまでお話ししてきたような、中東におけるイスラーム教の重要性により、「ウンマ」への帰属意識という特有の現象が存在しています。

先ほど解説したように、このウンマという概念は、一般的には「宗教共同体」などと日本語では訳されますが、血縁や地縁による共同体ではありません。かといって国家でもなく、会社や結社や組合でもない。あえて要素を列挙すれば、「神から、預言者を通じて、啓示により、法を伝えられた、個々のイスラーム教徒の集合体」とでもなるでしょうか。毎回このような長い説明をしていられないので、ウンマを「宗教共同体」ととりあえず日本語で呼んでおくのが次善の策です。

神が啓示した法に従うことを義務づけられているのは、個々の人間です。従わなければ神から最後の審判において罰を受けるのも、個々の人間です。ウンマを構成するのは、あくまでも一人一人のイスラーム教徒と神との間の一対一の関係ですが、それがイスラーム教徒の数だけ無数にあるのです。そういう意味でウンマは、一つ一つの個人主義的な人間と神との間の二者関係で成り立っていると言えます。

しかし同時に、ウンマは集団主義にも見えます。それは、神が啓示した法が、個々人の受け止め方によって解釈や意味が大きく変わるようなものではないからです。言語の次元では一四〇〇年間、言葉の意味が変わることがないように、文法が変わることがないように研究され教育されてきた。教義の解釈の幅は、正統的な神学が形成され、法学の学派が定着し継承されてきた。バラバラな個々人がそれぞれの神に負った義務を同様にとらえているため、結果として同様の行動を取る。ウンマの集団としての行動は、個々の人間が神の啓示した法を大きな振れ幅なく一定の範囲内で理解し、多くが同様な行動をすることで成り立っています。

　イスラーム教のウンマには（スンナ派の場合）、カトリックのような教会組織もバチカンのような権威の階梯も存在せず、近代国家のような機構もありません。プロテスタントのような教団組織もありません。

　組織や機構ではなく、啓示された法（シャリーア）への共通の信仰に基づき、イスラーム法学の概ね同様な解釈に基づき、義務と信じる行動を概ね一様に取ることで、ウンマは立ち上がります。

　ウンマを構成するイスラーム教徒は、共通の国家に属しているとも限らず、言語も異なる場合があります。例えばインドネシアのイスラーム教徒とエジプトのイスラーム教徒が、会ったこともなく、意思の疎通を行う言語も話していないにもかかわらず、共通のウンマに属していると認識できる。それはイスラーム法への共通の信仰のためです。

　ウンマへの共通の帰属意識は、インドネシア人やエジプト人として、近代国家に国民として帰属するという事実と両立します。

　なぜ両立するのか。おそらく、これは神が命じたウンマへの帰属という真理と、言語を同じくする民族が集団を作り国家を作り独立するという便宜が次元を異にするがゆえに、それほど直接対立しないからでしょう。エジプト国家やインドネシア国家を強化すれば、異教徒に対峙してウンマを強化することにもつながる、といった正統化も可能です。

　人間が決めたことは人間にとって便利だから、便利な間は喜んで用いる。それが神の命じた法に反するということが分かれば、また話は別です。それはその時に考えればいい。

ベネディクト・アンダーソンの『想像の共同体』で示されたように、近代の国民国家の発展は、国民単位でのメディアの発展と結びついています。しかしウンマへの帰属意識もまた、近代に新しいメディアが登場するたびに、強まってきました。国民単位でのメディアや国民教育が、中東では特に宗教教育と不可分であったことにより、国民意識の強化はウンマへの帰属意識も結果的に再活性化しました。

さらに、国民国家の外で、グローバル・メディアが発達する現在、さらにウンマへの帰属意識が強まっているのが現状です。グローバル化は、元来イスラーム教に前近代から潜在的に備わっていた、固有のグローバリズムとしての性質を再発見させ再強化させる効果を持っています。それは欧米の主導するグローバリズムと対峙する局面においてはアンチ・グローバリズムとして認識されがちですが、本質的には固有で独自の、もう一つのグローバリズムとしての要素を持っていると考えられます。

中東に発したグローバルなウンマの再想像

中東に端を発し、中東以外の地域にも広がっているのは、イスラーム教徒の個々人がウンマの一員として自己を認識し、世界に広がるイスラーム教徒の共同体への帰属を再認識、再想像する動きと言えます。欧米主導で進んできたグローバルなメディアの発展や、グローバルな人の動きの増大は、これを加速しました。イスラーム教徒にとって、価値規範や権力の所在において西洋中心主義的に感じられることの多いグローバリズムの展開の中で、イスラーム教徒の間でイスラーム教徒のウンマを自己の帰属先と認識し、他者の帰属するものとの相違を分節化していく、そのような動きが進みました。ウンマの認識は、他の宗教のウンマとの競争や対立、支配・従属関係の認識をもたらし、これへのイスラーム法に則った正統な、義務づけられた対処として、ジハードを再活性化させることにもつながりました。ジハードという、一見グローバル化への反発や抵抗、あるいは挑戦や攻撃とみなされる動きは、グローバル化のインフラの上で活性化され実行されるという意味ではグローバル化の一部であり、欧米主導のグローバル化の価値規範に対抗し攻撃するという意味ではアンチ・グローバリズムの形を取るという、二重の性質を持っています。

二〇〇一年の九・一一事件で、ジハード主義者たちがグローバルな政治経済の中心を攻撃対象にすることで、グローバル化のインフラを利用したアンチ・グローバリズムとしてのイスラーム教のウンマの発現は、国際政治の課題として急浮上しました。それは、イラクとシリアで二〇一四年に勢力を増し、二〇一八年頃まで一定の範囲を支配した「イスラーム国」によって、一旦ピークを迎えたと言っていいでしょう。

ウンマ意識を高めたイスラーム世界の一部の勢力によるジハードは、欧米などの側からは国際テロリズムとして認識され対処されました。ウンマに基づいたジハードを掲げる運動は、米国による攻撃や追及を逃れ、分散型、脱集権的な方向に行かざるを得ませんでした。米国が対テロ戦争を国際政治の主要な課題として戦った二〇年間が、そろそろ締めくくられようとしています。

その間に、イスラーム教徒の側の「ウンマ」として自己を認識する傾向は、非イスラーム教徒からも徐々に認識されつつあるようです。ウンマの外側である欧米諸国や日本などでも、イスラーム教徒のウンマ認識を認識することで、ウンマは間主観的な現実となりつつあるようです。例えばテロが起こったときに、驚きではなく「またか」と、テロの矛先を向けられる社会の側でも多くが認識されるようになることで、ウンマはイスラーム教徒の側の自己認識としてだけでなく、非イスラーム教徒の他者認識をも規定するようになりつつあると考えられます。

一般的に、特に日本では、相互理解を和解や協調の前提と見做す傾向があります。しかし相手側の主観や価値観、自己認識や敵対意識、権力や支配に関する認識を理解することは、かえって関係を緊張させることにもなりかねないというのが、少なくとも短期的にはより適切な事実認識です。そのため、中東の地域研究はイスラーム教を理解し、イスラーム教徒の自己認識や他者認識を理解していくことを不可欠の要素としますが、それは世界の分断を乗り越え、相違を解消するとは限りません。しかし、現に存在し、今後も長期間にわたっておそらく存在することが想定される相違の構造を把握し、相対化するのもやはり地域研究の仕事と思います。それはどれだけ苦いものであっても、グローバルな関係性の理解につながる不可避の一歩であるからです。

おわりに

まとめに入りましょう。私が個人的な関心から、また偶然に生まれ落ちた時代から、中東地域でイスラーム教の思想に取り組みながら、その固有のグローバリズムを見つめると共に、それが欧米という、中東とは宗教的にも政治的にも深い関係を持った世界から発信されるグローバリズムとせめぎあうのを目撃してきたということになります。言葉を少し変えると、近代を通じて世界に広がった世俗化の圧力が中東にかかり、それに対して中東で支配的なイスラーム教の規範の体系が受けて立ち、世俗化に真っ向からぶつかってかなり有効に排除したという事象を目の当たりにすることになりました。

中東以外の多くの地域では、近代にかなり世俗化を受け入れて規範の変容が生じました。これに対して中東の場合は、世俗化の直接的な影響が大きくありませんでした。間接的な影響はあると思いますが、イスラーム教そのものの規範の体系とその制度的な運用は、近代において世俗化をはねつけることができています。イスラーム教の規範としての影響力は、近代化で導入された制度によってむしろ強化されこそすれ弱まってはおらず、グローバリズムの影響が及ぶとかえって拡大したと言えます。イスラーム教の根幹にある啓示＝法であるという観念を、理論的にも社会実践としても全く変えなかったのが、近代のグローバルな社会の中での中東の特色であると思います。明文化され論理的に体系化されたイスラーム教の思想が、欧米主導のグローバリズムの侵食を有効に阻止し、規範としての優位性を保った。むしろ、しばしばグローバルな普遍として外部に打ち出すことすらあった。それが、私が地域研究を行いながら目にしてきた中東の過去三〇年です。

中東の紛争が、単なる一地域のローカルな紛争であるというだけでなく、人類の普遍的な問題に関わる対立として、中東の外部においても表象され、受容されるのも無理はありません。中東においては、宗教・宗派コミュニティの間のローカルな対立においても、外部勢力が関与する地域・国際紛争においても、人類が抱えてきた哲学的な問題が常に蒸し返される構造があります。人文主義・人間中心主義と対峙する、神の啓示した法という観念を生み出し、世界に広め続けている中東だからこそ卑近な日常的対立の中にも普遍的な理念の対立までもが兆《きざ》してしまう。少なくともそのように見えてしまう。これは、よその地域を対象にした地域研究ではあまり起こらないことと思われます。

全世界的に進行し貫徹した世俗化圧力が及んでも頑なに排除できるような、神による法の啓示が「事実」として認識され、神の啓示による法の文言が明示的に確定され、解釈と運用の詳細の正しいあり方が議論され続け適用されている地域においては、そうではない地域では「中世的」あるいは「古代的」にも見える課題が、なおも生きています。論理的であり、時に非人間的で非合理的な神の法の規範と、矛盾を抱えた人間性や人間を中心においた理性との間に摩擦が生じる、「啓示と理性」の矛盾と対立は、古代や中世の哲学において中心的で根本的な課題であったと言えますが、近現代において、多くの地域ではそれはあまり問題化しません。この問題が、かけがえのない人間精神の優位、人間主義の勝利として決着し、すでに「解決済み」と多くの地域では概ね理解されているからです。もちろん例外はあって、例外時にのみ、古代的課題が蘇ってきたかのような驚きをもって受け止められ論じられます。

ところが中東という地域では、この「人間精神の勝利」という共通認識はありません。思想史的にも、社会常識からも、依然として神は人間の上に居続けています。

自由な人間の合理主義的精神と神の法の遵守との対立、スピリチュアルなものを重視したり、あるいは人間の自律性を重視したりする考え方に対峙する神の法の絶対性への信仰という、古代哲学から存在していた思想的対立軸を、イスラーム教は維持しています。

それは近代の文脈では、リベラリズムに対する根本的な否定と対抗を意味します。リベラリズムの負の側面に反発するという意味での反リベラリズムではなくて、リベラリズムを根本的に否定する啓示宗教の規範が、今でもイスラーム教には強く存在し継承されています。中東地域においてそれは特に顕著です。非リベラルな独自のグローバリズムの主要な発信源です。その中核にあるのがウンマ認識です。近代の国民国家・主権国家の形成、近代の国民メディアの普及、さらには現代のグローバル・メディアの波及も、結果としてウンマ意識を強め、イスラーム教徒のウンマと非イスラーム教徒のウンマの間のジハードという観念を強化し、二〇〇一年以後の二〇年間に、これを国際政治の重要な課題として浮上させせました。

イスラーム世界における、宗教的信念の強さ、ウンマへの帰属意識の強さと、イスラーム諸国の経済力や軍事力の弱さには大きな不均衡があります。今後、中東を中心にしたイスラーム世界が宗教的な理念を裏打ちする政治・経済あるいは軍事的な力を得て、独自のグローバリズムを伸長させていくのか、それとも、ウンマとジハードの理念のみが世界に拡散し、反システム運動、アンチ・グローバリズムと化していくのか、先行きは不透明です。

少し長くなってしまいました。中東の地域研究をイスラーム教の思想研究を通じて行う、私なりの視点からの一本の道筋が、ウンマへの帰属意識の高揚とグローバルなジハードの拡散と、それを最重要の課題とする国際政治の研究につながってきました。これはある一つの時代に、私の個人的な関心の結果もたらされた再現性に乏しい事例ですが、地域研究に基づくグローバル・スタディーズの一つの事例として、お話しいたしました。

6 グローバル化は比較社会研究に何をもたらすか

有田伸
（比較社会学）

はじめに

本日は「グローバル化は比較社会研究に何をもたらすか」というテーマで、私の研究が、グローバル化、あるいはその一側面としての社会間接触に、どのようなインスピレーションを受けつつ進んできたのかについて、お話したいと思います。

最初にこの講義のお話を頂いた時、自分の研究はグローバル・スタディーズという枠組みからはだいぶ遠いのではないかと思っていました。しかし、グローバル・スタディーズというものを少し広くとらえながらいろいろと考えているうちに、グローバル・スタディーズが対象としているグローバル化という現象から、私の研究は非常に重要な契機を得てきたということに改めて気付きました。今日はその辺りについてお話していきたいと思います。

私はこれまで、社会学と地域研究の双方に所属しながら、主にそれらが重なり合う領域で研究を進めてきました。現在の自分の研究は、「地域研究を出発点とした社会学」として位置づけられるかと思います。もともとは地域研究としての韓国研究を行っていましたが、その後は、韓国との比較の視点を生かした日本社会研究を、主に社会学の領域において行っています。

私のきわめて個人的な印象ですが、現在の社会学、あるいは社会科学では、精緻な計量手法を使っているとか、パワフルな理論を適用しているといった部分が高く評価される傾向にあるように思います。それに対して、社会のリアリティにとことんこだわって、そこから問題を発掘していくタイプの研究というのはそれほど主流ではないのかもしれません。ただ、それはそれで少しもったいないような気もしていて、社会のリアリティに徹底して根ざした研究を行うことで、社会学あるいはより広く社会科学に対して貢献できる余地も、けっして小さくないように感じています。そこで私は、地域研究を出発点とした社会学として、比較の視点に立った社会研究を行いながら、そのような研究の可能性を追求しようとしています。

比較社会研究の四類型

まずは少し広い視点から、比較の視点に立った社会研究とはどのような営みであるのかについて見通しを得ておきましょう。比較社会研究にはいくつかの類型があります。メルヴィン・コーンという社会学者がアメリカ社会学会の会長に就任した際の講演論文（Melvin L. Kohn, 1987, "Cross-National Research as an Analytic Strategy," *American Sociological Review*, 52(6): 713-731）では、比較社会研究――原語ではクロスナショナルリサーチです――のタイプとして次の四つが挙げられています。

一番目は、それぞれの国が研究の「目的」となっているタイプです。たとえば日本なら日本、韓国なら韓国という国そのものを理解することに関心があるというタイプの研究です。ですから、このタイプの比較研究では、研究対象の国を別の国に変えてしまうと、その研究自体の意味が無くなってしまいます。

二番目は、それぞれの国が研究の「文脈」となっているタイプです。この研究では、それぞれの国はさまざまな背景条件のセットとして考えられます。そして、研究者は各自が着目する背景条件を持っている国を比較研究の対象として選ぶことになります。コーンが挙げている研究例を引用すれば、資本主義と社会主義という経済体制の違いが企業の効率性に及ぼす影響を調べるために、アメリカとハンガリー――もちろん社会主義時代のハンガリーです――を比較した研究などがこのタイプにあたります。このタイプの研究は、一番目のタイプの研究よりも、もう少し理論や一般化への志向性が高いと言えるかもしれません。またこのタイプの比較研究では、似通った背景条件の国であれば比較の対象国を取り換えても大丈夫、ということになります。たとえば当時の社会主義の国として比較の対象とするのは、ハンガリーではなくソ連やポーランドでもよかったのかもしれません。

三番目は、それぞれの国が研究の「分析単位」であるタイプです。さまざまな国を対象として、初等教育への就学率と経済成長率との関係を調べようとするような研究がこの例です。このタイプの研究では、それぞれの国は各変数の値――たとえばその国の初等教育就学率と経済成長率――を提供するケースの一つとなります。このようにして様々な国のデータが集められ、それを元に変数の間の関係が確かめられます。このタイプの研究では変数の間の関係のみに焦点が当てられるため、それぞれの国の名前をあげながら、その特徴が語られることは基本的にはなくなってしまいます。

四番目は、これまでのものとは少し異なり、対象としている現象自体がトランスナショナルな性格をもつタイプの研究です。世界システム論のように、さまざまな国の間の関係性に着目する研究などがこの例で、このほか急速に進みつつあるグローバル化現象の研究も、このタイプに入ると言えるでしょう。

さて、以上のような類型化をふまえて考えてみると、私自身は基本的には一番目のタイプの研究を主に行ってきたと言えます。私の研究の出発点は韓国研究で、その後は韓国と比較しながら日本を研究しています。これらの研究は基本的には、韓国とは、あるいは日本とはどのような社会なのか、という関心に根ざしているためです。

ただ、このような関心に基づいて研究を進めていたとしても、では韓国は――あるいは日本は――一体どのような社会なのか、また韓国と日本は何が共通していて何が違うのか、と突き詰めて考えていくと、結局その答えはそれぞれの国の背景条件に還元される部分も大きいことに気づきます。そのような意味で、私は一番目のタイプの研究を行いながらも、それぞれの国の背景条件の違いに着目する二番目のタイプの研究にも足を踏みいれていたと言えるでしょう。さらに言えば、二番目のタイプの研究を行っていると、関心を持つ背景条件間の関係にフォーカスを絞って、それをより純粋な形で観察しようとする三番目の研究にたどり着くこともあるかと思います。このようにコーンが示した比較社会研究の類型、特に一番目から三番目までのタイプは、それぞれがまったく別のものというよりも、もともと連続的で、関心の相互移行が頻繁に起こり得るものと捉えた方が良さそうです。

とはいえ、一番目から三番目までのタイプの比較社会研究と、グローバル化をはじめとするトランスナショナルな現象を対象とする四番目のタイプの研究との間には、やはり距離があると私はこれまで考えていました。自分自身の研究を振り返ってみても、四番目のタイプの研究とは縁遠い、という印象を持っていました。しかし今回の講義をきっかけとしていろいろと考えているうちに、自分の研究は、実は四番目のタイプの研究が着目しているようなグローバル化、あるいはその一側面としての社会間接触からきわめて大きな契機を得ながら進んできていたのだ、ということに改めて気づきました。その辺りのお話を、もう少し詳しくしてみたいと思います。

留学時のふとした会話から――社会間接触（1）

社会間接触、すなわちある社会と別のある社会が何らかの形で出会うことを契機として――あるいはそのような現象に着目することで――私の比較社会研究がどのように進んできたのかを、三つの事例に絞ってお話していきます。一番目は私の博士論文を元にした『韓国の教育と社会階層』（東京大学出版会、二〇〇六年）に関してです。この本は、日本との比較の観点から韓国の教育・選抜システムと学歴社会のあり方を描き出した本で、私の初期の研究の一つです。

この本の問題関心のきっかけは、今から二十数年前に、私が韓国に留学していたとき、大学院生仲間と交わした何気ない会話だったと思っています。留学先の大学院生室で、博士課程に在籍する韓国人の友人と世間話をしていた際、何かの話の流れで「日本でも家庭教師や塾通いが盛んなんですってね」と質問されました。何気なしに「ええ、そうですね」と答えたところ、「じゃ、さぞかしそれが大きな社会問題になっているのでしょうね」と返事がかえってきました。このとき、私は何も答えられませんでした。

確かに「子どもが夜遅くまで塾通いするのはかわいそうだ」とか、「勉強のし過ぎで目が悪くなる」といった問題は日本でも指摘されていました。しかしそれは、この友人が想定していたタイプの「問題」ではありませんでした。

友人がこの質問をした際に前提としていたのは、塾に通ったり家庭教師を受けたりすることを、社会階層間の不平等の表れとして問題視する視線だったのです。「学歴社会」として知られる韓国社会では、より高い学歴を得ようと多くの生徒が入試競争に参加し、非常に激しい入試競争が展開されてきました。そこで問題となってきたのは、競争の激しさだけではなく、出身階層の違いによって競争の有利不利の格差が生じてしまうことでした。

当時の韓国では「出身階層に関わらず、誰もが高い学歴を得ることで高い社会経済的地位に到達できる」というイメージが人々に広く持たれており、社会的不平等に関する人々の不満が高まるのを防ぐため、政府の側もこのような社会イメージの維持に努めてきました。その一環として、韓国では大学受験の段階まで生徒の教育機会になるべく差を付けないことが目指され、中学校や高校のレベルをできる限り平均化するための政策がとられてきました。こうして韓国では、中学校・高校では形式的な平等性が追求され、大学に進学する際に学力を基準とした選抜が行われるという教育システムが形づくられました。

しかしこのような政策は、大学進学競争を一層加熱させるという結果を招いてしまいました。大学進学時には従来通り学力を基準とした筆記試験が課されましたので、大学進学のためには学力を高めることが必要となります。しかし中学校だけではなく、高校のレベルも学校間で平均化されてしまいましたので、「自分のレベルに合った授業が受けられない」、「学校の授業だけでは大学受験の準備を行えない」という生徒が増えてきます。こうして、受験生は塾や家庭教師など、学校以外の授業を通じて大学受験の準備をしていくことになり、塾・家庭教師への需要が一気に高まります。その結果、合格実績が豊富な塾や家庭教師の料金が高騰し、「お金がある家庭の子どもしか質の高い塾・家庭教師の授業を受けられない」という批判の声が大きくなっていきます。それほどまでに塾や家庭教師の効果が認められていたんですね。このような状況で韓国政府は塾・家庭教師などの学校外授業の禁止措置という極めてドラスティックな制度を実践しました。浪人生などを除いて、塾や家庭教師を一切禁止することで、韓国的な「教育機会の平等」を維持しようとしたわけです。これが当時の韓国の状況でした。

「日本でも家庭教師や塾通いが社会問題となっているのではないか」という韓国の友人の質問には、このような背景があったのです。日本でも韓国と同じように塾や家庭教師が盛んなのであれば、当然それは社会階層間の不平等として大きな批判が生じているはずであるし、政府もそれに対して何らかの政策的対応を行っているはずである、という想定があったわけです。しかし、日本ではそのような批判はほとんど生じていませんでした。それればかりか私は、日本との比較の視点に基づく韓国社会研究を行っていながら、そのような日本社会と韓国社会の違いをまったく認識できていなかったのです。

自身の研究へのインパクト

この友人との会話をきっかけとして、自らの研究の方向性がかなり変わったように感じています。もともと私は韓国の社会階層の研究を行っており、その中でも社会階層の客観的な側面、例えば大学に進学することでその後の給料や地位がどの程度変わってくるのか、あるいは、親の学歴や職業などによって子どもの学歴や地位はどの程度異なるのか、といった問題を、大規模な社会調査データの計量分析を通じて明らかにすることが当初の研究計画でした。

しかし、この友人との会話をきっかけとして、社会階層の客観的な側面だけではなく、もう少しその共同主観的な側面とでも言いましょうか、人々が社会階層に関して広く持っているイメージや価値観に対する関心が高まっていきました。「教育機会や教育を通じた社会的地位達成機会の配分」に関して人々はそもそもどのようなイメージを持っており、またどのようなあり方を望ましいと考えているのかを明らかにすることが重要ではないか、と考えるようになったのです。このような人々の想定や意識が社会の具体的な制度を形作り、さらにそれが学歴の効果など社会階層の客観的な側面にも影響を及ぼすことになるのではないか、それにもかかわらず、各社会において「教育機会や教育を通じた社会的地位達成機会の配分」についてどのようなイメージや意識が持たれているかは十分に明らかにされていない部分も多いのではないか。そう考えたためです。

こうして、韓国への留学とその際のふとした会話をきっかけとして、その後は社会階層に対するイメージや価値観の側面にも着目しながら研究を進めていきました。そうすることによって、社会階層の客観的な側面の理解をさらに進めることができ、さらには「韓国社会とはいかなる社会なのか」という大きな問いに対しても自分なりの答えを示し得るのではないか、と考えたためでもあります。その成果をまとめたのがこの『韓国の教育と社会階層』という本になります。ですので、本書が生まれたきっかけは、韓国社会のあり方を前提とした枠組みを通じて日本社会を捉えようとした友人の発言と、それに対して私が抱いたふとした違和感、さらにそれを元にした「前提の発見」であったと言えるでしょう。

地域研究から社会学へ

この本を出版したことで、私の研究はさらに大きく変わっていきました。この本と同種のテーマを扱った研究は、韓国にはもちろんある程度存在してはいましたが、日本や他の韓国以外の国ではほとんど見当たりませんでした。ですから、幸いにも出版という貴重な機会は得ましたが、残念ながらこの本はほとんど売れないだろうし、読んで下さる読者も非常に少ないだろう、と出版前は思っていました。しかし、出版してみると意外にも、地域研究として、あるいは社会学・教育社会学として多くの読者を得ることができ、また過分な評価をいただく幸運を得ました。

そのときに、このような研究に需要があるのだったら、もっと早くに誰かが言ってくれればよかったのに、などと冗談半分で少し思ったりもしました。ただ、ある研究に対する需要というのは、なにもないところに初めから存在するわけではなくて、そのような研究が生み出されてはじめて生じる、という側面もあるのかな、と思い至りました。それが良かったのか悪かったのかは分かりませんが、このような経験を基に私は、「これまで試みる研究者が少なく、まったく需要がないように見える研究であったとしても、何か成果を出していくと後から需要は生じるかもしれない」と考えるようになりました。これがその後、私が向こう見ずな、ドン・キホーテ的とも言える研究を展開していく一つのきっかけとなっています。

またこの本の出版をきっかけとしてもう一つ感じたのは、韓国を研究する地域研究から比較の視点に立った社会学研究へと自らの研究をさらに展開させていく可能性があるのではないか、ということでした。社会がどのように、人々の持つ意識や想念に影響を受けながら築かれているのか、という構築主義的側面に着目した上で、しかも異なる国と比べながら、徹底してその社会のリアリティに基づいた比較社会研究を行うことで、社会学に対して一定の貢献を成す可能性もあるのではないか、と考えたのです。こうして私は、地域研究から社会学へ、そして韓国研究から日本研究へと向こう見ずに研究を展開させていくことになりました。

二〇〇五年SSM調査と調査票──社会間接触（2）

その後、この新しい方向で研究を進め、一〇年後に『就業機会と報酬格差の社会学』（東京大学出版会、二〇一六年）という次の本を出版しました。この本では韓国との比較の観点から、日本社会の雇用と格差の問題について論じています。

前の本で扱った教育の問題に関しては、日本と韓国の間に何らかの違いが存在する場合、韓国の事例の方が特徴的で、したがって韓国の事例こそがまず説明されるべき、と考えて良いケースが多かったように思います。先ほど挙げた「塾や家庭教師の禁止措置」というドラスティックな政策を見ても、そのことはある程度理解して頂けるのではないでしょうか。ですから、「なぜ韓国は、日本と違ってこのようになっているのか」という問いがそれなりに有効だったのですね。

その一方、雇用や就業といった、教育を終えて労働市場に入った後の話になってくると、少し状況が違うことに気づきました。雇用や就業の問題に関しても、研究を進めるにつれて、日本と韓国の間の微妙な違いが見えてきます。最初は教育の問題と同じように、「なぜ韓国は、日本と違ってこうなっているのだろう」という問いに答えようとしたのですが、少し広い視点に立って考えて見ると、日本と韓国のあり方が異なっている場合、より特徴的なのはどう考えても日本のほうであって、まず日本の事例に関してこそきちんと問いを立てて、きちんと説明しなければならないのではないかと思うようになりました。

その大きなきっかけとなったのが、私もメンバーに加えていただいた二〇〇五年のSSM調査というプロジェクトです。SSMというのは「社会階層と社会移動」を表す英語の略称で、日本の社会階層研究者が大学を問わず集まって、一九五五年から一〇年おきに実施している調査研究プロジェクトです。私がはじめて参加したのは二〇〇五年のプロジェクトですが、このときは日本だけではなく、韓国や台湾でも同じような調査を実施し比較研究を行うという試みがなされました。私は当時韓国社会研究が専門でしたので、韓国調査の担当としてこのプロジェクトに参加して、韓国での調査に携わることになったんですね。

当時の日本では、急増する非正規雇用と正規雇用の間の格差が大きな社会問題になっていました。韓国でも同様に非常に大きな社会問題となっていましたので、日本と韓国の比較研究でも非正規雇用の問題が重要な研究テーマと考えられ、韓国でもこの問題についてきちんと調査することが必要となりました。

国際比較調査の調査票（アンケート用紙）をどのように作るかは、これに関して本が何冊も出ているくらい重要な問題です。その中でも一番大事な点は、対象となる国のすべてに上手く適用できるような調査票を開発する必要があるということです。このために、それぞれの国の状況を考慮しながら、バランスの良い調査票を作成することが求められます。

ただ、このSSM調査は、一九五五年からずっと一〇年おきに実施している調査プロジェクトでもあり、この間日本社会がどのように変わってきたのか、という過去との比較にも非常に大きな焦点が当たっていました。ですので、二〇〇五年の調査でも時系列的な比較可能性を担保するため、日本調問2【回答票1】あなたの現在のお仕事についてうかがいます。複数の仕事をお持ちの場合は、主な仕事についてうかがいます。〔以下、aからfまで順に聞く〕

a 従業上の地位	あなたのお仕事は大きく分けてこの中のどれにあたりますか。 〔回答票から選んでもらい、該当する番号に○をつける〕	1（ア）経営者、役員 2（イ）常時雇用されている一般従業者 3（ウ）臨時雇用・パート・アルバイト 4（エ）派遣社員 5（オ）契約社員、嘱託	6（カ）自営業主、自由業者 7（キ）家族従業者 8（ク）内　職 → d、e、fのみ聞く 9（ケ）無職：仕事を探している → 問6へ 10（コ）無職：仕事を探していない → 問6へ 11（サ）学生 → 問6へ 99　わからない

図1　2005年SSM日本調査の本人従業上の地位項目，『2005年SSM調査 日本・韓国・台湾調査票』（2005年社会階層と社会移動調査研究会，2006年，2頁）

査の調査票をこれまで使われてきたものから大きく変えることはできず、基本的には従来日本で用いられてきた調査票を韓国にも適用する、という形を取らざるを得ませんでした。ただし、韓国と日本は社会構造が非常によく似ていますので、日本でこれまで使ってきた調査票をそのまま韓国に適用しても大きな問題はないだろうと判断しました。

図1が、SSM調査が従来日本で使ってきた従業上の地位に関する質問です。私の研究は、この質問をきっかけとして大きく変わったといっても過言ではないと思います。

従業上の地位というのは、就業者が、雇われて働いているのか、他人を雇っているのか、それとも自営として働いているのかの違いと言えます。そして、雇われて働いている被雇用者の場合は、この質問を通じて正規雇用か非正規雇用かが判断されます。たとえばこの質問では、被雇用者が2から5までの選択肢に該当し、そのうち2を選ぶと正規雇用で、3、4、5を選ぶと非正規雇用に分類されます。

当初は、この質問をそのまま韓国に適用しても全く問題はないだろうと思っていました。質問文自体それほど複雑なものではありませんし、選択肢となっている契約社員や派遣社員という言葉は韓国語にもあるものです。韓国語は漢字が元になっている単語が多いですし、用いられている概念も似通っていますので、翻訳は比較的容易なのですね。ですので、「内職」という言葉の翻訳が少し難しいかなと感じた程度で、あとはそのまま翻訳していけば大丈夫だろうと判断して、いろいろな人の力を借りながら調査票全体を翻訳し、韓国の研究者に見せました。そして「このような調査を実施したいのですが、どうだろうか」と相談したところ、この質問に関しては「これではダメだ」というかなり強い批判を受けてしまいました。

調査票の質問を作る際に注意しなければならない事柄の一つに「ダブルバーレルの質問は避ける」というものがあります。ダブルバーレルとは、二つ以上の聞きたい項目を一つの質問に埋め込んでしまうことで、こうするとその質問が結局何を尋ねているのかがよくわからなくなってしまい、回答する側も答えづらいという問題が生じます。ですので、一つの質問では一つのことを尋ねるべきで、別の項目について尋ねたい場合は別の質問を立てることが推奨されます。この時相談した相手からは「この質問はダブルバーレルではないのか」と言われたのです。

この質問で、被雇用者が契約社員や嘱託であるかどうかを尋ねているのであれば、雇用契約期間の定めがある有期雇用か、その定めがない無期雇用かを尋ねていることになり、それは理解できる、と。一方この質問で被雇用者が派遣社員であるかどうかを尋ねているのであれば、もともとの雇い主とは異なる雇い主の下で働く間接雇用か、それとも雇い主に直接雇われている直接雇用かを尋ねているので、それも理解できる。また被雇用者がフルタイムで働いているのか短時間のみ働いているのかを尋ねることにも意味があるだろう。しかし、なぜこれらの異なる項目が同じ質問の中に入っているのか、

問 2【回答票 1】あなたは現在どんな仕事をしていますか。もし複数の職業をお持ちの場合には、主な職業についてお答えください。**【以下、a から順に g まで聞く】**

a 従事上の地位	あなたはどのような形で働いていますか。	1 雇用主（経営者、自営業者、フリーランスなど） 2 賃金勤労者 （一般社員・従業員、公務員、時間制、契約社員、臨時日雇職、派遣社員、用役勤労など） 3 家族従業者 4 学生 **→問 7 へ** 5 無職 **→問 7 へ** 9 わからない
a2 時間制	**【「2 賃金勤労者」の場合】**フルタイムで働いていますか、それとも時間制ですか。	1 フルタイム 2 時間制 9 わからない
a3 派遣	**【「2 賃金勤労者」の場合】** あなたはどこから給料をもらっていますか。	1 現在働いているところから 2 派遣業者から 3 用役業者から 9 わからない
a4 勤労契約	**【「2 賃金勤労者」の場合】**このお仕事には勤労期間の契約がありますか。	1 勤労期間の契約あり 2 勤労期間の契約なし 9 わからない

図 2　2005 年 SSM 韓国調査の本人従業上の地位項目,『2005 年 SSM 調査 日本・韓国・台湾調査票』（2005 年社会階層と社会移動調査研究会, 2006 年, 52 頁）

この質問はダブルバーレルではないか、という訳です。例えば、調査対象者がもとの雇い主から派遣されて現在の勤め先で働いていて、しかも雇用契約期間の定めがある場合は、どれを答えればよいのか、さらに、その人が短時間雇用だったら選択肢の内のどれを答えればよいのか、完全に迷ってしまうではないか、というのがその批判の趣旨でした。

韓国では、非正規雇用をどのように定義するかに関して激しい議論がなされ、その流れを受け、政府も加わる形で、非正規雇用の公式的な定義が定められました。それが、雇用の臨時性、短期間性、非典型性の三つをそれぞれ独立した条件と捉えて、そのうちのどれか一つにでも当てはまれば非正規雇用と見なすという定義です。このような定義が打ち出されて以降、政府の統計調査や社会調査でも、これらの条件を別々の質問で尋ねて、一つの条件でも当てはまれば、非正規雇用として分類するのが一般的になっています。当時このような状況にあった韓国の研究者に対して、日本の

SSM調査の従業上の地位についての質問が「本来別々の質問で問うべき項目が一つの質問の中に混在している」という印象を与えたとしても不思議ではありません。

以上のような経緯を経て、結局、韓国調査の調査票では、韓国スタイルの形式が採用されました（**図2**）。まず、自営者か被雇用者かを尋ねた後で、被雇用者に関してはフルタイム雇用か短時間雇用か、直接雇用か間接雇用か、さらに無期雇用か有期雇用かをそれぞれ別の質問によって捉えようとしたのです。このような韓国調査の調査票は、「ダブルバーレルの質問を避ける」という観点からすると、それなりに合理性を持ったものと考えられました。

一方日本の調査では、過去の調査データとの比較のために、**図1**で示した従来の形式の質問がそのまま継続されました。ですがメンバーの一部からは、「日本でも韓国のように質問したほうが非正規雇用の現状をより良く捉えられるのではないか」という意見が出たりもしました。

違和感への着目

この話はこれで片が付き、その後は調査の実施、そして得られたデータの分析の段階へと進んでいったのですが、私の中ではその後も、以上の経緯がずっと気にかかっていました。それはある種の違和感といってもよいのかもしれません。なぜ日本の調査では韓国のように三つの条件をそれぞれ別個に質問しないのだろうか。そもそも「ダブルバーレル」との批判を受けかねない質問を用いて、日本では被雇用者の従業上の地位について何を捉えようとしているのだろうか。どうしてもこれらの疑問をやり過ごすことができず、結局自分で調べてみることにしました。このことが、私の研究を「韓国研究」から「韓国を比較の対象とする日本研究」へとシフトさせていった大きなきっかけだったと思います。

調べていくと、このような調査方法は、労働力調査などの政府統計とも共通していることがわかりました。これらの政府統計も日本のＳＳＭ調査と同じように、すべてを一つの質問で尋ねているのですが、その際に質問の基準となっているのは「勤め先での呼称」です。これらの政府統計調査では、被雇用者の「勤め先での呼称」を正社員、パート、契約社員などのうちから一つを選ぶ形で尋ねています。そして一般には、その回答に基づいて正規雇用と非正規雇用の区分がなされています。

私は海外でこの問題に関して学会報告をするときには、この調査票の英訳版を示して、「日本では非正規雇用をこのように勤め先での呼称に基づいて調査しています」と説明することが多いのですが、そうすると聴衆は非常に驚きます。他の国では、先ほどの韓国の例でもそうですが、雇用契約期間が定められているか否か、といった客観的な雇用条件に基づいて非正規雇用を区分することが多いためです。それに比べれば日本では、非常にユニークな方法で正規雇用と非正規雇用の区分がなされていることになります。このような方法は、客観的な雇用条件ではなく、社会の構成員自身が築き上げている共同主観的な基準に基づいているという点で、非正規雇用に対する社会構築主義的アプローチとして位置づけられるでしょう。

ではなぜ日本では、政府統計において、呼称に基づいた社会構築主義的なアプローチがとられるのでしょうか。パートタイム就業者の捕捉方法をめぐるこれまでの議論のサーヴェイを通じて示されたのは、呼称に基づく区分の方が、現実の格差をより良く捉えられるから、という理由です。結局、日本において正規雇用と非正規雇用の区分として捉えようとしているのは、雇用契約期間や労働時間などの客観的な雇用条件の違いではなくて、それらの違いを外形的な区分の基準としながら、そこにさまざまな格差が結び付けられた従業員のカテゴリーの違いなのだと言えます。このような企業における位置付けの相違としての正規雇用と非正規雇用の区分こそが、日本ではさまざまな格差を生み出す要因となっているために、それを適切に捉えるためには、企業における位置付けの違いとしての「呼称」に着目するのがもっとも有効である、ということなのです。

このような企業における位置付けの違いとしての正規雇用と非正規雇用の区分は、これまで「雇用身分」として先行研究で指摘されてきたものでもありました。しかし、先行研究では雇用身分と名付け、非合理なものと位置づけて議論が終わってしまうきらいもありました。ですが、社会学の立場としては、これを「身分」と捉えてからが研究の出発点ではないかと感じられました。すなわち、なぜ労働市場において「身分」などというものが生じてくるのかを、きちんと説明しなければいけないのではないか、と考えるようになったのです。

在外研究で得た視点とそれを生かした研究の展開

その後、在外研究の機会を得たことで、この問題についての考察をさらに進めることができました。二〇一〇年から一年間、米国スタンフォード大学に客員研究員として在籍させて頂いたのですが、そこでは「弱い紐帯の強さ」で知られるマーク・グラノヴェター教授の経済社会学演習に出席し、労働市場における格差の問題を社会学的にどう捉えるかについて、多くのことを学びました。

現在の社会科学では一般に、労働市場における報酬格差の単位はあくまで個人であると考えられており、個人がどれだけ技能や知識を持っているか、またそれによってどれだけの生産性を発揮できるかによって報酬水準が決まると考えられます。ただし、社会学の発想を生かすと、個人が占める就業機会側の条件も重要になってきます。それぞれのイス（就業機会）に報酬が結び付けられていて、より高い報酬のイスをめぐって、みながイス取りゲームを行っている、という見方も社会学では一般的であるためです。このような見方に立つと、なぜ日本では正規雇用というイスと非正規雇用というイスが区別されて、それぞれに大きく異なる報酬が結び付けられるのか、が考えるべき問題となります。

同じくスタンフォード大学のデービッド・グラスキー教授が提起した、格差が生じる「単位」についての議論からも、多くの示唆を得ました。グラスキー教授は、これまでの社会階級を単位とした格差の議論に対して、社会にとって真に意味ある格差の生成単位にこそ着目すべきという立場から、個々の職業を単位とした「マイクロクラス」論を展開しています。これらの議論もそうですが、アメリカ西海岸には、何か新しい議論を展開していくことに対してきわめて貪欲な雰囲気があり、その姿勢からも非常に多くを学びました。

そして、在外研究で学んだことを生かして、なぜ日本では正規雇用と非正規雇用の区分に対して「呼称」に基づくアプローチを行うのか、なぜ日本では正規雇用と非正規雇用の間に大きな格差が生じているのかについて考えていく本書の執筆にとりかかりました。この問題に関しては従来経済学の立場からの議論が多かったのですが、この本では、経済学的な発想や理論は一切使わず、徹底して社会学的に考えてみる、という試みを行いました。

本書の具体的な内容については詳しい説明を省きますが、そのために本書では「格差の正当化」というメカニズムに着目しました。そして人々の想定や意味付与を重視する社会学の視角を生かし、正規雇用と非正規雇用というカテゴリーの区分は根本的には人々の意味世界においてなされていて、それぞれのカテゴリーに付与された意味が両者の間の格差を正当化している、という議論を展開してきました。具体的にこの本では、正規雇用と非正規雇用の間の格差を正当化するロジックとして、就業上の義務や責任の違い、ならびに採用時の選抜性やその後の訓練機会の違いに基づくロジックに着目しています。

そしてこれらの二つのタイプの異なるロジックが、批判の内容に応じて都合よく使い分けられてしまっているところに問題の芽があるのではないか、という点が本書の示唆するところです。例えば「正規雇用と非正規雇用の間ではなぜこれほど賃金が異なるのか」という批判に対しては、「正規雇用には転勤や残業・休日出勤があるから仕方がない」と義務や責任の違いに基づく理由付けがなされる。「では、義務や責任が重くてよいから私も正規雇用にしてほしい」と申し出ても、「いや、もともとの採用の難しさやその後の訓練機会も違うので、そう簡単に正規雇用にはなれない」ともう一つのロジックに基づいて拒まれる、というように二つのロジックが都合よく使い分けられているのではないかということです。

その後、私たちの研究グループでは、日本、韓国、アメリカで比較調査を行いました。その結果によれば、確かに日本では、非正規雇用に比べて正規雇用の方が、必要な場合には休日出勤しなければならないと考えている人々が多く、そう考えている人々ほど、正規雇用と非正規雇用の間の報酬格差を容認する傾向が見られます。また同じメカニズムは仕事を通じた訓練機会の差についても認められ、日本では確かにこれら二つのロジックが正規雇用と非正規雇用の間の報酬格差を正当化していることが示されています。

調査票とオーダーメイドスーツ

以上の経緯を振り返ってみると、私は、調査票という媒体を通じた日本社会と韓国社会の接触の場面にたまたま居合わせたことによって、新しい気づきを得ることができ、その問題をずっと追いかけていくことで新しい研究テーマにたどりついた、ということになるのではないかと思います。

社会調査の調査票は、調査対象社会の文脈に大きく依存しています。調査票を設計する際には、回答者が自然にすっと答えられる質問を作ることが求められます。この「回答者が自然にすっと答えられる質問」というのは、客観的な定義を明確に示した質問である場合もありますが、実際には、質問者と回答者が共に共有している「社会の常識」を前提として、詳細な定義を省いた質問である場合も多いです。あれこれきちんと定義をすると、調査の時間もかかるし、答える側も面倒になってしまうので、回答者の負担を考えて、共通了解としての常識に依拠することは結構あります。このようにして、それぞれの国の調査票の多くは、その国の背景条件を前提として、それにピタッと合ったものとなっています。ですので、ある国の調査票は、背景条件が異なる別の国にはすんなり適用できない場合があるのです。

比喩的に言うとこれは、体格のよく似た二人の間でオーダーメイドのスーツを貸し借りするといった状況に似ています。採寸をしてある人の体にピタッと合うように作ったスーツを、体格が似ているもう一人の人が着てみたことで、実は裾がちょっと長かった、というような、ぱっと見では分からない微妙な体格の違いに気づくことはあり得るでしょう。

調査票というのは、それぞれの社会の共通了解や前提条件を色濃く反映したオーダーメイドスーツのようなものだと言えます。私の経験は、日本に合わせて作った調査票を、韓国に適用させるという作業を通じてはじめて、日本社会の微妙な特徴に気づくことができた、ということになるでしょう。そういう意味では「調査票をそのまま適用できそうだ」と感じられる程度に日本社会と韓国社会は似通っていたために、調査票というメディアを通じた両社会の接触が可能になったことになります。この点は私にとって大変幸運だったと言えるでしょう。

海外日本人若年就業者研究──社会間接触（3）

最後に、私も参加の機会を得ている、同僚の石田賢示先生の研究プロジェクトの事例を簡単に紹介します。最近、テレビなどでも、海外で現地採用として働く若者がよく取り上げられています。東アジアや東南アジアに進出している日本企業には、もともとは日本から駐在員を派遣するのが一般的でしたが、最近は経費の問題から駐在員を減らし、その代わりに日本人の社員を現地で採用するケースが増えています。ですが一般的には、アジアの現地採用は、日本で正社員として働くよりも給料が安く雇用が安定的ではない場合もあります。にもかかわらず、なぜ日本の若者はアジアに出て行って、現地採用として働こうとするのだろうか、というのがこの研究の問題関心の一つです。

一般に、アジアで働こうとする日本人は、その国の文化やライフスタイルを楽しむために移住する、といったイメージで理解されてきました。そのため、現地採用としてアジアで働く若者も、仕事よりも生活重視で、アジアでのんびり暮らすのが目的なのではないか、というイメージが最初はありました。

しかし実際に現地採用としてアジアで働いている若い人々にインタビュー調査をしてみると、そのような事前のイメージとはまったく異なり、仕事に対する意欲が高く、日本で得ていた正社員の仕事を辞めてアジアにやってきた優秀な方々がたくさんいたのです。なぜ給与や雇用の安定性の面で必ずしも恵まれていない現地採用として働くのかを聞いて見ると、結局その理由は、アジアの現地採用の仕事では、二〇代で現地社員の部下を多く持ってマネージメントにも携われるとか、二〇代で海外ビジネスの最前線で働けるなど、日本で正社員として働いていては得難いキャリア形成の機会が得られるため、というものでした。

このようなアジアで働く若年日本人就業者の研究から、思いがけず炙り出されてきたのは、日本国内の日本企業における年齢と職務の独特な結び付きだったと言えます。外国では、若い年齢でもアシスタントマネージャーのような形で管理職に就く道が一定程度開かれています。しかし日本の企業では、若い内は事務職や技術職など、それ以外の仕事に就き、一定の年数を経た後に初めて管理職に就く場合がほとんどです。これは日本の企業では、管理職に就くためのスキルは実際に働きながら身に付けていくものであり、管理職はそれなりの年齢になってから就く仕事、という発想が強いためです。そのため、若い年齢で管理的な仕事に就くのは非常に難しくなってしまいます。また同様の理由で、入社してすぐに海外の支店で働く例もあまり多くはありません。このように海外日本人就業者の移動理由に着目することで、「安定的ではある反面、若い内に就き得る仕事は限定されている」という日本企業の人事管理システムの特徴を見出すことができます。

国際的な人の移動というのは、移動する人々自身が、ある国と別の国とを比較した上で選択を行った結果でもあります。ですので、彼ら／彼女らが移動する動機に着目することで、新しい比較社会研究の契機が生み出されていく可能性があるわけです。このように考えると、最初に挙げたコーンの比較社会研究の四番目のタイプ、すなわち対象としている現象自体がトランスナショナルな性格をもつタイプの研究は、それ以外のタイプの比較社会研究を進めていくための重要なきっかけを生んでくれるものでもあることになります。

おわりに

最初にお話ししたように、私自身はグローバル化自体を積極的に研究対象としてきたわけではありません。ただ振り返ってみると、グローバル化、あるいはその一側面としてのさまざまな媒体を通じた社会間接触やそれへの着目によって、自らの比較社会研究を進めていくための重要なきっかけを得てきたのだと言えます。

そのように考えると、グローバル化やそれにともなう諸現象に着目することは、今後もそれらの現象自体の解明にとどまらず、さまざまな比較社会研究、さらには社会科学研究の進展を触発する契機を提供してくれるものと思われます。

ただ最近は、コロナ禍のために、そういった社会比較の契機を持ちづらい状況が続いています。だからこそ、意識的にその機会を作っていくことが何よりも重要なのではないかと考えています。

＊　本稿のもととなった講義は、有田伸「アジア社会の比較研究とはいったい何か——目的・プロセス・意義」（『教育社会学研究』第一〇八集、二〇二一年）の内容に一部基づいています。

7　世界史／グローバル・ヒストリー研究の意味、可能性と難しさ

羽田正
（世界史）

はじめに――出発点としての『新しい世界史へ』

今日は、「世界史／グローバル・ヒストリー研究の意味、可能性と難しさ」と題して、この一〇年ほどの間続けてきた私の研究活動を辿りながら、そこで考えたことや気付いたことを率直にお話ししたいと思います。最初に、二〇一一年に出版した『新しい世界史へ――地球市民のための構想』（岩波新書）の話をします。その後、この本の出版後に経験した大きな国際共同研究の過程で考えたことをご説明します。

まず、『新しい世界史へ』についてです。

図1は現在の日本における一般的な世界史理解を図示したものです。

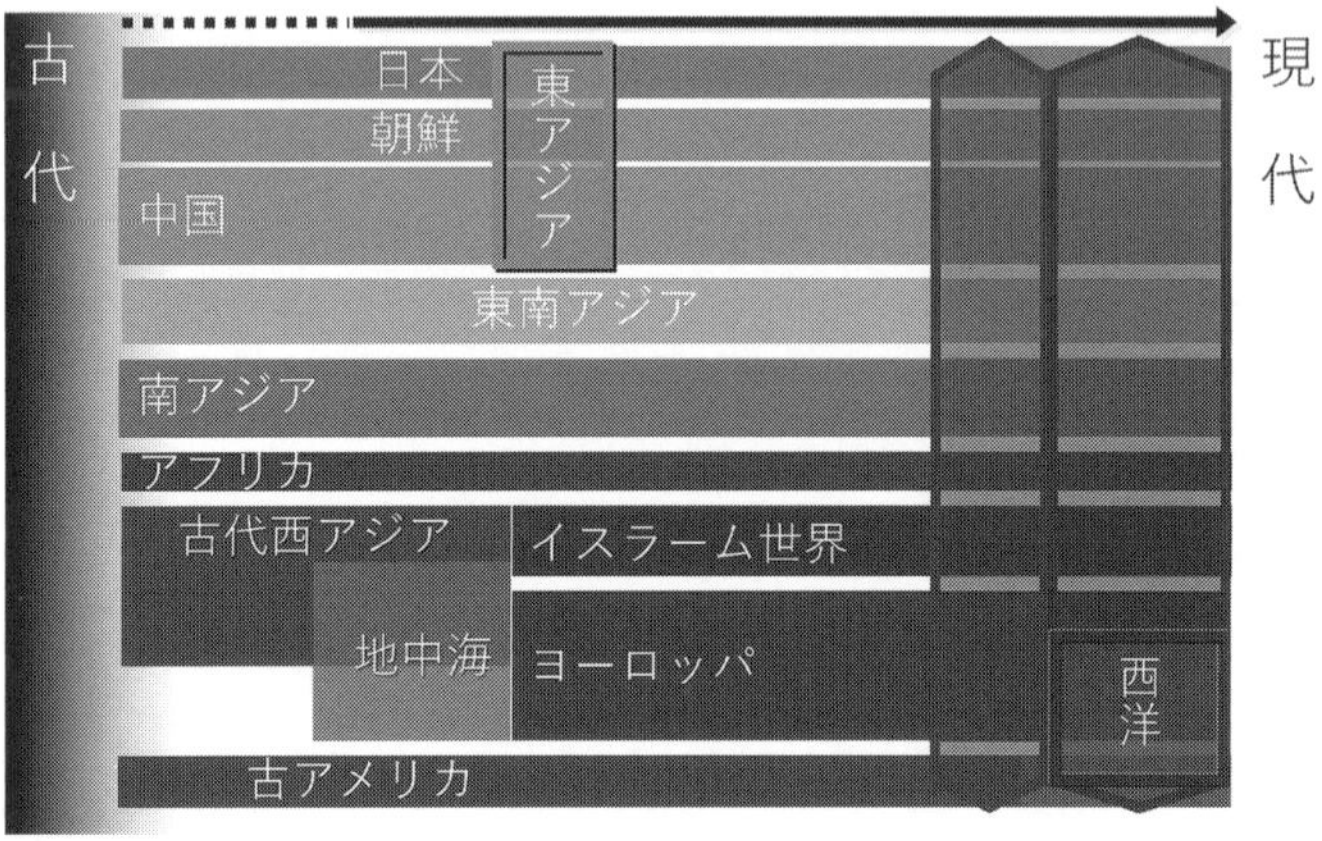

図 1　現代日本における一般的な世界史理解

この世界史理解では、世界各地を幾つかのユニットに分け、それぞれのユニットが一つの歴史の流れを持っていると捉えます。例えば、中国であれば中国の歴史がずっと今日まで続いている、日本であれば日本の歴史が続いていると考えます。各地――小さい場合は国、大きければ東南アジアなどの地域ですが――が独自の歴史を持つことが前提です。そして一六～一七世紀になると、そのうちのヨーロッパというユニットが外へ飛び出して様々な影響を他のユニットに与えるようになり、やがてヨーロッパと北アメリカの一部が西洋という新たなユニットを作って、そこを中心にして世界全体の一体化が進むととらえます。

もちろん、この世界史理解に賛成しない方もいらっしゃるでしょう。ただ、少なくとも、高等学校の歴史の教科書では、このように説明することが推奨されています。そこにはヨーロッパを中心に置いた過去の理解、つまりヨーロッパ中心史観が多分に入り込んでいます。

　また、この理解には二〇世紀半ばすぎ、具体的には一九六〇年頃から一般的になった歴史認識のスタイルが反映されてもいます。この時期に、植民地だった地域からたくさんの国々が独立して、主権国家の体制が世界的に一般化していきました。その頃の世界の実情に対応させた過去の見方が、この歴史認識のスタイルです。世界の中にはまず自国日本があり、それ以外の空間は、近代以前は地域で、近代以降は主権国家に区分します。区分された国や地域が個別の歴史の単位となります。

　この捉え方は、自国である日本の過去とそれ以外の過去をはっきりと区分します。さらに、国や地域の過去を別々にとらえます。いわば、いくつかの国や地域ごとの歴史が「筒」として存在し、それらの筒を紐で一つに結べば、それが「世界史」になるのです。また、多くの筒のなかで、ヨーロッパという筒だけが外に向かって影響力を広げ、他の筒の色をヨーロッパの色に染めていったというイメージです。

　この歴史理解の特徴は、日本以外の国や地域の過去を、他者の過去と見なすところにあります。逆に、この理解を身に着けた人にとっては日本の過去は自分たちの過去です。この理解は日本に帰属意識を強く持つ人を生み出す特徴があると言えるでしょう。五〇～六〇年前であれば、これで良かったのかもしれません。しかし、現代における歴史理解がその当時と変わっていなくてもよいのだろうかと考えていたのが、ちょうど一〇年ぐらい前のことです。

『新しい世界史へ』は、私がこれから必要だと思った世界史理解の基本を述べたものです。この本の中で私はこんな風に記しています。「世界が異なる部分に区分されると考え、自国と他国を峻別する世界観だけに基づく判断と行動は、グローバルな協働を必要とする現代世界では有効とはいえない」。これはまさに今こそよく理解できる論点ではないかと思います。世界を国や地域の単位へと峻別してしまうような世界観を生み出す歴史の認識には問題があるということです。

今の点と表裏をなすものですが、地球自体を一つの公共空間としてとらえ、人々が自らをそこに帰属する地球の住民だと意識することが重要だということもこの本の中に書きました。本のなかでは「地球市民」という言葉を使いましたが、今は「地球の住民」を用いています。地球の住民の歴史が構想されて、人々はその知識を背景にして、自分たちの地球という意識を持って世界規模の様々な問題に対応していくことが重要だと主張しました。例えば、今、我々はパンデミックのなかに生きているわけですが、必要とされているのはこのような地球の住民意識ではないでしょうか。

また、日本史はその初めから現在まで日本列島の過去の叙述だけに特化し、ときどき中国や朝鮮半島、あるいはヨーロッパやアメリカなどの過去に触れる形になっています。日本という筒の歴史になっているのです。しかし、日本は過去のある時期に世界のなかでどのような特徴を持ち、列島の外の人々とどうかかわったのかが分かるように日本列島の過去を解釈・叙述することが必要ではないか。

このこともこの本のなかで述べました。

以上を簡単にまとめますと、ポイントは次の三つになります。

まず、地球の住民というアイデンティティの形成に資すること。次に、ヨーロッパ中心や日本中心など、何かを中心とする歴史観から脱すること。最後に、複数の人間集団や地域間における関係性やつながり、あるいは相互の相似性を発見することです。

一世代前の人文学においては、「これは日本に独特の感覚だ」とか、あるいは「これがフランス独自の文学の特徴だ」というように、ある国の文化や歴史の独自性や他との違いを発見し強調することが重要でした。これに対して私は、むしろ関係性や相似性を見てはどうかと主張したのです。

では、そのためにはどうすればよいのか。私は次の三点を提案しました。一点目は、ある時期の世界全体の見取り図を作り、例えばそのなかで日本、あるいは日本列島の社会がどのような位置にあり、どういう特徴を持っているのかを調べてみること。二点目は、複数の人間集団の横の関係性に注目し、様々なつながりや断絶を意識すること。そして最後は、時系列史にこだわらないことです。最後の点は、先ほど申し上げた一つの地域の歴史が始まりから終わりまで他地域のそれとは関係なくずっと続いているととらえる筒型の歴史観への批判です。限定した空間を想定しその過去を時間の流れに沿って縦に理解しようとする時系列史にはこだわらなくてもいいのではないかということです。

実は最後の点の評判はよくなかったです。歴史学研究そのものの否定ではないかというお叱りまで受けました。ただ私はあくまでも、「それにこだわらない」と述べているのであり、時系列史の研究が要らないとまでは言っていません。これまでは縦の歴史ばかりを重視してきた、だから、もう少し横のつながりに注目するべきだと言いたかったのです。この本の提案には、今述べたお叱りも含めて、一定のリアクションがあったと思います。

世界における「世界史」理解――三大学シンポジウムの経験から

この本は日本語で書いた本です。その意味で、日本のなかだけで話をしているとも言えます。それに気付いた時、私は初めて、世界では世界史が一体どのように理解されているのだろうかと真面目に考えるようになりました。

大変遅まきながら、というべきでしょう。私自身はイランの前近代の政治制度史についてフランスで博士論文を書き、その分野では国際的なラウンドテーブルに参加し世界レベルでそれなりに研究活動を行っていました。けれども、世界史となると話はまるで異なります。それまで私が知っていた海外の研究者たちはイランとその歴史の専門家ばかりですから、一本の筒としてのイランの歴史には関心を持っていますが、世界史については話が通じませんでした。

さてどうしたものかと思っていたところで、運のよいことに、素晴らしい方々に巡り合う機会を得て、結果として二つの大きな試みを行うことができました。

一つ目は、復旦大学とプリンストン大学と東京大学の三大学のシンポジウムです。これはプリンストン大学のベンジャミン・エルマン先生（中国思想史）、復旦大学の葛兆光先生（中国思想史）、そして私が責任者になって実行した企画です。初めてお会いして間もない葛先生から、エルマン先生と一緒に中米日の三大学で何か共同研究を企画しようというお話をいただき、私が、「もしやるのだったら世界史をテーマにしたい」とお願いしたところ、お二人が「ぜひやりましょう」と賛同してくださったのです。その結果、二〇一一年、二〇一二年、二〇一三年の三年かけて「世界史」と「東アジア」をキーワードとする国際会議を三回開催しました。一回目は東京大学、二回目は復旦大学、三回目はプリンストン大学が会場でした。

実は企画の段階で、この会議で使用する言葉について非常に白熱した議論がありました。初め、お二人は「中国語と英語でどうか」とおっしゃいました。それに対し、私は「それはおかしい。なぜ日本語は駄目なのだ」と反論しました。言語が異なる三つの国にある大学の研究者が集まる会議で、一つの国の言語だけが疎外されるいわれはないはずです。

ならば英語だけで、という話になりかけたのですが、私は日本や中国の歴史をも議論する会議で英語だけを使うことにも納得できませんでした。だから、「日・中・英という三カ国語を使うのはどうですか」と提案しました。お二人はこの提案に賛成して下さったのですが、三カ国語をすべて話す人はほとんどいません。結局、同時通訳を付けました。これは安易な方法だったと今では思っています。その点は後で述べますが、一応それぞれが自分の一番得意とする言語で話をすることとなり、私の場合は、日本語で報告をしました。

会議の成果は三冊の本になったのですが、この本の作り方も大変面白いものでした。三回のシンポジウムでは各大学から研究者が数人ずつ出て話をしました。葛、エルマン両先生と私が、自分の大学の研究者の報告のうちから五点を選び、それらをまとめて一冊の本にすることにしました。日本・中国・アメリカの研究者が五人ずつ寄稿する本が企画されたわけです。それを何語で出版するかがまた問題になりました。

結果として三カ国語で出版することになりました。葛、エルマン先生と私がそれぞれ出版社と協議して、それぞれが序章を書き、更に、それぞれの考え方に沿って章を立て論文を並べました。その結果、タイトルが異なり、収録された論文の並びが異なり、さらには序章の問題設定も微妙に異なる三冊の本ができたのです。日本語版は東京大学出版会から出版されています。中国語版は中華書局から、英語版はBRILLから出ました。

翻訳の問題

先ほど三カ国語で行った会議での通訳について、安易な方法だったと述べましたが、通訳に問題があったと言いたいのではありません。通訳者は本当によくやって下さったと思います。しかし、今となってみると、果たして自分が自分の母語で話した内容は、他の言語話者にその通りに伝わったのだろうかとの疑問をぬぐい切れないのです。それは、論集に収録される論文作成の過程で、私が翻訳という作業の難しさに直面したからです。

私は中国語の知識が足りないので、中国語版に翻訳・掲載される論文については全てを葛先生にお任せするしかありませんでした。しかし、英語版の論文は自分で翻訳と校正を行いました。私の論文のタイトルには「世界史」という言葉が入り、文中でもこの語が多く使われていました。当然私はこれをworld historyと英訳しました。

ところが、BRILLの編集者が、これをglobal historyと直してきたのです。私は「それは困る。ここはworld historyがよいと考えているので、そのように戻してほしい」と書き送ったところ、「It doesn't make sense」という返事が返ってきました。それだと意味が通じないというのです。

なぜ通じないのかもっと議論すべきだったのですが、校正の期間が非常に限られていた上、当時非常に忙しかったこともあり、「もういいや」という気分になり、それ以上は追究しませんでした。このため、私の英語での論文のタイトルにはglobal historyという言葉が使われています。一方、中国語版と日本語版では、「世界史」が用いられています。今から考えるとこの対応は大甘で、もっと頑張って色々と議論するべきだったでしょう。

しかし、これは貴重な経験でもありました。一般に、日本語の世界史、中国語の世界史（*shijieshi*）、それからworld historyという三つの単語は、相互に翻訳可能だと考えられています。ところが、日本語で言う「世界史」と英語話者の考えるworld historyは完全に同じ意味ではないと気付いたからです。日本語の「世界史」と中国語の「世界史」も同じではありません。

なぜなら、中国の世界史には中国の過去は含まれていません。中国以外の地域の歴史を「世界史」と呼んでいるからです。中国の過去を含まない日本語の世界史はありえません。つまり、字は同じだけれどもそれが指す意味が違っているのです。英語のworld historyの場合も、一つの意味に決めてしまうことはできません。この語句には様々な意味があり、人によってもその使い方が異なるからです。

この時に気づいたことは、当たり前ではありますが、世界には言語とそれを使う人々のまとまりごとに複数の知の体系があるということです。たとえば、日本語であれば、日本語を使う人たちが一つのまとまりをなし、この言語によって表現される知の体系があります。中国語にはそれとは別の知の体系がある。英語、フランス語、ロシア語、その他の言語でも同様で、それぞれの言語に対応して、世界には複数の知の体系が存在しているのです。

言語と人々のまとまりが複数であり、それ故に知の体系も複数存在するのだとしたら、世界史はその複数性を間近に感じることができるという点で最も興味深い例の一つではないかと思います。人類は「世界」の中で生きてきましたが、その「世界」の歴史の理解は一つではないのです。「世界史」という言葉は、人々が世界の過去をどう理解すべきかを考える困難な知の営みに対してつけられた名前だともいえるでしょう。

翻訳の困難さは、最初に紹介した『新しい世界史へ』を英語に訳すときにも痛感したことです。英語への翻訳自体は専門家が担当してくれましたが、著者による翻訳チェックの際に「これはこの表現でいいのかな」と随分悩みました。「この文脈や意味は、英語ではうまく表現できないのではないか」と思うような場面がいくつもありました。

英語には英語独自の文脈と意味があり価値観があります。別の文脈や価値観を持つ日本語での議論を英語に翻訳することは簡単ではありません。もちろん自分自身の能力に限界があることは自覚していますが、たとえ通訳を使ったとしても、私たちが考え話していることが全て正確に翻訳されることはないだろうと思います。繰り返しますが、これは決して通訳の方を批判しているのではありません。異なる言語の間の意思疎通はそれほど困難な作業なのだということを強調したいのです。

世界における「世界史」理解——Global History Collaborative の経験から

もう一つ Global History Collaborative という国際共同研究についてご説明します。これは、日本学術振興会から拠点形成事業補助金をいただいて始めたものです。アメリカのプリンストン大学とドイツのベルリンの二つの大学、フランスの社会科学高等研究院と東京大学がネットワークを組織し、五年計画で新しい世界史やグローバル・ヒストリーの研究教育を共同で進めることがその目的です。五年の補助金が終わった後、幸か不幸かパンデミックによって海外旅行が困難となりました。しかし、相互の信頼関係で結ばれたネットワーク自体は出来上がっていますので、メンバーはしばしばオンラインで連絡を取り合っています。

具体的に行っていることの一つが、大学院学生の博士論文準備のためのサマースクールです。学生に論文梗概をあらかじめ提出させ、全員がそれを読んだ上で意見交換を行い、論文の質の向上につなげようとする試みです。年に一回、四つの大学から研究者が二、三人、大学院の学生数名が集まって、東京・ベルリン・パリ・プリンストンの四つの大学で順番に開催しています。

朝から晩まで、月曜から金曜まで、ずっと英語で議論を続けるので、本当に疲れます。各自が持っている「専門」はここでは通じません。私であれば、「イランや中東の前近代の歴史についてだけコメントします」などとは言えません。あらゆる地域に関わる、まさにグローバルな様々な研究課題が俎上に載せられ、そのいずれについても意味のあるコメントが求められます。本当につらく厳しいです。でも、大変勉強になります。例えば、ラテンアメリカの近現代に関わる歴史のトピックは私にとってはは縁遠いものでした。けれども、この分野の博士論文の梗概をいくつも読み、それらについて意見を言うことで、私自身が大いに鍛えられました。

私がこの国際共同研究においてもっとも誇るべきだと思っているのは、完全なマッチングファンド方式を採用しているということです。東京で開催する場合、会場費や当日の飲食費、日本側の参加者の費用は私たちが負担しますが、海外の人たちの旅費は彼らもちです。海外で開催するときには、私たちは自分たちの旅費だけを負担します。お金に関しては完全にフィフティー・フィフティーです。その分、こちらの学術的な貢献が求められますが、海外の研究者が私たちとの交流の重要性を認識しているからこそ、この方式が通用するのだと思います。

このGlobal History Collaborativeを通じて気づいたことの一つが、世界史とグローバル・ヒストリーの違いです。日本語の場合ですが、世界史は空間としては地球、時間としては太古から現代までの人類の過去の体系的な理解と叙述を意味します。世界史は、いわば、描かれた絵です。

それに対して、グローバル・ヒストリーは、冒頭にお話ししたような一国や一地域の縦の歴史の集合として理解される世界史を刷新するための方法です。つまりこちらは、新しい絵を描くための方法です。

グローバル・ヒストリーの方法は、具体的にはいくつかあり、英語で言えばconnected history, entangled history、あるいはcompared history等を挙げることができます。いずれにしても空間や時間の枠組みを自由に柔軟に設定することがポイントになります。既存の国という空間や中世、近代などの期間を固定的に考えず、枠組みやテーマを柔軟に設定して、常にその外をも意識しながら、研究対象を検討・解釈し、理解するのです。

このグローバル・ヒストリーの方法によって描かれる絵は、不断に更新されていくことになるはずです。一言でいうと、「現代世界に対応する新しい世界史理解のために、グローバル・ヒストリーの方法を用いる」というのが日本語での、この二つの言葉の一番適した説明になります。

英語の場合もそうですが、日本語でも「世界史」や「グローバル・ヒストリー」の定義ははっきりと定まってはいません。まだ議論の余地はあるでしょう。しかし、これが今のところ私が納得している新しい世界史とグローバル・ヒストリーの関係についての説明です。一〇年前に『新しい世界史へ』を書いたときは、この点は十分に理解が進んでおらず、説明が不十分でした。

Global History Collaborative などの国際共同研究を遂行する過程で、様々な場所からお声がかかるようになりました。そこで、呼ばれたら臆せず、自分の考えていることを、いろいろなところで話してみることにしました。メキシコのエル・コレヒオ・デ・メヒコ大学院大学や中国の南京大学、韓国の高麗大学、シンガポールの南洋工科大学、ペルーのサンマルコス大学など、本当にいろいろなところに行きました。そして、それぞれの場所で世界史について自分の考えていることを話し、相手の意見を聞くことを続けました。

南京大学では講演後に向こうの研究者と南京大虐殺についての意見交換までしました。ペルーでは私の英語の話がスペイン語に翻訳されました。外国語での講演がさらに別の外国語になったのです。これは初めての経験でした。質問はスペイン語から英語に翻訳されるのですが、その英語はあまりよく分かりませんでした。外国語でのコミュニケーションは難しいということを痛感しました。

国際共同研究から学んだこと——言語・知の多様性と徹底討論

これらの国際共同研究から学んだことは本当にたくさんありますが、そのうちの二つをご紹介します。一つは世界には異なる言語による複数の知の体系があるということです。このことは先ほどお話しした通りです。「学術は全て英語で論じるべきである」としばしば主張されます。「日本語で議論しているお前たちは情けない」と批判されることもありますが、私はその意見は間違っていると思います。異なる言語とその知の体系の間に優劣はありません。日本語による人間や世界の理解と、英語での理解は違っています。しかし、どちらかが優れているということはありません。

日本語には独自の見方や文脈、論じ方があり、それはそれで一つの価値を持っています。いろいろな言葉で、「世界史」とその意味について議論が行われることが大事です。世界史を叙述する枠組みを検討し、その枠組みの中で具体的な説明や叙述を試みる。こうした営みを続けることから、異なる言語によってもたらされる見方や立場の複数性と多様性が保障されると思います。

全てを英語で語ればそれでよいという意見はあまりに安易です。例えば日本語とフランス語、中国語と日本語、あるいはロシア語とアラビア語など、様々な言葉の間での横展開の知見の往復が大事です。英語だけがヒエラルキーの頂点に位置して他の言語と縦に交流すれば、英語は多様性を増すでしょうが、他の言語の知の体系は細ってゆきます。これによって失うものは、非常に多くなるでしょう。

ただし、異なる知の見方や価値は簡単に翻訳できません。このことにこの一〇年間ずっと悩んでいるということも改めて強調しておきます。翻訳は簡単ではありません。日本語の知には独特の言葉の布置や文脈、価値観があります。一つの単語としては外国語に翻訳できても、その語を文章に組み込むと意味が微妙に違ってくることはしばしばあるのです。

国際共同研究から学んだもう一つのことは、研究者の立ち位置（positionality）についてです。これは海外の研究者と本格的に付き合うことによって初めて得られる感覚ではないかと思います。歴史の解釈には余地があって、唯一の正解はありません。様々な見方がある中で、自分の考えを文章にする場合には、その文章を自分がどういう立場で、どのようなアイデンティティに基づいて書いているのか、そしてそれを誰に向かって語ろうとしているのかを、常に意識しなければなりません。

個人的な経験をお話しします。私はある時期まで、日本語で書いているときでも、半ば無意識に自分は「普遍的な」人間の一人であり、「普遍的な」人間に向けて語っているつもりでいました。けれども、先ほど申し上げたように、自分の文章を英語にすることは簡単ではありません。このことを経験するとそう簡単に自分を「普遍的」な人間だとは思えなくなりました。私は、日本語の知の体系を背景にして文章を記し、日本語を共有する人たちに向けて語っていたにすぎないのです。外国語に翻訳されたその文章は、その外国語の知の体系にうまく組み込まれ日本語の場合と同様の意味で理解されるのでしょうか。簡単ではないでしょう。でも、何とか理解してもらいたい。今はこのことを強く意識するようになりました。

相互理解を進めるには、徹底討論しかありません。結局は英語を使わざるを得ない場合が多いのですが、自分の考えていることをできるかぎり誠実に、丁寧に話す。そして、相手の反応を見ながら相手の意見や考え方を理解する。当たり前のことですが、やはりこのような対話が大切だと思います。

その際、自分の意見や見方の背景を説明することが特に重要です。背景を説明しないと自分の考え方は十分には理解してもらえません。これはこちらが相手の話を聞くときも同様です。ただ主張だけを聞いていても話を正確に理解できない場合が多々あります。相手の主張をよく理解するためには、その主張の背景から理解することが必要なのです。

一般市民との対話——続編・絵本・学習漫画

研究者同士だと、その気になれば今述べたような徹底討論は可能ですが、一般市民と対話する場合には、また別の課題に直面します。わかり合うというのは本当に難しいことで、これは日本語話者同士についても言えると思います。色々な工夫が必要です。

そのことを強く意識しながら、近年、何冊かの本を出版しました。一つは『グローバル化と世界史』(東京大学出版会、二〇一八年)で、これは先ほどの『新しい世界史へ』の続編です。『新しい世界史へ』を書いていた時にはまだ十分に理解できていなかった点も含めて、私のその時点での到達点を文字にしたものです。この本を出してからも既に二～三年経ちましたので、さらに考えを深め、先に進まねばなりません。

それ以外では、絵本で世界史を語る『パノラマ世界史』(大月書店、二〇一六年)全五巻が新しい試

図2　筆者が魔導士に扮して登場する漫画の一場面

みです。小中学生を意識した企画です。これは私の周辺の若い研究者たちと一緒に作ったものです。世界の歴史を見取り図的に絵で示すというこのような試みは、これまで他になかったようです。これには国内よりもむしろ海外で思いのほか大きな反響がありました。

二〇〇五年ぐらいから後に書いた本は、ほとんど全部中国語・韓国語に翻訳され、いくつかは英語にも翻訳されています。本当にありがたいことです。ただ、ここまで強調してきた通り、翻訳を通じて自分の言いたいことが本当に伝わっているのかは分かりません。ですから、お招きがあれば、中国・韓国にはできるだけ出掛けて、自分の言葉で語り聴衆と対話をするようにしています。それでももちろん分からないところは残りますが、やはり実際に会って話すことは大切です。

『パノラマ世界史』は中国語に翻訳され、上海では子供たちを対象とするブックフェアが開催され、ブックトークなど大変面白い経験をしました。驚いたのは、日本語の知の体系を背景にした歴史解釈を記した本であるにもかかわらず、それがほとんどお咎めもなくそのまま受け入れられたことです。検閲が厳格になった今の中国では難しいとのことですが、四、五年前はこうしたこともありえたのです。

一般向けの発信を試みる中で行き着いた先が、『世界の歴史』全二〇巻（KADOKAWA、二〇二一年）の監修です。これは本当に苦労しました。二〇巻全部の監修なので、漫画作成の各段階で内容をチェックするだけでも相当大変でした。他にも写真や年表など付き物のチェック、各巻概要の執筆など多くの仕事がありました。このシリーズは、原則として学習指導要領の解釈に従わねばならず、必ずしも私の解釈や価値観を具体的に漫画化できたわけではありません。とはいえ、可能な限りグローバル・ヒストリーの方法を使うことを試みてみました（**図2**）。

恥ずかしながら、この学習漫画には毎巻冒頭で私自身が登場します。嫌だと相当頑張ったのですが、漫画の編集部が「二〇巻通して出ることのできるのは先生しかいない」と言われて、最後は了承しました。この巻では私は魔導師の姿になっています。実際に作成に関わってみて、学習漫画は一般市民にかなり大きなインパクトをもちうると感じました。

新しい世界史とグローバル・スタディーズ

そろそろまとめます。私は、現在は「世界史」よりは単に「歴史」と言ったほうがよいだろうと考えています。日本史と世界史を分けて理解するよりは、人類の過去を全体として歴史と捉えたほうがよいと思います。

日本語で書かれる歴史は、日本列島の過去についての言及が多いものになります。日本の過去が人類のすべての動きの中心に位置する歴史になってしまってはいけませんが、日本語で書かれる歴史において日本列島の過去への言及が多くなることは当然です。

現在「日本史」と呼ぶ日本列島の過去を、同時代の世界を意識しながら再解釈して、世界の過去のなかに無理なく組み込んでいったものが「歴史」になるのだろうと思います。この「歴史」は日本の人たちのアイデンティティを再確認するものであると同時に、地球の住民の歴史という立ち位置から解釈され、叙述されるものになるべきだと考えます。

日本は現実に存在し、私たちはその国民なのですから、そこへの帰属意識を捨てる必要はありません。日本への愛着と帰属意識は当然として、それに加えて地球の住民という意識を高めることが、今必要ではないでしょうか。

同時に、これも先ほどから申し上げていることですが、外国語で書かれ、外国で理解されている歴史と日本語で書かれた歴史が相互に参照され、内容の修正や追加が図られるべきでしょう。日本語で書かれた歴史を当然視していては駄目です。世界各地で様々な解釈や見方によって歴史が記される中で、地球の住民という帰属意識が共有されるような歴史の描き方が積極的に評価されればよいと思います。

いずれにしても、日本の研究者だけで考え議論するのではなく、別の言葉による知の体系を背景として持つ歴史研究者との対話が絶対に必要です。ただし、繰り返しになりますが、その場合にコミユニケーションの言語をどうするかは避けて通れない問題となります。英語だけでは駄目だと思いますが、それ以外の言語での対話は現実にはなかなか厳しいと言わねばなりません。先ほど紹介したGlobal History Collaborativeでは、ドイツやフランスの研究者とも一緒に活動していますが、共通言語は英語です。

現状では、英語だけを用いた交流の問題点を指摘し、それを理解、支持する人たちの数を増やしていくしかないでしょう。それによって別の局面を導かないといけない。いま私はそんな風に考えています。

以上が「世界史」を通じて私が考えてきたことですが、これはグローバル・スタディーズと強い関連を持っているはずです。グローバル・スタディーズとは「世界」の研究ですから、当然、世界史とは接点があります。

何のために研究しているのか。どのような研究方法があるのか。立ち位置や使用言語はどうなっているのか。誰に向かって語っているのか。海外の研究者とどのように交流するのか。

世界史を考える際に避けて通れないこれらの問いは、グローバル・スタディーズを進める上でのヒントにもなるのではないでしょうか。「世界史」を考えてきた私の経験が、グローバル・スタディーズのこれからを考えていく上での参考になれば幸いです。

8 哲学の希望——世界哲学から

中島隆博
（中国哲学）

はじめに

最近、世界哲学という新しい運動を何人かの友人たちと一緒に行っています。その観点からもう一度、自分のこれまでの研究を振り返ってみようと思います。具体的には、（1）中国哲学、（2）比較哲学、（3）世界哲学、そして、（4）希哲学というフェーズで区別しています。

まず、（1）中国哲学研究です。これは地域哲学としての中国哲学研究で、これを中心的にやってきたフェーズがあります。これはいまだにわたしの中心的なところにあり続けているものですので、一番ベースにあるフェーズだと思います。この研究を行っているなかでもっとも念頭に置いていたのは、オリエンタリズム的な視線を内面化した従来の中国哲学研究をどうやって脱構築していけばいいのか、ということでした。具体的なことは、後で申し上げます。

（2）比較哲学も、かなり早い時期からやってきました。しかし、振り返ってみると、比較哲学という学問のあり方にはやはり一九世紀的な学知の影響が強いのではないか、と最近はとくに思っています。確かにどうしても比較を考えなくてはならない局面というものは多くあります。ただ、比較をすると、しばしば人は安心してしまって、こういう違いがあるよね、ここが同じだよねというように足場を固めてしまうのです。でも、そうではなくて、逆に複数の概念を揺り動かして新たな可能性を開くような比較研究はできないのか。そういうことを試みているうちに、比較だけでは済まない、概念自身が旅をするというアイデアに思い至ったのです。概念の旅の軌跡を辿ることのほうがはるかに重要ではないかと思うようになってきました。

それから、（3）のフェーズ、これが今行っている世界哲学というものです。名前になじみのない方もたくさんいらっしゃるかと思いますが、一言で言えば、「在来もしくは土着の理論を核にしながらも普遍化に寄与する世界哲学」を目指しております。わたしたちはグローバル化の時代にいるといわれていますが、「グローバル」という全体化するようなアプローチではなくて、世界という地平概念を鍛え直し、普遍的であるとはどういうことなのかをもう一度考え直してみたいというのがこの世界哲学のフェーズです。

そして、（4）希哲学は、まだ始めてもいないところですが、もう一度、哲学とは何であるのかを問い直してみたいと思っているのです。日本語の「哲学」は不思議な翻訳です。逆にこれをヨーロッパの言語に翻訳してみましょう。そうすると、すぐさま「それはphilosophyです」という答えが返ってきそうなのですが、本当にそうなのでしょうか。別の可能性もあるのではないでしょうか。今そんなことを考えています。

実は philosophy が日本語に翻訳されるとき、「希哲学」という翻訳もありました。ここには、希望の希、希むという言葉が入っています。ならば、哲学が希望につながっていく可能性をもう少し考えられないだろうかと思うのです。

以上が今日のお話全体のイメージです。これから個別にわたしがどういうことをしてきたのかをお話しできればと思います。

中国哲学研究

まずは、中国哲学研究です。どうでしょう。皆さんは中国哲学研究と聞いて、どういうイメージをお持ちになりますか。わたしにも皆さんのように若いときが、かつてありました。その当時は、文学部にまだ中国哲学研究室というのがありました。わたしは法学部を出た後に、大学院から中国哲学研究室に入りました。法学部に行ったのも、今考えたらうっかりでしたし、回り道だったかもしれません。それでもその回り道のなかで、中国哲学を研究したいという思いが募ってきました。そして中国哲学研究室に入ったのですが、非常に良い環境に恵まれました。当時、わたしが所属していた研究室には人がたくさんいました。やはり人がたくさんいると、にぎやかでいいですよね。自由闊達な議論ができます。

今はどうでしょうか。一学年が一～二人になってしまっているようです。それに比べて、当時は修士のときなどは、二桁くらいはいたかもしれません。本当に、一つの熱狂がそこにはあったと思います。おそらく熱狂の中心にいらっしゃったのが溝口雄三先生（東京大学名誉教授・中国学）です。残念ながら早くにお亡くなりになりましたが、ある種の溝口革命というのが東大で起きました。そこに吸引された人たちがたくさんいました。

わたし自身は別に吸引されたような気はしなかったのですが、しかし、新しい中国学が始まったという感覚は持っていました。溝口先生はよく「今までの中国研究というのは中国なき中国研究である。これからは中国をきちんと見据えた上での中国研究をやらなくてはいけない」と仰っていました。まったくもってその通りというほかありません。ご本人がどこまでそれができたかどうかは別にしても、非常にチャーミングなスローガンをお立てになっていたと思います。

『中国哲学研究』・中国社会文化学会・中国思想文化学

そして、わたしたち若い大学院生や助手で、仲間と一緒に『中国哲学研究』という雑誌を創刊します。調べると、これは一九九〇年三月に出ていました。ですから、ベルリンの壁崩壊、そして天安門事件の直後に、この『中国哲学研究』は産声を上げたことになります。びっくりするのですが、この雑誌はまだ続いています。これは、院生や助手が手弁当でやっています。同人誌のようなものです。その代わり、今風の言葉で言うと、お互いに厳しい査読を徹底的にやり合う雑誌です。

自分たちでこういう媒体を持って、それを運用するというのは、若い研究者にはとても大事なのではないかと思います。書きたいものを書きたいように書く。わたしはこれが学問の一番大事なスタイルだと思っています。もちろん分野によって求められる論文像はありますから、ある程度アジャストしないといけませんけれども、やはり根本は考えたいことを本当に考えてみる、わたしはそれに尽きると思っています。

この『中国哲学研究』は同人誌ですので、自分たちでお金を出し合ってやっていました。枚数も自由で、無制限です。いくら書いてもよいのです。わたしが最初に創刊号に書いたものは、修士論文をまとめ直したもので、抜き刷りが立つほどの厚さでした。

その頃、わたしは中国哲学というものをもう一回見直してみようとしていました。当然、一九九〇年ですから、世代的にはヨーロッパのいわゆるポストモダンに影響を受けており、とくにわたしはジャック・デリダの脱構築というものに感化されていましたので、中国哲学の脱構築しかないと息巻いてやっていました。そして、ヨーロッパでの議論の突端と付き合いながら、中国のテクストを仔細に読んでいく作業を仲間たちとずっとやっていたわけです。

じつは、ちょうどこの頃に中国社会文化学会という学会ができました。これも奇妙なことですが、溝口先生がお作りになったこの学会、今はわたしがその理事長をやっています。溝口先生からしたら、わたしが理事長などとんでもないとお怒りになっているのではないかと思います。ひょっとしたら墓場から出てくるのではないかと、わたしはびくびくしています。

従来の中国哲学という近代的な学問編成自体をもうやめようという動きが、この当時ありました。

より学際的な仕方で、より社会的な文脈に開かれた中国研究をやっていかなくてはいけない、と。そのことは学会名の中の「社会」と「文化」という言葉にもあらわれています。わたしはそれはそれで当然の方向性だという気がしていて、それはそれで力を尽くそうと思ったわけです。

しかし、同時にわたしは中国哲学というものを無視するわけにはいかないと思っていました。やはり中国のテクストを哲学としてきちんと読むことが、中国哲学に対するリスペクトでもあると思っていたということもあります。批判可能なものが中国語で書かれたテクストにはある。ならばそれを全力で脱構築することを試みようというのが、わたしが中国哲学研究のなかで目指したものだったように思います。

ただ、実際にどうなっていったかというと、中国哲学研究室はその後に名前が変わります。一九九四年から、なかなかなじみにくい言葉なのですが、中国思想文化学という名前になりました。哲学ではなくて思想や文化を研究する研究室になったわけです。当時は学問の学際的な、あるいは分野横断的な変化がありましたから、これはこれで時代の潮流を非常によく写し取ったものだったと思います。ただ、中国哲学にこだわっていたわたしとしては、どういうスタンスを取ったらいいのだろうかと思っていたことも事実です。

こうした動きの背景に何があるのかというと、やはり近代における中国哲学という概念の問題です。これをいったいどう処理したらいいのか。実は日本哲学も同じような問題を抱えています。近代に入り西洋哲学と遭遇すると、こういう西洋哲学が今の時代の主流なのかと人は考えるわけです。そうすると、それに匹敵するようなものが日本なり中国なりにあるのではないかと思って探し出そうとします。ところが、そのようなものがなかなか見つからない。見つからないとどうするかというと、近代以前のものは「哲学」というよりは「思想」であるとするわけです。そういう理由で、「日本思想」という言葉は非常に流通しています。同じように「中国思想」という言葉も大変流通しています。ならば哲学とは何なのか。例えば「日本哲学」でしたら西田幾多郎などのような京都学派の哲学が有名で、これは近代になって西洋哲学と遭遇した後に生まれたものですが、あれが日本哲学なのだという意見が出てきます。「中国哲学」に関しても、近代、一九世紀半ば以降のものを中国哲学と言うのはよいけれども、それ以前のものは言えないといった言い方がよくなされていました。日本や中国の前近代には、例えば仏教のようなものがありますが、あれは哲学ではなくて宗教だといった言い方がなされることになります。神道などについても同様です。中国だったら道教もありますが、これも宗教だという話になる。しかし、儒教とは何でしょう、儒教は宗教なのか、どうも宗教でもなさそうだ、では哲学なのか、と非常に面倒な議論になるわけです。

一九世紀の西洋哲学とその影響

本当のところは、今申し上げたような議論の枠組み自体が問われなければいけなかったのだと思います。というのも、一九世紀に日本が遭遇した西洋哲学というもの自体が、哲学の非常に独特なスタイルだったのではないかと思うからです。そこで言われる哲学とは、大学という制度のなかで構築され、また体系化される哲学でした。

しかし、哲学というのは必ずしもそういったものばかりではありません。例えば、ギリシア哲学を考えてみます。ギリシア哲学が、一七世紀、一八世紀、一九世紀のヨーロッパ哲学と同じような哲学かと言われたら、まったく違うと思いませんか。プラトンの対話篇を一九世紀のドイツの大学に論文として提出したら、たぶん却下されますよね。だから、哲学といっても実は一九世紀的なものが席巻していたことに注意しなければなりません。しかし、それを基準に日本や中国を測るといった構図が当然視されていたのです。

非常に象徴的なエピソードがあります。一六世紀ぐらいからイエズス会を中心に、中国やインドなど世界中に宣教師が行きます。それらは聖書よりも古い歴史がある国です。宣教師たちは当地の思想や哲学を持ち帰るわけです。そうすると何が起きるか。例えば中国から思想を持ち帰ってくると、中国の哲学者・孔子といった言い方をします。孔子が哲学者であるのは当たり前だったのです。

なぜ当たり前だったかというと、その時代は哲学よりも神学のほうの立場が上でした。神学と哲学の上下関係がひっくり返ってくるのは、その後です。それこそカントがこの論争をめぐって『諸学部の争い』という非常に面白いテクストを書いて、神学部と哲学部の対立を描くわけです。学部(faculty)同士の争いというのは、人間の能力(faculty)の争いでもあるわけですね。そして転倒が生ずる。カントは哲学を神学の上に位置づけました。

ではこのような転倒が生じると何が起きるか。それまでは中国に哲学があることが当然視されていたわけですが、哲学が神学の上に位置づけられると事情は変わってきます。中国にあるのは哲学ではないということになるわけです。そこから、中国にあるのは宗教だという言い方が出てくることになります。もちろん、宗教概念自体が非常に厄介なものですから、これ自体を慎重に議論しなければいけませんが、ある種の宗教的なものに中国のテクストは絡め取られていってしまったことは指摘しなければなりません。しかも非常に原始的な宗教だという風に位置づけられてしまいます。

ヨーロッパ近代での知の枠組みやパラダイムにこのような大きな変革があったことは非常に重要です。中国哲学なのか、それとも中国思想なのかという議論は、じつはその変革に巻き込まれていたということです。

そして改めて確認すれば、我々は二〇世紀の最後のほうを生き、そして今は二一世紀です。そのなかで、中国哲学をどう考えればいいのでしょうか。先ほどいろいろな立場を紹介しましたが、わたしとしてはやはり広い目で哲学を捉えて、「中国哲学」というものを仮設的な足場として立てて、ヨーロッパの哲学自体が脱構築されていったのと同じ強度や水準で脱構築をしていかなければ、この哲学に対して失礼だと思っているのです。

ですからわたし自身は、近代だけではなくて、前近代に関しても中国哲学という言い方をした方がよりフェアなのではないかという気がしています。同じように、日本哲学に関しても、別に「日本思想」という言葉でも構わないのですが、「日本哲学」というすこしぎこちない感じがとてもいいと思っています。このぎこちないところから問い直すといったことをやってみたらどうでしょうか。

こうしてお話をしてみると、中国哲学を主に研究していたと言いながらも、やはりヨーロッパでの哲学という概念の歴史など、それ自体の脱構築の意味を横目で見ながら、中国哲学を研究してきたような気がします。そのなかで中心的にやっていたのは、基本的には言語と哲学の問題です。というのも、一九世紀に中国哲学や日本哲学が見出された時にも、哲学に関心をもった人たちが最初に飛び付いたのはロゴスの問題だったのです（ロゴスというギリシア語は「論理」と「言葉」を意味します）。西洋哲学の中心的な概念はロゴスだ、ロゴスの学とは何だ、論理学だとなりました。そして、一所懸命論理学が日本や中国でどう成立するのかといった問題が研究されました。

ところが、日本語や中国語は論理的ではないと、当時はそういう言い方がしばしばなされてしまいました。だから、ある時期からこの研究は停滞していってしまいます。でも、やはりロゴスへの注目は近代の最初からあった。これはギリシアをどう読むかという大きな問題です。そして、ギリシアを近代ヨーロッパに直接接続する必要などまったくありませんから、ギリシアの読み方を変えれば、全体の地殻変動が起きるはずであるわけです。それと同じようなことを中国哲学のなかで行ってみようと思って、しばらく研究していました。それが学問的なキャリアの最初のほうにあったと思います。

比較哲学と祖語

次は比較哲学です。中国哲学を研究していると、やはり「比較をしなさい」とよく言われます。わたしは「君のやっていることは比較哲学でしょう」と言われて、いつも上手く答えられませんでした。確かに横目でずっと西洋哲学の脱構築を見ていました。例えば『デリダから道元へ』（森本和夫著）という本が当時ありましたけれども、あのような本を自分が書きたいか、あるいは読みたいかというと、そういう思いにはほとんどなりませんでした。デリダと道元は似ているだろうし違いもある、それはそうだ。でも、それは方法論的に雑な感じがしました。だから、並べて比べるということを、もう少しよく考えないといけないと思っていました。

それでも、いろいろな要請があって、比較哲学に足を踏み入れなくていけないことになります。そうすると一九世紀の学問のなかに、比較○○学というのがたくさんあることに気付いたんですね。比較言語学、比較宗教学、比較文学等、本当にたくさんあるわけです。比較言語学が一番分かりやすいかもしれません。

東大は良い所で、いろいろな語学を勉強させてくれます。とくに、古典語の勉強をさせてくれるので、ギリシア語やサンスクリット語を勉強する機会がありました。ギリシア語は結構真面目にやっていましたが、その後、仏典を読みたいと思ったのでサンスクリット語もやるしかないと思って取り組んだのですが、本当にびっくりしたのは文法が同じだということです。文法が同じだということは知識としては知っていましたが、実際に自分で学んでみると、これほど似ているのかと思ってショックを受けました。

おそらく一九世紀の人たちはわたしが受けた何倍ものショックを受けたはずです。インド・ヨーロッパ語族という概念が成立するのも当然でしょう。ただ、インド・ヨーロッパ語族の場合が顕著ですが、そこからどうしても、似ているからきっと何か基になるような言語（祖語）があるはずだという発想にいってしまう。祖語からどのように分かれていったのかという方向の研究になってしまうわけです。

それはそれで、ある程度の成果を生み出すに違いない。でも、そこで考えるわけです。祖語の設定というのはどこか方法論的に雑ではないだろうか。沖縄学の父に伊波普猷《いはふゆう》という人がいますが、彼は琉球語と日本語の関係を考えました。その結果、祖語を設定するわけです。彼は当時の東大の言語学の出身ですから、その分野では、本当にスーパーエリートのような人だったと思います。でも、やはりここでも祖語なのです。

伊波普猷の面白さはあるし、我々がその研究を慎重に読めば面白い読み方ができる気はしますが、やはり何か比較というのは非対称性が残ってしまって、どちらかがより優位だということが拭えない気がします。このことは、比較宗教学だとより強まる気がします。

宗教概念を見てみますと、キリスト教、とりわけプロテスタンティズムを中心とする宗教のあり方をベースにしてしまいます。それを基にある種のヒエラルキーができている。例えば日本の在来の宗教がアニミズムのようなかたちで語られたりします。「アニミズム」というのは新しい言葉です。けれども、逆にその在来の宗教の中にいる人たちが、自分たちでもそれをアニミズムと呼ぶということまで起こってしまう。

そういう方法で本当によいのだろうか。何か祖語のような起源にある純粋なものを立てて、そこからの変移を測っていくのは、やはり方法論的に雑ではないか。ずっとそう思っていました。哲学に関してこの方法論を適用すると、当然、哲学の起源を探求したくなります。中国哲学でも起源を探求することになります。ギリシアと似たような起源を求めて、たくさん見出すわけです。誰がソクラテスで、誰がプラトンで、誰がアリストテレスで、とやってしまうし、あるいはアテネとアテネ以前はどうなのだといったことをやります。

そのなかで一番有名なのは、老子と孔子のどちらが起源なのかという議論です。どう考えても不毛な論争です。でも、それを一所懸命議論するわけです。老子にしても孔子にしても、別にその人たちの書いたものから演繹できるような何かではないはずです。そんな起源は存在しないはずなのですが、そういったことをやっていきます。やはり比較哲学には、ある種の純粋なものや共通のものを求めたい欲望が満ち満ちている気がします。わたしは何としてもここから逃れないといけない、と考えたんですね。

名詞中心の比較

そのときに「ひょっとして」と思いついたのがライプニッツでした。わたしはライプニッツを少し研究したことがあります。ライプニッツは本当に難しいです。坂部恵先生に言わせると、千年に一度の天才だというのです。それほどの天才が言うことが分かるわけはありません。しかも、これは今思えば不思議だと思いますが、わたしは学部時代に坂部先生のライプニッツの授業にうっかり出てしまっていたのです。その年だけ、坂部先生は何を考えたのか、分析哲学でライプニッツを読むと言って、石黒ひで先生の『ライプニッツの哲学』(*Leibniz's Philosophy of Logic and Language*, Cambridge University Press, 1972)を使いました。その当時、まだ日本語訳はなかったと思います。英語で読むというのです。ライプニッツが分からない、分析哲学が分からない、そして坂部先生が言っていることも分からない。三重に分からないということで、ライプニッツが本当に分かりませんでした。

しかし、その後、ある事情があって、もう一度ライプニッツを読まなくてはならなくなりました。その際に導きの糸にしたのがライプニッツにとっての中国です。ライプニッツは二〇歳から死ぬ直前まで、ずっと宣教師がもたらす中国情報を読み続けていました。そんなわけで中国哲学についてしばしば言及しているのです。例えば、「理」の概念なども彼なりに一生懸命理解しようとしています。ただ、厄介なことに、ライプニッツはこの理というのがキリスト教の神だというのです

理の概念は中国において朱子学以降、さまざまに論じられていて、この概念の変容そのものが議論の対象になっていました。そうすると危険です。理は安定していないので、ライプニッツが比定した神概念も揺らぐ可能性が出てきます。またライプニッツはある種の勢い（propensity）のような問題も考えていました。これは、中国語で言うと shi、日本語で言うとイキオイです。こういった概念を彼は傾向性として論じるのです。こうしてみると分かるのは、ライプニッツが中国哲学を実によく読んでいたということです。それも単なる翻訳ではなくて、換喩的とでも呼ぶべき読解をしていました。

中国の概念自体も大きく変わろうとしていたし、ライプニッツは自らの概念を洗練していくなかで中国の概念を使っていた。すると、わたしたちが思っている以上に概念は旅をしていたことになります。理などはその典型です。ですから、中国の理論がある仕方でヨーロッパに入らなければ、その後の啓蒙の哲学や理性の哲学はあのようなかたちにはならなかったかもしれない、という思いに取りつかれてしまうのです。一九世紀になって日本や中国に入ってきたのは、そうやって回り回って旅をしてきた概念なのです。

ところで、reason は理性と翻訳されてしまいました。これは、実に朱子学的な概念ではありません

か。何が起きたのでしょう。朱子学的な概念がヨーロッパに出て行って、それが帰ってきたら、今度はそれが朱子学的な概念で翻訳し直されるという不思議な旅がここにはあります。「道」の概念などもそうです。これは、ヨーロッパのとくにオリエンタリストたちが一生懸命に翻訳しようとしたのですが、訳せません。有力だったのがロゴスです。ロゴスとして訳しましょうというわけです。でも、ロゴスがまたよく分かりません。当時のロゴスは、ギリシアのロゴスからは遠く離れていましたから、ロゴスについての理解そのものを鍛え直すという局面にあったとも言えます。そこにこの「道」が入ってきた。最終的には、訳せないから音でいいということでタオになってしまいました。

以上説明したことは、なかなか比較哲学という枠組みでつかまえるのは難しいのではないでしょうか。ハーバード大学のマイケル・ピュエットに言わせると、「このタオというのは動詞なのだ、-ingを付けろ、タオイングなのだ」というのです。そんなことを踏まえると、比較哲学は、どちらかというと、名詞中心に比較していた気がします。このようなダイナミズムをつかまえるのは得意ではないのかもしれないと思うようになりました。逆に必要なのは、動詞的な比較やさらには副詞的な比較なのかもしれません。

世界哲学の構想

その上で、それならば世界哲学というのを少し構想してみようと思い立ったわけです。アイデアはとても単純です。歴史研究においては世界史やグローバル・ヒストリー、ビッグ・ヒストリーと言ったりします。あるいは、文学においては世界文学があります。何か今までの文学研究や歴史研究と違うアプローチがあるのだということくらいは、当然横目で見て分かっていました。

では、哲学ではどうなのだろうと思いました。文学にせよ歴史にせよ、そのような動きの背景にはヨーロッパ中心主義を打破するという強い意図がありました。哲学においても、やはりそれを試みなくてはいけません。東大で象徴的なのは文学部の哲学科です。そこでは西洋哲学しか対象としません。駒場に哲学のコースを作ろう、現代哲学でどうかということでやろうとしたら、茶々が入りました。「やはり哲学は本郷で」のようなことを言われたので、「現代思想」というコース名になってしまいました。

結果的にそれで良かったのかなという気もしなくはありませんが、やはり哲学がヨーロッパ中心的なものであるというのは、いまだに東大のなかですら維持されている気がします。でも、本当にそれでいいのでしょうか。わたしのように中国哲学という非常に矛盾した、ある種の緊張に満ちた概念を扱ってきた者からすると、哲学という名前で西洋哲学を代理させている、その無邪気さは素朴な気がします。だから、それ自体を変えたほうがいいと思いました。

さて、では、なぜ世界なのかということです。実は最初、「哲学に世界を付けるのは冗語ではないのか」、「最初から哲学は世界を考えている」と言われました。つまり、哲学は地域哲学ではないというわけです。だから、「中国哲学」も存在しない、と。哲学は最初から地域哲学ではなくて普遍そのものを考えている。こうした反論には、なるほどと思いました。もう一つ、それこそマルクス・ガブリエルさん（哲学者・ボン大学教授）のような人が、「世界は存在しない」などと言ってしまうわけです。これは文脈の文脈というかたちで全体化するような、最高度の審級としての世界のことを言っているのですが、それは存在しないというわけです。

すると、単なる地域哲学に陥らない、普遍的なものに開かれた哲学をどうやって考えていけばいいのかが課題になります。比較哲学というのは地域哲学を前提にしています。地域哲学があるから比べましょうということです。世界哲学と言うと、「これは世界の諸哲学を集めたものですね」という誤解が必ず出てきます。そういう意味での「世界哲学」ならこれまでにもありました。世界各地の地域哲学を集めた「世界哲学」です。世界文学でも、昔は『世界文学全集』などがありましたね。あれと同じです。

普遍化の問題

今行われている世界文学というプロジェクトは、世界各地の地域文学の集合としての「世界文学」を超えていこうとするものです。ならば、同じように、世界各地の地域哲学の集合からも離れたい。そして、ヨーロッパ哲学は世界的で、日本哲学や中国哲学はローカルであるといった区別もやめたいと思いました。

世界に関しても哲学に関しても、それが何かはいまだによく分かりません。先ほどわたしは中国と哲学に関して話をさせていただきましたが、大切なのはこの二つの概念の緊張関係だと思っています。ですから、世界哲学というのは、わたしのなかでは安定した複合語ではなくて、お互いにお互いを問い質し続けるような、そういうテンションに満ちた世界哲学なのです。

そのなかで考えなくてはいけないのは、普遍化の問題です。敢えて普遍化と申し上げたのは、名詞的な普遍（universality）というものがあって、それを適用していけば普遍的であるという考え方をもうやめたいと思っているからです。例えば、「ヨーロッパの哲学で最も普遍的な概念は何ですか」、「存在です」と教わります。では、中国哲学の存在や日本哲学の存在というのがあるのかないのかと探して、存在に関する中国哲学を探究してみるといったことが行われてきました。

でも、これは全然普遍的な感じがしないでしょう。そうではなくて、普遍化をそれぞれの在来のものや土着的なものから行っていくほうがはるかに面白いのではないかと思うようになりました。例えば、先ほどマイケル・ピュエットの名に言及しました。彼は「礼」という概念——英語でいえばritualということになりますが——、この非常に中国的で土着的な概念を普遍化することによって、現代の規範性に関する議論に対してチャレンジをしています。とりわけ、カント的な定言命法のような規範を揺さぶるものとして礼の概念を使っています。それがどこまで上手くいくかは分かりません。けれども、少なくとも普遍化（universalizing）する努力をすることが世界哲学には必要ではないか、そう考えているのです。

幸いにも、二〇二〇年に、筑摩書房から『世界哲学史』という八巻プラス別巻のシリーズを出すことができました。ある程度、世界哲学のチャレンジの仕方が皆さんのお手元に見えるようなかたちで届いたのかなという気はしています。

最後に、希哲学について考えてみたいと思います。philosophyを「哲学」と訳して、それが中国語にもなって、今もzhéxuéとして使われます。もともとphilosophyの訳は、「理学」が有力でした。理に関する学ですから、そちらのほうがはるかによい感じがします。ところが制度の上で「哲学」が採用されてしまったので、この訳語が定着していったという経緯があります。今は理学というと理学部に対応しているわけで、物理学などを研究するサイエンスのほうに理学は取られてしまいました。

しかし、他にもいろいろな翻訳の可能性がありました。論理という訳もありました。これは論理学に取られてしまいました。その後に、希哲学、希賢、愛賢徳者、といったものがありました。希哲学と希賢に関しては、宋学者の周茂叔が述べた、「士は賢を希み、賢は哲を希む」という言葉を踏まえたわけです。つまり、宋学の話の延長線上、つまり理学と同じです。理学の延長線上で哲学が理解されようとしていました。

「賢を希み、哲を希む」。面白いですよね。「希む」、つまりある種の「希望」の問題が、この訳語を作り出した西周のアイデアのなかにはあったわけです。そんなに当を得ているとも実は思っていないのですが、小林秀雄はこんなことを言っています。「希が取れた哲学は偉そうになり奇怪になった」、「希哲学のほうがずっとましだ」と。小林秀雄は偉そうな哲学ではなく、批評にこそ本来の哲学があると考えていたとわたしは思いますが、小林は哲学について彼なりの問題を抱えていたわけです。

では、この「希む」を取り戻したらどうなるでしょう。「哲を希む」。哲というのは、ある種の明るさなのです。明るさなのですが、ピカピカした明るさではなくて、結構鈍い明るさです。それを「希む学」なのだという言い方です。

もし日本語の哲学というもののなかに、知への愛などではなくて、何かへの希みや何かを希むことなのだという意味が込められているとすれば、わたしは来たるべき哲学として面白い気がします。この希む次元とは何なのだろうと思うわけです。「できる」ではなくて、「希む」のです。カントは「人間にはいったい何ができるのか」ということをよく考えるわけですが、何を希むかは案外大事なことだという気がします。「希む哲学」という意味の希哲学を逆に外国語に翻訳したらどうでしょう。それは philosophy ではないかもしれません。

こうした翻訳が重要なような気が最近はしています。なぜこのようなことを言うかというと、最近、反訳という試みがあるそうです。例えば中江兆民がルソーを翻訳します。その中江兆民を今度はフランス語に翻訳してみます。そうすると、ルソーとは全然違うものになります。いろいろな違いなどが見えてきます。中江兆民の思いも見えてきます。それを反訳というのですが、哲学ももう一回反訳されることによって、philosophy というものを揺さぶってもいいのではないか。特にギリシアをある仕方でゆがめてしまっている、近代のヨーロッパの哲学のあり方を揺さぶったほうがよいのではないか。哲学の言語はギリシア語とドイツ語だというようなことを言う人がいますが、そうではない哲学をもう少し開放してもよい気がします。

おわりに

わたしは末木文美士先生や山内志朗先生たちと一緒に、未来哲学研究所というのもやっています。その最初のシンポジウムで、司馬遷の「往事を述べ、来者を思う」を引用しました。過去のことを述べて未来を思うと、未来に何が来るかは分かりませんが、何か今ではないものや今とは違うものがやってくるのではないか。そういう希みを司馬遷は『史記』というテクストに託したのだろうという話をしました。同じようなことが哲学にもできないか。『世界哲学史』は歴史書ですから、司馬遷の『史記』のようになったかどうか分かりませんが、「往事を述べ、来者を思う」ことが、ここからできればよかったなと思っています。

9　異なるものをつなぐ、比べる——地域研究と開発研究の狭間で考える

受田宏之
（国際開発・ラテンアメリカ経済）

はじめに——メキシコとの縁

地域研究では珍しくないのですが、私は変わったことばかり研究してきました。一つのテーマに絞ると皆さん退屈されるでしょう。ですから、「先住民と開発」「インフォーマリティ」「麻薬カルテルと暴力」「ユートピア志向の社会運動としてのEZLN」という四つの具体例を挙げながら、そのなかで自分が一貫して考えてきたことをお話しできればと思います。

最初に自分の話をさせていただきますと、駒場の地域文化研究科の中南米分科に進学し、メキシコに留学しました。大学院は経済学研究科に進みました。この頃は一九九〇年代ということで、開発経済学あるいは開発研究の転換期にありました。途上国がまず変わっていきます。それまではナショナ

リズムや社会主義の影響があり、輸入代替工業化や内発的発展といったアプローチが多くの国で取られていました。それが、債務危機や社会主義体制の崩壊等を経て非効率だということになり、いわゆる新自由主義が席巻します。貧困についても、効率を重視した貧困削減プログラムが取られるようになります。それを補うように、開発経済学も変貌を遂げます。それまでの開発経済学はかなり学際・実践志向で、悪くいうと曖昧で入りやすい学問だったのですが、この頃から応用ミクロ経済学の一分野になります。

私は経済学の修士号を取った後、理論よりも実態調査をしたいということで、メキシコに渡りました。メキシコの先住民移住者について、人類学に近い観点から二年ほど調査しました。その間、経済学は、実験的な手法も含め数理的・自然科学的な志向をますます強めました。このため、帰ってきたら自分の調査方法は「化石化」していました。経済学に未練がなかったわけではないのですが、だったら自分は地域研究者としてやっていこうと決意したわけです。

先住民研究はいまもライフワークとして続けています。それ以外に、先住民はもともと農村コミュニティに基盤があったことから小農研究を、先住民移住者の従事するインフォーマルな経済活動をめぐる政治を、先住民の中にもかかわる若者がでてくる麻薬カルテルの問題を、さらには開発援助といったテーマを研究してきました。

続いて、私のフィールドのメキシコという国についてお話ししましょう。メキシコの面白さとは何かというと、色々な顔があり、それぞれの顔がしっかりとプレゼンスを持っていることです。しかも、それぞれを支持する主体と言説があるのです。

まず大きなのは、私は「テクノクラートのメキシコ」と呼んでいますが、先進国を向いているモダンで設計主義的なメキシコです。八〇年代にメキシコは外国に負った債務を返済できなくなるという危機に陥り、これまでの経済モデルから新自由主義的なモデルへの転換をはかります。アメリカ、カナダとNAFTA（北米自由貿易協定）を結んだことは転換の集大成と位置付けられています。こうした変化の恩恵を受けたのは主にメキシコの北部です。先に述べたように、効果の計測といった経済学の知見を取り込んだ効率的な貧困対策も導入されました。この貧困対策は経済学者が設計したものであり、似たスキームが世界中に普及するようになります。こういう「テクノクラートのメキシコ」があることをおぼえておいてください。

もちろん、メキシコはこれに尽きるものではありません。**図1**の右上にあるように、「多文化主義・小農のメキシコ」があります。メキシコでは近年、先住民運動が盛んになっています。先住民による社会への主張、働きかけは昔からあったのですが、NAFTAが発効された一九九四年に勢いを増しました。このとき、メキシコ南部のチアパス州で（ここは経済的に貧しく、政治的にも封建的な場所です）

テクノクラートのメキシコ
—債務危機→新自由主義
—NAFTA，北部の発展
—効率的な貧困対策
他文化主義・小農のメキシコ
—EZLN と先住民運動
—（公定）他文化主義
—小農の存続
分断を助長？する
AMLO 政権
国家の庇護を受けるメキシコ
—教員組合
—エネルギーなど公営企業
法規に反するメキシコ
—インフォーマリティ（許容された違反）
—麻薬カルテル（社会と国家への挑戦）

図1　複数のメキシコ（筆者作成）

先住民がゲリラ兵として武装蜂起をしました。彼らは、二〇世紀初頭に生じたメキシコ革命の英雄である農民指導者エミリアーノ・サパタの名を冠して、サパティスタ民族解放軍（EZLN）と自らを名乗りました。蜂起後は、国家と資本主義を否定する自治を賛同する農民たちと続けています。EZLNのユニークなところは、自治を実践すると同時に、インターネットなど様々な手段を通じて、新自由主義批判とマイノリティの権利擁護のメッセージを発信していることです。これは国内外の先住民を励ますことになり、メキシコ政府も先住民運動の圧力を受けて、先住民の言語と文化を振興する（公定）多文化主義政策を推進しています。関連して、非先住民も含む小規模農家、いわゆる小農のシェアは、減りつつあるものの日本よりもかなり大きなシェアを占めています。そして、彼ら小農を擁護する言説と運動も存在しています。

図1の右下には「法規に反するメキシコ」があります。これは二種類に分けられます。一つ目がインフォーマリティないしインフォーマル部門（経済）と呼ばれるもので、露天商や宅地の不法占拠を典型とする、何らかの法規に違反しているけれども国家と社会によって許容されている活動を指します。二つ目が、過去一五年間メキシコ最大の社会問題となっている麻薬カルテルです。麻薬の生産と売買は完全に違法な活動であり、しかもカルテルは恐喝や盗油、木材の不法伐採、人身売買などあらゆる犯罪に手を染めています。メキシコは二〇〇六年に国家がカルテルを排除しようという政策に転換しました。日本だとこうした政策転換により犯罪組織は弱るものなのですが、メキシコの場合、戦争とも呼べる激しい抵抗およびカルテル間の抗争の激化がみられ、未だに解決できずにいます。

異なるメキシコをつなぐ

図には「国家の庇護を受けるメキシコ」も載せてありますが、本当に複数のメキシコがあるわけです。図の真ん中にある AMLO（Andrés Manuel López Obrador）政権とは、二〇一八年の総選挙で圧勝し、メキシコ発の本格的な左翼政権として期待を受けて登場したのですが、現在では様々なメキシコを統合するのではなく、むしろ分断を助長しているのではないかと言われています。このなかで私が考えてきたのは、ではこの異なるメキシコをどうやってつなげばいいかということです。「テクノクラートのメキシコ」は経済学に近い世界です。その長所は厳格な議論ができるということですが、短所もあります。経済学はアメリカで発展した学問なので、メキシコとは前提が違います。

それゆえ、無理に当てはめるようとすると弊害が生じます。それ以外のメキシコに関しても、それらを支持するアクターや言説が存在し、各々が特有の見方を持っています。私はどれか一方に寄り添うのではなく、両者のつなぎ役ができないかと研究を続けてきました。学際的な実証研究に基づいて、分断されたメキシコの異なる論理をつなげる作業に地道に取り組んできました。

つなぐことに関連して、異なるものを比較することについて述べたいと思います。比較研究における主流は、なるべく似たものを比べることになっています。説明する変数をできるだけ制御し、サンプルもランダムにするという形で、自然科学のように統制された研究が社会科学でも重要性を増しています。しかし、その欠点は、研究がどこも似通ってしまい、新しいものが生まれにくいことにあります。厳密なぶん、新しい発想が生じてこない。そこで、あえて違うものを比べることで見落とされてきたことを発見するという作業こそ、地域研究やグローバル・スタディーズの貢献になり得るのではないかと、私は考えています。

先住民と開発

このような考えに基づいて具体的にどういう研究をしてきたかを、以下お話ししたいと思います。一つ目が「先住民と開発」です。先住民の研究者はとても多いわけですが、私のように社会科学を意識した人間には二つの入り方があります。一つ目が貧困削減であり、もう一つが多文化主義、自治です。メキシコの場合、一九九四年にEZLNが反乱して以降、後者が盛んになり、膨大な量の研究がなされています。

ここで、貧困を削減しながら自治も進められれば理想なのですが、世の中そう上手くはいかないわけです。一例を挙げると、先住民の貧困や非先住民との格差を説明しようと統計分析をして、説明変数の中に先住民のダミー変数を入れると、かなり大きな負の係数が付きます。ここで、分析モデルのなかに、彼らが住んでいる地域や話す言語など先住民に関わる他の変数を増やしていくと、先住民のダミー係数は減っていきます。根強い差別や偏見の効果に加え、遠隔地に住むなど先住民の暮らしのあり様が、経済的貧困と結び付いている可能性があります。経済学者は成長と他の望ましい目標は両立しうると考えるわけですが、現実はそう簡単ではありません。

そこで、統計分析では明らかにできない先住民の実態を解明したいと思い立ちました。農村の先住民は相当調査されてきたものの、都市に移住した先住民については八〇年代以降、あまり研究されていないことが分かりました。そこで、メキシコの首都、メキシコシティの不法占拠地に集住するオトミー語族の調査をすることに決めました。調査を始めた際は、いろいろな「洗礼」を受けました。まず情報の操作があります。人類学者にとっては当然なのですが、自分がどれだけ貧困であるか、あるいは自分の先住民性に関して、相手によって使い分けるわけです。「調査者というのは自分たちから情報を盗るだけ盗って何も返してくれない」など、厳しい批判を受けたことも一度や二度ではありません。彼らのことをよく知るようになるにつれ、こうした洗礼を理解できるようになりました。

私がオトミー移住者のことを調査するようになった理由でもあるのですが、彼らは同郷者と同じ空き地や廃屋を占拠し、しばしば子どもも含め路上で民芸品やお菓子を売るので、目立つ存在です。ここで経済学的な言い方をしますと、都市の先住民であることにはメリットとデメリット、便益と費用があります。メリットとして、仲間うちの支え合い、言語や慣習の維持しやすさ、政府やNGOによる支援の受けやすさなどがあります。一方でデメリットもあります。一例として、少しずつ改善されてきたものの、成人のアルコール依存と若い世代の薬物消費が挙げられます。経済学のいう「負の外部性」に当たるのですが、一度コミュニティ内でアルコール依存の人が増えてしまうと、一人で酒を断つことは難しくなります。では、どうしたら過剰なお酒の消費が減るかというと、多くの場合、飲酒を禁じる福音派プロテスタントへの改宗によります。カトリックを信じていたコミュニティの過半がプロテスタントに変わったケース、さらには改宗が内部対立を招いたケースもあります。

経済学者は職業や教育など生活水準に直接かかわりかつデータとして手に入れやすい変数に焦点を当てるのですが、暮らしぶり、文化とアイデンティティーに関わることなども合わせてみなければいけません。先住民のおかれた多次元に及ぶ厳しい制約条件を明示しつつ、その中で先住民がとる選択、主体性のあり様を見る必要があります。また、先住民の貧困に焦点を当てる経済学者だけでなく、先住民の自治や抵抗を理想化する運動家の場合も、先住民を1、非先住民を0というように分かりやすく描き、先住民内部の多様性が軽視される傾向にあります。フィールドワークをすると、異なる民族間だけでなく同じ民族内にも様々な人がいるほか、個人をとってみても変化することが見えてきます。先住民に関する様々な言説や統計分析とフィールドワークは、私にとって補い合うものなのです。

先住民支援に欠けるつなぐ存在

次のテーマに移る前に、援助を絡めた話をしたいと思います。私は学部生の頃から、開発NGOに顔を出すなど開発援助に関心を抱いてきました。皆さんも、「途上国の恵まれない人たちのために何かしたい」という想いを一度は持ったことがあるのではないでしょうか。調査に着手したとき、先住民はマージナルな人びとで外部のサポートが足りないのだ、というイメージを漠然と持っていました。ところが、オトミー移住者が人目を惹くこともあるのですが、実際にはサポートを受けていることが分かりました。先ほど貧困削減と多文化主義という話をしましたが、各々の目標に向けて様々なプロジェクトがなされてきました。

貧困削減からいきましょう。政府機関やNGO、社会運動組織、果ては篤志家まで、様々な主体が先住民移住者に支援を行ってきたのですが、それが期待した成果を収めることは稀でした。その一因は、援助組織間の横の調整が乏しいことにあります。とはいえ、援助する側からみたら失敗にみえても、視点を変えれば、先住民は情報を操作しつつ援助の申し出を取捨選択しながら自分たちに都合のいいように使ってきた、ともいえるわけです。

一番よくなされてきた教育援助の例をみてみましょう。就学データをみると、大学生が現れるなど一定の改善がみられるものの、上昇率はゆっくりしたものです。このように援助する側からは失敗にみえるものの、オトミー語を仲間うちで話し、郷里の家に投資するなど都市に弾力的に適応しつつ、援助という資源を自分たちの好むように作り変えてきたともいえるわけです。援助の難しさとは、誰の立場にたつかで評価が違ってくることにあります。

多文化主義に基づく二言語教育も援助の対象です。私が調査したのは、先住民学校と呼ばれる、教員が先住民言語を話すことのできる幼稚園・小学校です。建前として、先住民言語と公用語のスペイン語の双方を学ぶことにより、先住民であることの不利をなくしつつ先住民性の復興も図ることを目指しています。

ところが、貧困削減の場合同様に、二言語教育も満足できる状況にはありません。言語学者の協力を得てすべての先住民言語について教科書や文法書が公刊され、制度も校舎も整ってきました。しかし、成功したコミュニティは少数派といわれています。なぜ二言語教育への支援がうまくいかないのでしょうか。オトミー移住者の出身農村を訪れるなかで見いだしたのは、先住民学校の教員の役割の大きさです。彼ら教員は、コミュニティと外部社会をつなぐ人たちです。教員がとくに初期の段階で二言語教育や自治運動に共鳴し、深くコミットしたところでは成功する傾向にあります。そうではなく、先住民学校の教員が主流社会の教育に関心がある、あるいは一族の利益を優先してしまうような場合、大半の先住民児童にとっては失敗と呼べる確率が高まります。

少数の事例を検討しただけですが、少なくともドナー、資金提供者の立場から見た場合、先住民への援助は困難の連続です。ここで、色々な反応があり得るわけです。一つ目は人類学的とでもいうべき、援助する側にとっては醒めた視点です。「地理的にも社会的にも隔たる人びとが、異なる思惑を抱いてかかわるのが援助なのだから、そもそも期待する方がおかしい」という立場です。もう一つ、援助関係者の間で有力なのが、経済学者のウィリアム・イースタリー（ニューヨーク大学教授）らの説いた、目的と手段を絞り、きちんと設計して評価もできる範囲に援助をとどめようという立場です。

これらに対し、私は、援助という活動に不可避のすれ違いを意識しつつ、援助全体の構造を把握し、異なる関係者を取り持つことのできる人間や組織がいれば、複雑な援助であっても皆が満足する成果を得ることができると考えています。オトミー移住者への教育支援も、出身村での二言語教育の場合も、NGOや教員ないし研究者等、異なる利害や情報を持った人たちを上手くつないで調整する主体がいるときは、うまく機能するわけです。つなぐ存在がいれば、援助に悲観的になる、あるいは制御しやすい援助に限定する必要もなくなると、先住民への援助の現場を見て考えるようになりました。

インフォーマリティの評価をめぐる分断

続いて、「法規に反するメキシコ」の中のインフォーマリティについてお話しします。インフォーマリティとは、何らかの違法性を有するものの許容された経済活動のことを指し、ラテンアメリカで大きな比重を占めています。

「テクノクラートのメキシコ」は、インフォーマリティをどうみているのでしょうか。有力な議論として、サンティアゴ・レヴィというテクノクラートが打ち出している政策論があります。レヴィという人は、若い頃はアメリカのトップジャーナルに論文を書くような優秀な経済学者だったのですが、メキシコの経済改革を設計する一員となることを選びます。彼の議論の骨子は、メキシコのインフォーマリティが縮小しない大きな理由は、レヴィ自身が導入に貢献した貧困層向けの公的扶助と、非効率な社会保険制度とのミスマッチにあるというものです。貧困層の多くはインフォーマルな活動を通じて生計をやりくりしているわけですが、貧困層に対しては少額ではあるものの現金補填や年金、健康保険等の扶助が無償で与えられるようになりました。これに対し、民間の企業や政府部門等のフォーマリティ、フォーマル部門で働く人たちは、自己負担で年金や健康保険、失業保険に加盟しています。そうした拠出型の社会保険制度では、非効率性が目立つと言われています。レヴィによれば、貧困層はただで政府のサービスを受けられる、ところが非貧困層は社会保険という形で給料から天引きされる上に将来良いサービスを受けられるかといったら怪しい、だったらフォーマルとインフォーマルの境界にいる人たちは合理的な判断としてインフォーマリティを選択することになります。

レヴィの代案は、租税でファイナンスされた、インフォーマルかフォーマルかを問わず勤労者に普遍的に適用される基礎的な社会保険制度の導入です。そうすれば、インフォーマリティを選ぶ者は減るだろうというわけです。日本の菅政権のブレーンの一人に、デイヴィッド・アトキンソンという英国出身のエコノミストがいましたが、彼の主張の中に、日本の中小企業は非効率であり、経済全体の生産性を下げているというものがあります。その解決法として、最低賃金を引き上げろと彼は言います。そうすれば、非効率な中小企業は給与を払う余力がないから淘汰されるはずだと。これはレヴィに共通する発想です。適切な制度設計により、非効率性を減らし最適な社会状態に近づけるはずだということです。

レヴィの議論は経済学的に洗練されています。ただ、フィールドワーカーとして、違う観点から私はインフォーマリティをみてきました。インフォーマリティは政治的な側面も持っています。メキシコ政府は、オトミー移住者などの貧困層に安定した雇用と住環境を保障することはできません。そこで、一種の再分配あるいはインフォーマルな補助として、貧困層が空き地を不法占拠することや公道で商売することを政府は黙認する、そうすることにより選挙で彼らの支持を取り付けるのだ、という議論がなされています。こうした政府と貧困層の間の政治的取引において、多くの場合、ブローカーが介在します。ブローカーはインフォーマリティを肯定する言説を形成しつつ、インフォーマリティに従事する人たちを組織化し、国家と様々な経路を通じた交渉に入らせるわけです。インフォーマリティの側がブローカーの力を借りて、したたかに生き残ってきたという部分があるわけです。こうしたメカニズムが一度確立されてしまうと、経済状況が変わってもなかなかインフォーマリティが減らなくなります。オトミーの調査を通じて、社会運動家や不法占拠地のリーダー等、ブローカー的な人物ともたくさん知り合ったのですが、一筋縄ではいかない、印象に残る人たちばかりでした。

余談ですが、東アジアではラテンアメリカと比べインフォーマリティの割合が小さいとされています。それについて、東アジアの方が成長率が高く不平等度が低いといった経済的な説明が普通なされるのですが、私は、インフォーマリティを再生産する政治的メカニズムが制度化されなかったことも一因であると考えています。

インフォーマリティをめぐり、テクノクラートと当事者の側で違う評価がなされています。この分断をどう乗り越えるかも、現代メキシコの課題です。

「法規に反するメキシコ」には麻薬カルテルも含まれています。二〇〇六年末からメキシコでは麻薬戦争が始まりました。調査先住民の中に違法薬物を消費する若者が多いことには言及しましたが、少数派といえ、麻薬売買にかかわる者もおり、少なくとも二人の知人が抗争で殺されています。麻薬カルテルは前世紀後半から存在したのですが、バタバタと人が殺されるようになったのは近年のことです。好きなメキシコがなぜこうなったのか……。カルテルと暴力も、私の関心を占める問いになりました。とはいえ、銃殺体で発見されたくはないので、フィールドワークをするわけにはいきません。そこで、日本のやくざとメキシコのカルテルを比べることにしました。

年間二万人前後の犠牲者を生み出す社会問題となったゆえ、メキシコの麻薬戦争についてはたくさんの先行研究があります。社会科学的な研究例を挙げると、世界最大の麻薬消費国アメリカと国境を接していることや国内の不平等といった構造的な要因を指摘する研究、警察と司法の弱体ぶりを強調する研究、メキシコの覇権政党の力が弱まったことで地方政府とカルテル間の暗黙の協定が破綻したとする研究、カルテルのボスの逮捕を優先するという政府の戦略が逆効果となり一層の抗争を招いたとする研究などがあります。

これらはそれぞれ問題の特定の断面を明らかにしているのですが、腑に落ちないものが残ります。カルテル関係者の思考です。環境が変われば、犯罪組織は合理的、機械的に、ライバル組織や警官、ジャーナリストを殺すのも厭わなくなるものなのでしょうか。映画のなかを除いて、イタリアのマフィアも日本のやくざも凄惨な殺し合いはしません。関連して**図2**を見てください。上がメキシコの殺人件数、下が日本の殺人件数です。横軸の年代がずれているほか、縦軸のオーダーも違います。メキシコの目盛りは万で、日本は千で、殺人件数は全く違います。ただ、この図のポイントは変化の方向性でして、メキシコの場合、二〇〇六年に政府がカルテル鎮圧策に方針を切り替えると、その一年後くらいに殺人件数が倍以上に増えています。これに対し、日本の場合、六四年の「第一次頂上作戦」を境に、アウトローを秩序の維持に都合のいいように利用してきたそれまでの条件付き容認策から、

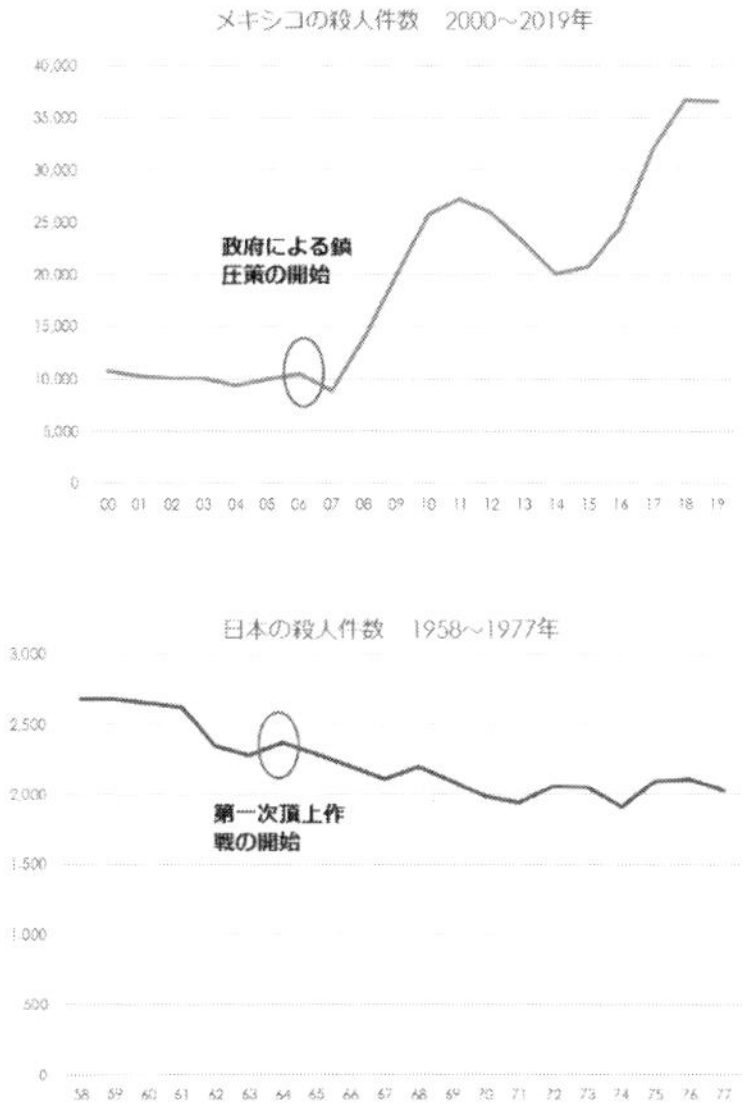

図2　メキシコと日本の殺人件数
メキシコはINEGI, *Defunciones por homicidios*,
日本は法務省『令和二年版犯罪白書』

幹部の逮捕を中心とする「暴力団」排除策へと政府の方針が変わっても、殺人件数は減る趨勢にあるわけです。ちなみに、高度成長只中の当時の日本と、今世紀初頭のメキシコの一人あたりGDP（購買力平価で調整）を比べると、むしろメキシコの方が高くなっています。

国家の姿勢が黙認から排除に変わったとき、なぜメキシコと日本の組織犯罪でかくも反応が違うのでしょうか。やくざの場合、国家や社会との敵対を避ける規範、さらに抗争の激化を防ぐ「掟」が内面化されているのに対し、麻薬カルテルは公の制度への不信と対抗心が強く、かつ一度始まった抗争を調停する仕組みに欠けることが大きいといえます。国家と持ちつ持たれつの関係にあるときはこうした違いは効いてこないのですが、関係が崩れたとき、一方は歯止めなき暴力と脅威の増大、もう一方は（大組織への吸収や経済やくざへの変貌など）暴力の行使とは別の手段で存続を図るという方向に影響を及ぼしてきたのです。

組織犯罪とその周辺の規範、ルールにみられる違いは、麻薬カルテルに関する報道や研究、やくざに関する実話誌や自伝、研究を比べるとみえてきます。これらの資料以外に、組織犯罪に触れた大衆歌謡の歌詞からも違いが浮かび上がります。メキシコでは、重要な社会的出来事や義賊的な人物を素朴なリズムにのせて歌うコリード（corrido）という民衆歌謡の伝統があります。二〇世紀後半から麻薬にかかわるコリードが増え始め、やがて「ナルコ・コリード」というサブ・ジャンルを形成するようになります。ナルコ・コリードの歌詞の変遷をみると、時間がたつにつれ、国家への挑戦性を強め、暴力への言及も増え、さらに著名なボスの英雄化、リスクを厭わぬ生き様や享楽的消費を肯定する刹那性などが、露わになります。ティグレス・デル・ノルテというベテラン歌手のリリース曲からナルコ・コリードを選び出し分類したところ、こうした変化がみてとれました。ただし、ティグレスはナルコ・コリードで有名とはいえ、国家の腐敗や不法移民の窮状を批判するプロテストソングも多いことで知られる大物歌手であり、表現には自ずと抑制が効いています。ところが、ティグレスより若い世代の歌手が近年歌うナルコ・コリードは、カルテルから曲作りを依頼される場合もあるのですが、反国家、反社会のメッセージが濃厚かつ直接的です。

これに対し、日本ではやくざを扱った歌は少なく、扱う場合も意味内容は異なります。国家への挑戦、暴力や刹那主義の代わりに、騎士道的な理念が打ち出される傾向にあります。アウトローの建前として、「正義ある秩序に貢献したい」という矛盾した願望がみてとれるのです。北島三郎という日本を代表する演歌歌手がいます。清水次郎長のような前近代の人物も含め、やくざにかかわる歌を比較的多く歌っています。本人もやくざの友人がいるような面白い方なのですが、彼のやくざ歌謡が説くのは仁義、任侠道です。日墨の大衆歌謡における違いは、作り手側の自主規制の有無も一因となっているものの、犯罪組織とその周辺にいる人たちの気持ちも反映しています。麻薬戦争という困難な問題について、やくざと比べることでみえてくるのは、メキシコの国家の能力と正統性における弱さであり、日本の国家の過剰なまでの強さです。

EZLN の謎

最後に、いまとり組んでいる研究のお話をします。先住民運動を牽引する EZLN についてです。

「多文化主義・小農のメキシコ」のところでも触れたのですが、EZLNは私にとって長らく謎でした。武装蜂起以後、四半世紀以上が経つわけですが、反国家、反資本主義のスタンスを変えずにいます。むしろラディカリズムを強めています。左翼政党から連携の働きかけがあっても、頑なに拒んでいます。

EZLNのラディカリズムは、国内外の数多くの知識人から賞賛を受けています。日本でも有名な識者の例を挙げれば、ネグリ＝ハートは『マルチチュード』のなかで、『負債論』という分厚い本を書いたデヴィッド・グレーバーという人類学者はオルタナティブな民主主義論を提起した著書のなかで、それぞれサパティスタを評価しています。格差、差別、環境破壊、暴力など現代の諸問題は人間の認識や関係性の根底から問い直さねば解決できないと考える人たちにとって、マルコス副司令官らEZLNリーダーの切れ味鋭い言説、および賛成派は三〇万人、反対派は五万人以下というEZLNの成員農民による自治の実践は、真正さを帯び、希望を与えるものです。

自分の話をすると、私はそこまでのめり込めませんでした。一つには、経済学を学んだことから、資本主義と市場経済を否定できないことがあります。EZLNの自治コミュニティは経済的にどうやり繰りしているのか。相当厳しいはずです。それ以上に、オトミー移住者が、もちろんこれは他の大部分の先住民にもいえるのですが、国家と資本主義を否定して生きてはいないことがあります。とはいえ、NGOや社会運動家らを通じて、オトミーはEZLNの支援ネットワークに組み込まれています。EZLNのキャラバンが首都に来たら泊めてあげる、逆にEZLNのチアパスでのイベントにオトミーの若者が参加する、さらに住宅プロジェクトなど政府への支援要請の際にEZLNからサポート受けていることを強調するなど、日常的な交流はなく、イデオロギーを共有していなくても、特定の問題や局面において関係がオンになるネットワークによって、EZLNとオトミーはつながっているわけです。さらに、メキシコシティに居住するNGO職員の中にも、チアパスでのイベントに定期的に参加するようなEZLNの支持者がいるわけです。

EZLNは、麻薬カルテル同様、総体的に理解するのが難しい存在です。しかし、ふとしたきっかけで、EZLNと向き合おう、研究してみようと思い立ちました。カルテルの場合同様、日本の事例と比較することを通じてです。

ヤマギシ会との比較――ユートピア運動を支える社会のあり様

三年前、友人のメキシコ人編集者から、「ユートピアの研究プロジェクトを始めたので、日本の事例を知らないか」と尋ねられました。現世に理想郷を追い求める運動の例としてメキシコではEZLNを扱うのだが、日本でもそうした運動があるのかというわけです。そこで頭に浮かんだのがヤマギシ会です。

私の実家は埼玉にあり、昔トラックでヤマギシ会が有精卵や牛乳を近所に売りに来ていました。もう一つ、私が学部生のとき駒場で社会学を教えられていた見田宗介先生がメキシコに長期滞在されたことがあり、その経験を背景に『気流の鳴る音』（真木悠介名義）という名著を書かれたのですが、そのなかでヤマギシ会に触れているのです。これらのおぼろげな記憶が蘇り、ヤマギシ会についていろいろ調べてみたところ、同会とEZLNは性格の異なるユートピア志向の社会運動として捉えられるのではないか、両者の比較を通じてEZLN研究に独自の視点を加えることができるのでないか、とひらめいたのです。

ヤマギシ会（幸福会ヤマギシ会）は、EZLNが前身となる運動も含めると五〇年強の歴史を持つのに対し、農民指導者の山岸巳代蔵《みよぞう》が仲間と創設してから七〇年近く経つ息の長い運動です。イスラエルのキブツに近く、古典的なコミューンとも呼ぶべき特徴を備えた運動です。実顕地と名付けられたコミュニティでは、自給および市場向けに有畜複合の農業生産が行われているのですが、内部では貨幣の使用が禁じられ、共有が原則となっています。実顕地のメンバーになるには、特講という一週間のセミナーを受けた上で、集住することに同意し、全財産を寄進せねばなりません。覚悟のいる話です。見田先生も若い頃に特講を受講しているのですが、学生運動だったり、環境問題や管理教育への批判の高まった一九七〇年代から八〇年代前半までが、メンバーの数や生産物の売り上げにおける全盛期でした。その後、日本の経済が低迷し政治的にも保守化するなか、脱税や「カルト団体」ではないかといったネガティブ・キャンペーンの対象となり、縮小、高齢化していきます。このため、硬直的な内部規則を緩めつつあります。

持続性を持つユートピア的運動として、ヤマギシ会と比べることにより、EZLNの特性が浮かんできます。平等で豊かな暮らしを理想とするヤマギシ会の場合、日本経済の発展に合わせて農業生産が拡大する一方で、平等性を保つための規則は概ね維持されています。経済志向のユートピアなのです。ヤマギシ会と比べると、EZLNは敵か味方を峻別する政治志向のユートピアです。両者のホームページを読み比べると、ヤマギシ会ではメンバーの暮らしぶりが主で、その他に商品紹介などからなるのに対し、EZLNの場合は政治的な主張と活動で画面が埋められています。ただし、経済面では政治面ほど規律が厳格ではないので、自治区の先住民は、自給的な生産に加え、外部に出稼ぎに行くないし移住した家族からの送金に依存しながら生活していると考えられます。

経済志向か政治志向かという方向性の違いは、両者が築いた外部からの支援ネットワークの性格と補い合う関係にあります。ヤマギシ会の実顕地を支えるネットワークは、特講を受けたものの実顕地に住むことのない人たち――受講者の多数派です――、および同会の農産物や加工品の食味や安全性を評価して継続的に購入する人たち等からなります。かつてはより拡がりがあったのですが、現在では小さく安定したネットワークに支えられています。これに比べると、多様かつ弾力的であり、広いネットワークに支えられているEZLNの独自性と現代性が際立ちます。先に述べたように、ラディカルなオルタナティブの実践者を必要とする識者や中産階級、またオトミーのように緩やかな協力関係にある先住民がいます。ほかにも、既存の左派に飽き足らない欧米の社会運動関係者、急進性に憧れる大学生、社会問題に関心がありチアパスの関連施設を訪れる観光客等、様々な人びとが緩やかにEZLNをサポートしています。私がチアパスの市民大学で行われたイベントに参加したときは、バスクやフランス、アルゼンチン等からの参加者がいました。多くの場合、これらの結び付きがインターネットを介していることが今日的といえます。こうしたネットワークは安定した収入をもたらすのに適しているとはいえませんが、政治的な闘いを意義付けるモラル面での価値は大きなものがあります。

社会の側からみれば、ヤマギシ会は、豊かな生活を欲する農民、左翼運動に挫折した学生、サラリーマン生活や環境の劣化に不満を持つ人びとに欲された時代があったものの、徐々に磁力を失っていきます。それは、ラディカルな運動への期待がなくなり、何よりも経済を優先するようになる日本社会の辿った歴史を反映しています。対照的に、EZLNは経済的な安定よりも政治的ロマンを求める世界中の人びとに支えられています。自治が実際にどう機能しているのか分からない、あるいは知ろうとしないという点からは、虚像に基づいているといえるでしょう。しかし、理想郷への多様だが確かな「需要」があること、そのおかげで極めて政治的であり矛盾を抱えた社会運動が成り立っているのを理解することは、二一世紀のメキシコはもちろん、世界が抱える課題群の全体的な構造を捉え、解決に共同で取り組むにあたって役立つはずです。

おわりに——グローバル・スタディーズについて

このように風変わりなことばかりしてきました。いずれも個別具体的な研究なのですが、全体としてみれば、グローバル・スタディーズに私なりに取り組んできたのだと解釈しています。

今日、あらゆる社会現象がグローバルな次元を有し、その影響力は高まりつつあります。EZLNなどはいい例ですし、麻薬カルテルはアンデス諸国から輸入したコカインや自ら製造した覚醒剤をアメリカ果ては日本にも輸出するわけです。日本でラテンアメリカというと、一次産品ブームや開発援助、日系移民といった利害に直接かかわる話題になりがちであり、ラテンアメリカ研究も、グローバルな理論志向とローカルな現場志向とに発散しがちです。そのなかで私は、メキシコという「複数の顔を持つラテンアメリカの大国」において、エリートと民衆、国家と市民社会、フォーマリティとインフォーマリティ、経済学と人類学、日本の事例とメキシコの事例など、異なる主体や場、アプローチの間を往来することにより、分断を乗り越える視点と枠組を提起しようと努めてきました。

私のような人間にとって、駒場は居心地のいいところです。異なるアプローチ、フィールドのよいところを認め合うという対話の精神が息づいているからです。この理念が形骸化しないよう、これからもささやかながら、学生や学会、社会に対してメッセージを発し続けたいと思います。

10 アフリカに接近する——政治学からのアプローチ

遠藤貢
（アフリカ地域研究・政治学）

はじめに——駒場の「国際関係論」への関心

これまで駒場で勉強したり研究したりしてきたことを含めて、今後の駒場のグローバル・スタディーズに何か示唆できるものがあればということで、今回このようにお話をさせて頂くことになりました。お耳汚しになるだけかもしれませんが、宜しくお願い申し上げます。

私自身は東北の日本海側の秋田県、その中でも雪深く、特にかまくらで有名な県南の横手市で生まれました。その後小学校から高校まで秋田市で過ごし、なぜか東京で勉強しようかなと考えていました。その際に自分は大学に行って何を勉強したら面白いだろうかということを随分考えていて、当時刊行されていた『総合研究東京大学』という本を見ていたところ、通常の法学部や経済学部とは違った国際関係論という、当時としてはあまり聞き慣れない学問領域が東京大学の駒場にあるということを知り、非常に関心を惹かれたことを覚えています。

そこでは従来の学問体系では十分に扱われてこなかった、今日的に言うと地球規模問題群やグローバル・イシューズ、現在のSDGsに関わるような問題領域をかなり先端的に研究・教育をしている組織があるということで、ぜひ国際関係論という場で勉強できたらよいなと考えました。幸い、東京大学に入学し、希望していた教養学科第三国際関係論分科（当時）に進学することができました。

現在、私の研究室は駒場の二号館にありますが、当時の二号館の建物は現在の建物とは全く違った様子で、非常に広い教室とともに現在の社会科学系の研究室が収まっていました。衛藤瀋吉・渡辺昭夫・公文俊平・平野健一郎という四人の先生が書いておられた『国際関係論』というテキストを用いて、当時の先生方にとっては負担が非常に少ない、いわゆるオムニバス形式の授業が行われていました。

この教科書のなかにも、六〇～七〇年代くらいから地球規模の問題が「宇宙船地球号」や「共有地の悲劇」というテーマで議論されていました。そうした問題関心は、一つの学問の在り方とともに、どういった問題解決の可能性があるのかという実践的な意味合いにおいても、非常に関心を惹かれるようなことが教育に含まれていたと記憶しています。

それとともに、グローバル・イシューズという問題領域のなかには、食料問題や環境問題というかたちで議論される問題が含まれております。こうした問題が非常に先鋭に現れている地域ではないかという印象を持ち、アフリカへの関心を掻き立てられたのかなと思っています。

とくに、二〇二〇年末くらいから紛争状態に陥っているエチオピアという国がありますけれども、一九八〇年代前半期に非常に凄惨な戦闘が繰り広げられて、多くの餓死者が出ました。そうした映像が世界的に配信されるといった事態もあって、そうした問題に国際社会はどのように取り組めばいいのかということを随分意識した記憶があります。こうしたグローバル・イシューズとアフリカをつなげる研究ができないだろうか、と思ったのがおそらく始まりだったのではないかと思います。

現状では、サブサハラ・アフリカ、あるいは「サハラ以南のアフリカ」と呼ぶのがおそらく正しい表記になっていますけれども、当時は研究書のレベルでも「ブラック・アフリカ」という言い方があまり気にせず使われていました。これはその時代を象徴している部分があるのではないかと思います。一九八二年に刊行された『ブラック・アフリカにおける個人支配』(R. H. Jackson and Carl G. Rosberg, *Personal Rule in BLACK AFRICA*, University of California Press, 1982) という本は、研究内容としては非常に優れていて、アフリカにおける統治の在り方、当時のアフリカにおける為政者の統治形態の類型化を行った研究として、後に非常に大きな影響を与えたものです。タイトルからして「ブラック・アフリカ」というのが非常に全面に出るような物言いになっているという辺りに、ある種の時代性を感じます。

駒場には地域文化研究を研究・教育として行っている大学院ならびに学部の教育課程がありますけれども、そこにはアフリカという地域を専門的に扱っている場がありませんでした。先ほどの国際関係論の教科書を書かれたお一人で、私が内定した時期に随分お話しする機会のあった、平野健一郎先生がおられます。当時、「どうしてアフリカという地域を研究する組織がないんでしょうね」という話をしましたところ、「機が熟していないわけではなくて、機を逸した」と仰いました。大学では、学問や研究を行う組織を時々改革することがありますが、おそらく平野先生のご理解では、その前の段階にあった後期課程等の改革の際に、アフリカという地域だけを上手く教育組織に組み込むことができなかったということだと思われます。それゆえに、今後アフリカという地域を駒場の教育のなかに体系的に位置付けることはなかなか難しいという印象を持たれていたのではないかと思います。

逆にそう言われますと、天邪鬼でアフリカでも研究してみるかと思いまして、アフリカという地域に関心を持ちつつも、ただしそれに特化した授業が当時の先生方の間では行われておりませんでした。むしろ当時はマサチューセッツ工科大学でPh. D.をとられたばかりの山影進先生や田中明彦先生、そして、コーネル大学でPh. D.をとられた白石隆先生や恒川惠市先生といったアメリカから帰ってこられたばかりの先生方が、非常にエネルギッシュかつ先端的な授業を行っており、こうした授業に参加していました。おそらく、そうした授業を通して、政治学系のトレーニングを受けたということになったかと思います。

アフリカに特化した授業も全くなかったわけではなくて、現在、私が担当している「アフリカ国際関係」という授業や、本郷の法学部における特別講義の「アフリカ現代政治」という科目を、津田塾大学の小倉充夫先生、あるいは慶應義塾大学の小田英郎先生が担当しておられて、そうした授業を受講しました。小田英郎先生のおられた慶應義塾大学は、かなり戦略的に法学部の枠のなかで地域研究の人材育成をやっていて、その後も継続的にアフリカ研究を担当される政治学の先生を採っている背景などもあります。大学によってそうした考え方はだいぶ違うということだろうと理解しています。

関東圏で、社会科学系を中心とした研究を行う組織としては、その前身は満鉄の調査部ですが、現状では日本貿易振興機構（JETRO）と合併したアジア経済研究所（アジ研）があります。アジ研の南部アフリカ研究者でり、惜しくも数年前に他界された林晃史先生には大変お世話になりました。林先生にいろいろな情報を頂き、文献をお借りするなどして、基本的にはほぼ独学で研究を進めざるを得なかった面はありました。

地域としてのアフリカの研究

駒場の学生時代は、アフリカに関する研究という観点からすると、仲間は全くいませんでした。当時としては非常に距離が遠いので、「なぜアフリカを研究しなければいけないのか、就職につながるのか」というようなことを随分周りの連中から言われることがあったように思います。ただ、現状においては、おそらくこういった問題意識を持つまでもないかたちで、私のところにはアフリカの研究をしたいとやってくる学生が非常に多くいます。アフリカが近くなったのかといわれれば、もちろん今はコロナ禍で渡航が難しい状況ですが、アフリカという地域に物理的にアクセスすることは、当時と比べれば随分容易になりましたし、色々な機会が開かれているということだろうと考えています。

八〇年代半ばの駒場時代は、南部アフリカの地域統合を研究していました。これは、私の駒場での師匠である山影進先生が行っていた研究テーマ・分野です。修士課程では、いわゆるアパルトヘイト体制の変革過程にあった南アフリカの体制変動の研究をしていました。これも今の学生からすると想像もできないわけですが、ネット環境もありませんし、Eメールなどもありませんし、駒場にはアフリカ関係の欧文の資料は雑誌が何種類かありましたけれども、必要な資料を入手しようとすると取り寄せになって、それだけで何カ月もかかります。卒論を書くときもまだ手書きでした。修論でようやくワープロが使えるけれども、今のように印刷スピードは速くなくて、一行ずつ印刷するインクリボンを使って、一晩かかってようやく修論を印刷していました。

博士課程には進学したものの、駒場にはアフリカを専門とされる先生もおられないことから、仮に博士論文を書いても審査できない状況にありました。当時の国際関係論の全体の風潮は、「研究者になるのだったら外へ行ってきちんと学位を取ってこい」という感じでした。大学院重点化以前の時代ですので、外で揉んでもらってこいというのが基本的な考え方でした。当時、九〇年代初頭ですけれども、関心があったのはアフリカ南部地域の政治体制の変動で、いわゆる「民主化」の問題です。この段階においては、民主主義の問題を考える際の一つのポイントとして、Civil Society（日本語で言うと「市民社会」）という概念の利用がアフリカの研究領域にも入ってきていて、それを用いて何か研究できないだろうかということを考えました。当時の南アフリカはネルソン・マンデラが釈放されて、南アフリカの体制変動がまさに同時代的に起きていた時代なので、研究対象にするのは非常に難しいだろうと考え、南アフリカから離れて周辺の他の国の比較分析を行いました。この時期は、「市民社会」という一つの視座から政治体制をどう評価するかということを考えながら基本的には研究していました。

ただし、日本に助手として帰ってきたときに、二号館には社会政治思想史の泰斗の長尾龍一先生がおられまして、「アフリカに君、市民社会なんてあるのかね。あるのは部族社会じゃないのかね」と言われました。そういう面は当然あるにせよ、ある種の視座の取り方の問題なので、そういった点から分析できることがあるというように、色々な議論を交わした記憶があります。

私は九〇年代初頭にザンビアという国に行って現地調査をしましたが、「何の研究をしているんだ」と聞かれて、「Civil Society の研究をしています」と言っても誰も分からないわけです。アフリカの人たちが Civil Society という概念を自分たちの概念の枠組みとして全く持っていないので、少しそれをかみ砕いて「こういうことを研究しているんだ」と説明するところからインタビューをしなければいけないという経験をしました。

ところが、これは後で出てくるアフリカの潜在力という話ともつながってくると思いますが、九〇年代前半の博論を書き終えるぐらいのタイミングでもう一度ザンビアに行きましたら、「We are Civil Society」のような人がやたらに出てくるわけです。自分たちで Civil Society だと名付けるというプラクティスが非常に横行していました。開発援助の文脈で行われた民主化支援の一部として「市民社会」を育てるための支援を巧みに現地の人たちが利用して、ドナーから資金援助を受けて自らを市民社会と名乗ることで、巧みに外部資金を調達するといった生存戦略をとっていたということです。その意味では、非常に旺盛な生命力を感じました。

また、アフリカに調査に行ったり、あるいはイギリスで調査をしたりしている間は、日本におけるアフリカ研究者とある意味で無縁だったわけですが、ザンビアにいる間は、当時は開発コンサルタントで後に神戸大学、さらに現在は京都大学の教授になっている高橋基樹さん（開発経済学）と遭遇しました。イギリスで博論を書いている間に京都の研究グループが来るらしいという話があって、いざ来るなり「おまえは何者だ。日本人でこんなことを研究しているのは俺たちも知らないぞ」と言うのです。それが龍谷大の川端正久先生（国際政治学）や立命館大の佐藤誠先生（アフリカ研究）、今は同志社の峯陽一先生（国際関係論）で、その後色々な共同研究をさせて頂くことになります。別に隠れているつもりはありませんでしたが、そういうところで見つかってしまったというか、様々な研究者の人たちとお目にかかって、その後の色々な研究につながっていきました。

そうしたことを背景として、九〇年代という時代に関しては、基本的に当時民主化と言われていたアフリカ南部の政治体制を中心とした研究をしつつも、Civil Society という概念が国内でも少し流行った時期でもあり、さらに国際政治学の分野でも Global Civil Society といったような、いわゆるNGOなどの非国家的な主体が政治に影響を与えるという領域の研究なども出てきました。そのため、当時は市民社会、Civil Society 絡みのことを論文として書いていましたけれども、自分自身としてはどちらかというと比較政治学的な分野の研究を中心にしているという認識でした。国内には比較政治学会と日本政治学会という学会がありますし、あるいは日本国際政治学会もそうですが、そこでは大体アフリカを研究している人という認識を持たれていました。日本政治学会などになると、アフリカを対象としているなかでも民主主義や民主化のようなことを研究している人間と認識されていただろうと思います。

二〇一九年に開かれた日本政治学会の研究大会における共通論題「リベラル・デモクラシーの衰退？」でも、アフリカにおけるデモクラシーの後退という問題について報告しました。そこで、アイデアとしてということですけれども、「新自由主義的権威主義（Neoliberal Authoritarianism）」といったタイプの新しい政治体制の在り方が現状においては台頭しつつあるのではないかという問題提起をいたしました。あまり「新自由主義的権威主義」という概念は広く使われていないのではないかと思いますけれども、最近刊行されたネオリベラリズムや権威主義、あるいはグローバリズムに関する論集を見ると、「新自由主義的権威主義」という概念が使われていることを発見しました。問題意識が似ているのかどうか私は分かりませんが、そうした点に関しても少し見ていきたいと思っております。

また、近年、政治学におきましても、とくにアメリカではいわゆるポリティカル・サイエンスが隆盛しております。色々なデータセットを作り、統計分析ツールなどを用いて因果関係や相関関係を検証することを狙いとした、方法を重視するアプローチかと思います。民主化指標ももちろんそうですし、近年においては、アフリカはよくネオパトリモニアリズムや新家産主義体制というかたちで国家や政治体制が評価される場合がありますが、汚職や権力の集中もデータ化して、比較分析を行う傾向も見られます。私はこうした定量分析のスキルがありませんが、研究報告や論文などを見ていて面白いことが行われているなという感じは持っています。

共同研究について後で申し上げることになりますが、九三年に当時は助手として駒場に着任して以降、二〇一五年度までの二二年間、先ほど出てきたアジア経済研究所の共同研究に継続して参加させて頂きました。そこで知り合った色々な研究者とはその後も親しく一緒に研究させて頂いています。

転機としての「人間の安全保障プログラム」

そして、私は現在、駒場の専攻横断型のプログラムである「人間の安全保障プログラム」に属しています。二〇〇四年度に発足しました。実は先ほどから触れていますとおり、もともとの軸足はアフリカといってもアフリカ南部地域です。南部は南部で非常に大きな歴史的特徴や背景があって、アパルトヘイト体制にも見られるとおり、いわゆる解放、あるいは政治的な独立が相対的に遅れた地域という共通性、アイデンティティーを持っています。それに加えて、もちろんマイノリティーとしてのムスリムはいますが、基本的にはキリスト教の世界です。ところが、この「人間の安全保障プログラム」が発足して、教育面において「紛争・和解・共生」という、私自身は直接取り組んでこなかったテーマを扱うことにつながる一つの転機となりました。

そこで、この時期に非常に大きな話題になっていたのが、いわゆる破綻国家と一般的にいわれるような、国家における中央政府の機能が著しく失われたようなタイプの国家が出現しているということです。その一方で、その一部を領域として主張し政府を樹立する、「ソマリア（ソマリランド）」のような未承認国家または非承認国家と呼ばれる国々が現れました。

このようなことがあって、二〇一五年に刊行した『崩壊国家と国家安全保障』（有斐閣）という本においては、ソマリアという国や地域をめぐる色々な課題を扱いました。筆は速くないので刊行まで時間がかかってしまいました。ソマリアは今でも渡航禁止で行けませんが、関心を持つ人は出てきています。ソマリランドやソマリアについていくつか物を書いている間に、作家の高野秀行さんがどうやったらソマリランドに行けるのかということで話を聞きに来て、その後『謎の独立国家ソマリランド』（本の雑誌社、二〇一三年）という非常に面白い本を書かれています。そうした色々な別の遭遇もありました。

その後、ソマリアの海域のほうで「海賊」が現れるようになって、「海賊」についてもやはり追いかけなければいけませんでした。二〇一一年三月一一日、まさに東日本大震災が起きたその日に、じつはアナザー（もう一つの）三・一一ということが起きていて、日本に初めてソマリア沖で逮捕した「海賊」を連れてきたのです。日本ではじめて「海賊」を国内裁判にかけるということが動き出した日でもありました。結局、この海賊問題に関しては私も巻き込まれて、「海賊」の弁護のために裁判所（東京地裁）に呼び付けられるということも経験しました。結局、専門家証人ということで、どうして海賊がソマリアで発生しているのかについて、裁判員に対して少し説明せよということでした。

こうしたなかで、従来の軸足はどちらかというと比較政治学にありましたが、再び国際関係論や国際政治学の領域の問題に軸足を移すような研究をすることになってきました。概念としては崩壊国家やディアスポラ、つまりソマリアの人たちは世界各地に難民や移民として散らばっていますし、アフリカ域内にもソマリ系の人たちがかなり散らばっています。しかも、非常に高いホスピタリティーを持っているということもよく知られており、グローバル・ノマド、つまり、世界的なある種の移動の民という特徴を持っていることから、結局ソマリアには行けませんが、ディアスポラを探してロンドンやワシントン・ロサンゼルス・オハイオに行って、ディアスポラに対する聴き取り調査などもしてきました。

ソマリアの人々はスーフィー系のイスラムが中心ということもあって、宗教的にも南部アフリカと全く違ってきます。むしろ中東との距離がだいぶ近くなるということなどもあって、アジ研などの共同研究などでもそうですし、他の所でもそうですが、中東研究者と呼ばれる人たちとの交流が非常に多くなってまいりました。

新学術領域研究「グローバル関係学」の開始

そこで、こうした研究の経緯を背景として、二つの大きな研究プロジェクトに入ることになりました。一つは、新学術領域研究という非常に大型の研究プロジェクト「グローバル関係学（Relational Studies on Global Crises）」という共同研究です。いわゆるグローバルな危機に対する関係学というアプローチになります。全体の代表は千葉大の酒井啓子さん（中東政治）で、私はそのなかのB02班と呼ばれている「越境的非国家ネットワーク：国家破綻と紛争」に参加していて、この代表が立命館の末近浩太さん（中東・イスラム地域研究）です。当初からこの班を「破綻」班と呼んでいました。班として破綻しているわけではもちろんなく、破綻した状況を研究対象としました。二〇一六年度から始まって二〇二〇度が最終年度ということで、『グローバル関係学とは何か』（岩波書店）という書籍に始まるシリーズを二〇二〇年九月から刊行して、全七巻がようやく予定どおり刊行し終わりました。

ここで、「グローバル関係学」とは何かということについて私が酒井さんを代弁することはできませんので、酒井さんが書かれているものをご参照頂くしかないと思いますけれども、いずれにしても見えない関係性、あるいは関係性を可視化することを狙いとしています。見えないものを見えるようにするというのはどういうことか、非常に矛盾をはらんでいるように見えるだろうと思いますけれども、その辺については酒井啓子さんが上述のシリーズ第一巻の最初に少し整理しておられるので、関心がおありであれば御覧頂ければと思います。

我が破綻班は一体何をしたのかということですけれども、紛争を経験した国において人々がどういう意識を持っているのか。それは国家に対してであったり、様々な政府の制度などに対してであったりということで、実際にこうした紛争を経験している国では世論調査も非常にやりにくいだろうということもあって、世論調査というデータ収集を行うための手法を用いて一定の分析を行うことを狙いとしていました。

しかし、紛争地の世論調査には莫大なお金がかかることが分かるというか、国によっても違いますし、安全の度合いによってもだいぶコストが違います。ただし、類似の質問項目の下で質問票を用いて、もちろん我々が行うわけではなくて現地の大学や調査機関にお金を支払って依頼します。シリアやイラク、あるいはボスニア、そして、私が担当しているソマリアに関しては、全土で調査するには一千万円以上のお金がかかるため、それは無理でした。それでも一部、ソマリア北部地域に対しての調査を二〇一九年一一月、かろうじてコロナが流行する前に行うことができました。

そこから見えてきた破綻を経験した国々の様々な意識の在り方などを『紛争が変える国家』（岩波書店、二〇二〇年）という先のシリーズの一巻のなかである程度扱いながら、国家というものが理念型としての国民国家からおよそ姿を変えつつあり、二一世紀型のある種の国家の在り方を想定していく必要があるのではないかと考えました。いわゆる理念系としての国民国家モデルをベースにして国際関係を論じることが必ずしも適切ではない時代を迎えているのではないかということです。おそらくそういった問題意識が共有されていたと思います。

基本的には、中央政府が機能不全のなかで国家ではない主体が台頭するという現象に関して、その国家認識や国家破綻の状況に対する考え方を検討しました。インドネシアやミャンマーに関しては、紛争経験国というよりも、その後の民主化の部分においてある種の共通性があるということで、両方とも現地の研究者を交えて論文を執筆して頂きました。

「アフリカ潜在力」プロジェクトへの参加

また、この間、京都大学を中心とする「アフリカ潜在力（African Potentials）」というプロジェクトに参加する機会を頂きました。これまではどちらかというと政治学系の研究者との共同研究が中心で、「グローバル関係学」でも班自体は政治学に近い研究者の集まりでした。ただし、全体としてみれば分野的にもかなり横断的な参加者がいました。それに比べ「アフリカ潜在力」に関してはアフリカという地域をそれぞれ研究していながら、従来はあまり接点のなかった人類学系の研究者を含むより分野横断的なアフリカに関する総合的な共同研究として、かなりの新規性があったのではないかと思います。

もちろん、京大は文化人類学や生態人類学等、いわゆる人類学系の研究者の層が非常に厚いことで知られています。徹底した現場主義で、現地に長期の学生派遣を行って、そこで集めてきたインタビューなりをベースにして、非常に厚い民族誌研究が従来から積み上がってきています。アジ研や私のようなやや社会科学系の人間は、比較的関東を中心にして研究活動をしています。民族学博物館で集まって特定のテーマで研究するということはありましたが、おそらく体系的なかたちで共同研究をしたことはなかったと思います。もともとはもう少し大きなプロジェクトを考えていましたが、それは上手くいかなかったこともあって、基盤Sというそれなりに大きな予算規模での研究が始まりました。

本プロジェクトの大きな特徴としては、分野横断型に加えて、アフリカ人研究者にも参加してもらう場を設けて、アフリカの各都市でフォーラムを開催しました。当然ここになりますと、私のアフリカ研究者という意味は全くなくなりまして、政治屋というアイデンティティーに切り替わります。この共同研究は二〇一一年から始まって、五年のプロジェクトが二期一〇年にわたり行われ、二〇二〇年度が最終年度でした。

第一期の五年間に関しては、最終成果については京都大学学術出版会からの和文の刊行を行いました。第二期に関しては、今度は英文書籍の刊行が現在進行中です。それぞれの代表者は、一期目は京都大学大学院アジア・アフリカ地域研究研究科（ASAFAS）の太田至先生（アフリカ地域研究）が中心になって、その後、現在は同じ京都大学文学部の松田素二さん（社会人間学）が中心にやっておられます。

グローバル・イシューズのなかにアフリカを位置付けるという発想は、日本の外務省なども行っている部分が従来はありました。外務省との付き合いのなかでは、アフリカという地域をグローバル・イシューズの一部に置くという認識の仕方があったように思いますが、そうではなくて、アフリカを起点としながら現代世界を展望するという、外務省的な発想とは逆転した部分が見られる研究方法やスタンスを採っていたのではないかと思います。アフリカのミクロな関係性に視点を取り直す、あるいはアフリカをどう捉えるのかという新しい視座や概念をどうにか獲得できないかということです。先ほど、私は市民社会の概念をアフリカに当てはめるという言い方をしましたけれども、そういうアプローチとはある意味では真逆のことを行おうとしてきたという面を私自身も感じています。

一期目の成果が『武力紛争を超える』で、二期目の成果が『AFRICAN POLITICS OF SURVIVAL』というシリーズの第一巻になる刊行物です。これは、オンライン上で冊子体になったものの販売されています。

どういう内容の話かというと、このなかでは extraversion という言葉を使っています。これは、視点の取り方としては、外的な環境という、周辺にあるものを巧みにアフリカ側が自らに取り込みながら政治経済的な資源にどんどん転用していくというイメージの概念です。extraversion はアフリカの政治研究のなかではそれなりに知られているものです。本論集では、この概念を色々な現象に当てはめて検討してみようということでした。これとは別に informality をキー概念として研究です。フォーマルとインフォーマルというような二分法的な言い方をすることがよくあります。これは本当に二つに分けられるのかどうかという問題が別にありますけれども、そういった制度の間の何らかの協働や対立のようなものを組み込んだ議論ができないだろうかというところから始まっている研究領域に関わるものです。

ただし、この間の刊行に向けた進行はそれほど早くなかったこともあって、我々は一つの国家市民班という班でしたが、結果的にそこには属していなかった研究者の論考や、必ずしも extraversion や informality とは関係のない論文も入ってしまって、若干まとまりのない結果になっている部分もあります。とはいえ、一つの刊行物というかたちになっています。

「アフリカ潜在力」とは何か？

「アフリカ潜在力（African Potentials）」とは何か。結局、答えは必ずしも出ていません。代表者の松田素二さんが今回のシリーズのなかに英文で全てこのプロジェクトの概要等についても書かれているので、それについて少し切り出してきました。やはり、アフリカに関する様々な概念を再考しなければいけないのではないかという点から始まってもいます。また、アフリカにもともとある伝統的な価値や制度を決して美化するものではないとも述べられています。アフリカにあるものがそこにあって正当なものであるというものでもないということです。そして、やはり多元的なかたちでアフリカを見るような視座を獲得する必要があるのではないかということが書かれています。

そのなかで、末尾に、incomplete という言葉が使われています。これは、このプロジェクトに参加して出版を担当してもらった、ケープタウン大学のフランシス・ニャムンジョというカメルーン人の研究者がいまして、彼が「アフリカ潜在力」に対して、ナイジェリアの小説家エイモス・チュツオーラの『やし酒飲み』という小説で扱われている寓話を用いた論考のなかで、ある種の人間の不完全性（incompleteness）に「アフリカ潜在力」を重ねた議論を行うなかで使われた言葉です。African Potentials の議論においても、incompleteness という言葉は一つの重要なキーワードとして入ってきています。

単純化できるか分かりませんが、アフリカとは何なのかを改めて問うための内発的な概念を検討する取り組みだったのではないかと思っています。

最後に、the concept “Africa is People” という言い方ですが、最初に刊行された巻のなかにも出てくるモチーフです。「アフリカは人なのか」というややトリッキーな表現ですが、これもナイジェリアの小説家であるチヌア・アチェベが一九九八年に世界銀行に招待された際に講演したタイトルとして用いたものです。

このフレーズは、いわゆるアフリカというものはフィクショナルなものではなくて、とくに一九八〇年代、失われた十年といわれた時代で、構造調整というまさにネオリベラルな改革がアフリカを舞台として実験場的に行われました。そこでアフリカには人がいるということを十分考慮されたのか、人の痛みが十分に政策を実現する国際機関の側にあったのかということに対する痛烈な批判めいたものがあるとともに、アフリカにおける人々というのは、おそらくこれも逆に美化することにつながらないことを重要な条件としなければなりませんが、共同性のなかに生きているというようなことをアチェベという小説家が主張しようとしていた面があります。

おわりに――どこまで「アフリカ」に接近できたのか？

アフリカについて地域として捉えたり、そこにいる人々の在り方の問題として考えたりしてきたわけですけれども、アフリカにはもちろん最近の中国の進出のように、物理的に大きな条件の変化などもあって、しかも急激にとも評価できる形で変化を続けています。それをどのように考えるのかについて、色々とヒントは得られているものの、まだまだアフリカを十分に分かったとは到底言えません。地域研究者は、おそらく少しずつ近づきつつ少しずつ離れていくような、その繰り返しをしているのかなと思います。

ただし、私もだいぶ歳を取りましたけれども、気鋭の若手研究者も出てきていますので、そういった人たちと共同研究のなかで、これまでアフリカについて考えてきた営為は続けていく必要があるのではないかと考えています。若いときはアフリカ出張に行って帰国後、週末を日本で桜を眺めて過ごし、その週明けにもう一回アフリカに出掛けられる体力のあった時代もありましたけれども、今は出掛けられませんし、だいぶアフリカは距離的には遠いなと思い始めているところもあります。けれども、川田順造さんが言うようなアフリカの毒というか、日本にいては感じることのできない人とのつながりや現場でしか感じられなかった感覚など、言葉で上手く表現しにくいものはまだ少し体に残っているかなと思っております。

11 「グローバルな俯瞰力」と「ローカルな視点」をつなぐ
――メキシコの抗議行動のイベント分析を例に

和田毅
（社会学・地域文化研究）

はじめに

グローバル・スタディーズ・イニシアティヴ（GSI）では、「グローバルな俯瞰力」と「ローカルな視点」を兼ね備えた人材を育成することを目標に掲げています。「グローバルな俯瞰力」とは、地球規模の現象やダイナミクスを把握する能力のことです。「ローカルな視点」とは、世界諸地域の言語を習得して、その歴史や文化を学び、対象地域に寄り添った活動を行う能力を意味します。東京大学駒場キャンパスの強みは、これらの対極にある視点両方を重視し研究を積み重ねてきた伝統があることです。

GSIは、この「グローバルな俯瞰力」と「ローカルな視点」とをつなぐことによって新たな学問的知見を得ることに挑戦しています。もちろん、グローバルとローカルの融合、もしくはグローバルとローカルの対話を実践するのは並大抵のことではありません。学問領域や研究者によっても、これを実現する道筋は異なるでしょう。そこで、多様な学問領域や世界の諸地域を専門とする研究者や学生が、グローバルとローカルの視点を融合させた独自の研究を各々実践し、その成果を蓄積し共有していくことこそが、GSIの使命なのではないかと私は考えています。これからグローバル・スタディーズを志す若者たちが、「こういう研究があるんだ」と自分の研究のモデルにできるような良質な研究を生み出していくところに、GSIの存在意義があるということです。

本章では、私自身のメキシコにおける社会運動研究の変遷を振り返りながら、グローバルとローカルをつなぐ際の難しさが具体的にどういった形で現われるのか、それは解決できる問題なのか、といった点について論じてみたいと思います。

駒場での学びと「ローカルな視点」

私は工学部都市計画への進学を希望する理科一類の学生でした。しかし、進学振り分けの際に、(おそらく第三希望として書いたと思われる)教養学部教養学科第二「中南米の文化と社会」というコース(通称「中南米科」)に内定してしまいました。これは現在の教養学科地域文化研究分科ラテンアメリカ研究コースの前身にあたります。この結果に相当なショックを受けたのを今でも覚えていますが、実は受け入れる側の先生方のほうが、「スペイン語を全く知らないのに、中南米科に入ってくる理系の学生がいる」と当惑されていたようです。当時の主任は、増田昭三先生で、中南米科を駒場に立ち上げた方でした。「これは大変なことになった」と思われたのでしょう、増田先生は、中南米科の一期生で博士課程在籍の石井康史さんに、「一カ月半でスペイン語の文法学習を終えるように訓練をしてあげなさい」という指令を出されたそうです。おかげさまで、私は石井先輩のプライベートレッスンを二カ月ほど受けることになりました。

本当に二カ月間スペイン語漬けの、いわゆるイマージョン型語学学習（immersion）というのでしょうか、凄い日々でした。石井先輩のスペイン語授業が面白いことはもちろんですが、彼の比較文学研究の話、将来アメリカの大学院で博士号を取りたいという夢、メキシコやラテンアメリカでの旅行や食べ物の話、現地の人たちと週末の「フィエスタ（パーティ）」で盛り上がった話など、「同年代の友達との話ではとても想像できない、凄い世界がそこにあるぞ」と興奮したのを覚えています。石井先輩は本当に優れたロールモデルで、中南米地域のローカルな視点を見事に内在化された方でした。私自身のローカルな視点の養成も、石井さんとの関係の中で始まったのです。

今振り返ると、これは駒場の優れたグローバル教育のひとつの姿だったと思います。ちなみに、現在駒場にＧＳＩ国際卓越大学院というプログラムがありますが（「グローバル・スタディーズ・イニシアティヴ国際卓越大学院の立ち上げの経緯」、『駒場の七〇年 1949-2020――法人化以降の大学像を求めて』東京大学出版会、二〇二一年）、その必修科目にレクチャラーシップという授業があります。これは博士課程の院生がそれまでグローバル・スタディーズを学んだ際の様々な経験を前期課程の若い学生たちにぶつけるという趣旨の科目です。今日の「石井さん」たちが素晴らしいロールモデルとなって、学部生たちを大いに刺激してくれることを願っています。

石井さんの特訓のおかげで、私はメキシコに留学することができました。バックパッカーとして、メキシコだけでなく、その他の中南米諸国を訪問することもできました。都市化が急激に進むラテンアメリカを旅しながら、大都市周縁部の小高い丘にへばりつくように住み着いている人々に衝撃を受けました。そして、劣悪な生活環境に置かれた人々の生存戦略や、水道・電気・土地の所有権などを求める抗議行動に関心を持ち、修論のテーマとしました。そんなとき、中西徹先生の『スラムの経済学』（東京大学出版会、一九九一年）という研究書に出会いました。フィリピンのマニラにあるスラムコミュニティーを舞台にした研究で、そこにいる人々の社会、文化、ネットワークなどを深く掘り下げた研究スタイルでした。「経済学者って凄いな。博士課程では、このように地域に深く入り込んだ研究をしたい」と強く思いました。ローカルな視点を武器にしたこの優れた研究書は、私にとって最初の研究モデルとなりました。

アメリカでの学びと社会運動研究

そのようなときに、指導教官の恒川惠市先生（政治学）から「地域研究ではなくディシプリンを学びにアメリカに行ってみてはどうか」というアドバイスを受け、ニューヨークにあるコロンビア大学の大学院（社会学）へ進むことにしました。英語で社会科学系の授業やディスカッションについていくのは大変でしたが、社会学理論を学ぶ過程で、グローバルとローカルの対話について考える契機を

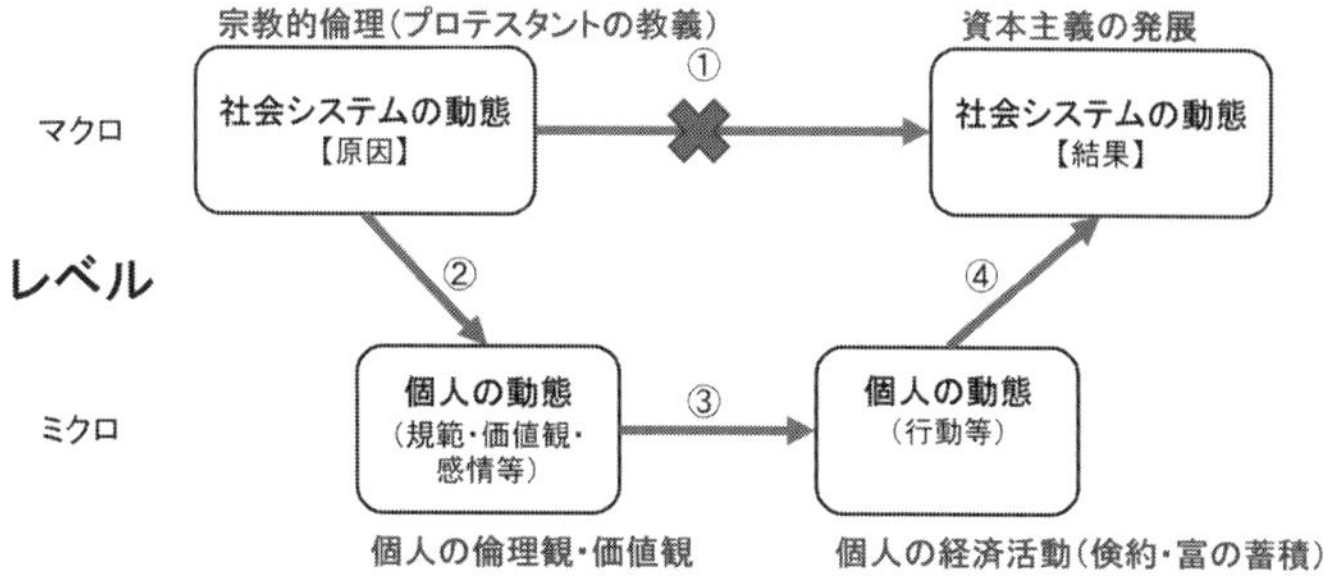

図1　コールマンボートにみるマクロとミクロなレベルの因果経路の考え方(Coleman, James S. 1990, *Foundations of Social Theory*, Cambridge, MA: Harvard University Press, p.8 を参照し筆者作成)

得ました。当時は「グローバリゼーション(globalization)」という概念はまだ流行りだしたばかりだったのですが、マクロな現象とミクロな現象をどう捉えるかといったテーマは、社会学理論の資格認定試験(qualifying exam)に出されるくらい重要なものでした。その捉え方のひとつに、ジェームズ・コールマンの「コールマンボート」と呼ばれるものがあります(**図1**)。

合理的選択理論で知られるコールマンは、たとえば「宗教的倫理が資本主義を発展させる」というようなマクロな現象を直接結びつける因果関係は存在しないと主張します。こういったマクロな現象は必ず個人というミクロなレベルの行動変容を通じて起きるので、このミクロなレベルにおける行動を観察し理論化する必要があるというわけです。つまり、**図1**の①の因果経路ではなくて、②③④の経路が大事だということです。たとえば、マックス・ウェーバーの有名な社会理論をこの図にあてはめてみると、まず、プロテスタントの教義が個人の倫理観に影響を与え(経路②)、それがその個人に倹約や富の蓄積といった特定の経済行動を促し(経路③)、そのような経済活動を行う人が多い地域で結果として資本主義が発展していく（経路④）というわけです。この図がボートの形をしているので、コールマンボートと呼ばれるのですが、この理論のポイントは、レベルを意識する必要があることと、②③④のようなレベル間の関係を理解することが重要だということです。合理的選択論研究者のように個人のレベルまで下りて思考してその行動のシミュレーションを行うような能力は私にはないのですが、グローバルとローカルの対話を考える際にも、この枠組みは役に立つと思いました。

そして、社会学のコースワークをやっていた一九九〇年代中頃、グローバルとローカルの関係を象徴するようなふたつの社会運動がメキシコで起きたのです。ひとつは、一九九四年一月一日、北米自由貿易協定（NAFTA）の発効日に、メキシコ南部チアパス州のマヤ系先住民が武装蜂起した事件です。二〇世紀初頭のメキシコ革命の英雄エミリアーノ・サパタの名前を取って「サパティスタ（Zapatistas）」と名乗りました。もうひとつは、一九九五年に勢力を急拡大させた債務者の社会運動バルソン（El Barzón）です。一九九五年初頭にペソの価値が急落したため、ドル建ての借金を返済できなくなり、倒産や資産差し押さえという事態に直面した企業家や中流層を中心に怒りが爆発し、大規模な抗議運動が展開されたのです。

どちらの社会運動も、経済のグローバル化や新自由主義政策といったマクロな過程が、メキシコ民衆の生活を脅かすというローカルなレベルに影響を及ぼし（因果経路②）、その状況下で人々が社会運動という行動に訴え出る（因果経路③）という構図だと解釈することができます。留学当初に志していたスラムのエスノグラフィーとは異なるものの、グローバルとローカルの因果関係を考察するために適した事例研究となるのではないかと直感しました。

チャールズ・ティリーとの出会い

そうした折に、コロンビア大学の社会学科にチャールズ・ティリー（Charles Tilly）教授が着任しました。この人は、社会運動研究はもちろん、政治社会学、歴史社会学、不平等研究の分野でもスーパースターといってよい著名な研究者でした。何しろ、研究分野がぴったりなので、ぜひ指導してもらいたいと希望しました。問題は、社会学どころか、政治学や歴史学の学生達も皆同様に思っていたことでした。お願いすれば自動的に指導教官になってもらえるわけではなく、人気のある先生については学生間の競争が生じます。そして、アメリカ人学生との違いがここで出てしまうのです。なんと、彼らはティリーのことを「チャック（Chuck）」と呼んでいたのです。ファーストネームどころか、親しげなニックネームを平気で使えるわけです。教授をニックネームで呼ぶ習慣と勇気のなかった私は、どうしても「ティリー教授（Professor Tilly）」と呼んでしまい、一度その習慣がついてしまうと、ある日突然「チャック」と呼び方を変えることはどうしてもできませんでした。その時点で距離感が出てしまい、競争に出遅れてしまった感覚を覚えました。

この時、私のロールモデルであるさきほどの石井康史さんに相談をしました。スタンフォード大学で比較文学の Ph.D. を取得しダートマスカレッジに就職された石井先輩のその時のアドバイスは大変貴重なものとなりました。「和田君、こっちはギブ・アンド・テイク（give and take）が原則だよ。アメリカの偉い先生も若い学生から常に何か学びたいと思っているんだよ。だから、アドバイスだけもらおうと思ってテーク・アンド・テークの精神なんかで行っちゃ、絶対駄目だよ」と言われたのです。

しかし、一留学生の私が、ティリーに果たして何をギブできるというのでしょうか。ちょうどそのときに、ティリーが、「新しい本の原稿を書いた。読みたい人は言ってくれ」とメーリングリストに流してきたのです。私は「ください」と返答し、原稿を入手し、それを一夏かけて読み込み一三の改善（できると私が考えた）点を英語の文章にまとめました。時間に追われて期限ぎりぎりでなんとか提出していた期末レポートとは違い、私にとってはそれまでに書いたことのない力作でした。それを渡しに行きました。これだけの大作を書いたのだからやはり直接渡したいという変な昂《たか》ぶりがあり、アポもないのに彼のオフィスの扉を叩いてしまいました。すると、露骨に迷惑そうな顔をしたティリーが出てきて、「今、一七のアイデアが空を飛んでいる。君とは話ができない」と言われてドアを閉められてしまいました。一七もアイデアが同時に飛ぶというのは、私には想像がつかない世界で大変驚いたのですが、メールボックスに入れておけばよかったという敗北感でいっぱいになり、落胆して地下鉄に乗って家に帰りました。

家に戻ってメールをチェックしたところ、なんとティリーからのメッセージが入っていました。そこに、「You hit home.」と書いてありました。意味がよく分からなくて、「君は家に帰っちゃったね」ということかと思ったのですが、調べてみると、どうも「命中する、核心にズバッときたので身に染みる」という意味合いらしいです。要するに、一三のポイント全て良かったという意味だったようです。それからは、大変親身になって指導をしてくれるようになりました。最終的に、その原稿は『ヨーロッパにおける闘争と民主主義』というタイトルでケンブリッジ大学出版会から刊行されました。

ティリーのイベント分析を研究モデルに

サパティスタとバルソンの事例研究を博論のテーマとする発想についてティリーに相談に行くと、「新聞記事のイベント分析（event analysis）を本格的にやってみたらどうか」という予期せぬアドバイスが返ってきました。イベント分析というのは、新聞に掲載された抗議行動などの「イベント」の情報を数量化して分析する研究手法のことです。これについて勉強していくうちに、イベント分析にもいろいろなやり方があることが分かってきました。とくに、ティリー自身のイベント分析（**図2**）を読んだときに大きなショックを受けました。

これは、「誰が誰にいつどこで何をした」というイギリスの民衆の政治行動の情報を、当時の新聞記事からコツコツと収集してデータベースを構築し、そこから「主体（誰が）」と「客体（誰に）」の関係の特徴的なパターンをネットワーク分析を使って抽出し、図式化したものです。矢印の起点が主体を、終点が客体を示しています。両者の関係は政治行動の内容で示されます。暴力を含めた物理的な「攻撃（Attack）」が特徴的な関係にあるのか、それとも、「応援する（Cheer）」関係でつながっているのかでは、大きな違いがあるわけです。左側の図が一八世紀（一七五八―一八〇一年）、右側の図が一九世紀（一八三二―一八三四年）のパターンです。このふたつの時代の間には、資本主義の発展や議会への中央集権化（parliamentarization）といった、経済と政治のマクロなレベルの重大な変化が生じてい

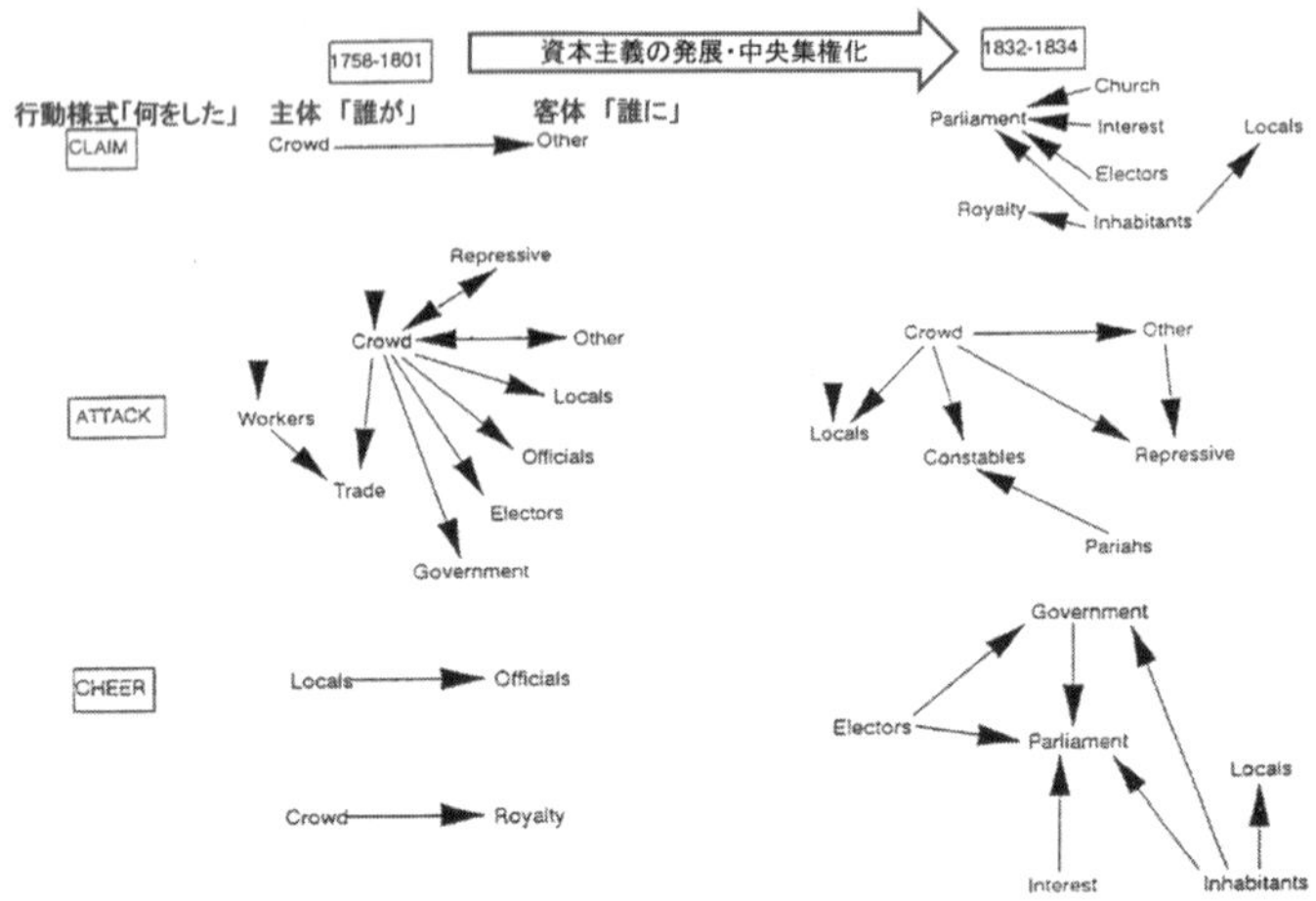

図2　チャールズ・ティリーのイベント分析（本文中に引用したティリーの論文に掲載された図を筆者修正）

たということです（Charles Tilly, "Parliamentarization of Popular Contention in Great Britain, 1758-1834." In Charles Tilly, *Roads from Past to Future*, 217–44. Lanham, ML: Rowman & Littlefield Publishers, 1997）。

一八世紀型の民衆政治のパターンをみると、群衆（Crowd）という必ずしも組織化されていない人々の集合体が中心的な主体となっていて、さまざまな客体に対して物理的な攻撃（Attack）を行っていたことが分かります。それが、一九世紀になると、議会（Parliament）を客体とした、「要求する（Claim）」や「応援する（Cheer）」というより穏健な政治行動が主流となり、民衆政治のパターンが大きく変化したことが一目瞭然だというのです。

この図を初めて見た時に受けた衝撃は大変なものでした。イベント分析は、個人というミクロなレベルにまで観察対象をおとす手法ではないのですが、イギリスの様々な町や村で起きた争いに関する情報をひとつひとつ丹念に記録していくという点では、ローカルなレベルに視点をもっていき情報収集する方法だといえます。そうした情報を蓄積し、その社会空間的なパターンを時系列変化とともに描き出すことによって、民衆政治の変容を把握することが可能になるわけです。このようなパターンや変容こそ、マクロなレベルの社会動態を映し出したものなのです。そして、それは通常の社会運動研究のように個別の争いだけをみていては発見することが難しいものです。先のコールマンボートでいうと、②と③の因果経路だけでなく、④の経路までも論じることを可能にする経験的証拠を得ることができる手法だというわけです。衝撃を受けた私は、これを新しい研究モデルとして、メキシコ研究に応用してみようと決心しました。

メキシコの民衆抗議行動のイベント分析

ここでは、その分析結果をひとつだけ見ていただきたいと思います（Takeshi Wada, "Civil Society in Mexico: Popular Protest Amid Economic and Political Liberalization." *International Journal of Sociology and Social Policy* 25［1/2］: 87–117, 2005）。メキシコでは、一九八二年の累積債務危機の頃から一九九六年の選挙制度改革の頃まで時間をかけて経済のグローバル化と政治の民主化という二重の変化が起きました。このようなマクロなレベルの市場と国家の大きな変化のなかで、市民社会や民衆政治のパターンはどう変容しているのか、それともしていないのか。これを解き明かそうとするのがテーマでした。**図3**は、グローバル化と民主化の前（一九六四―一九八二年：左側領域）と後（一九九七―二〇〇〇年：右側

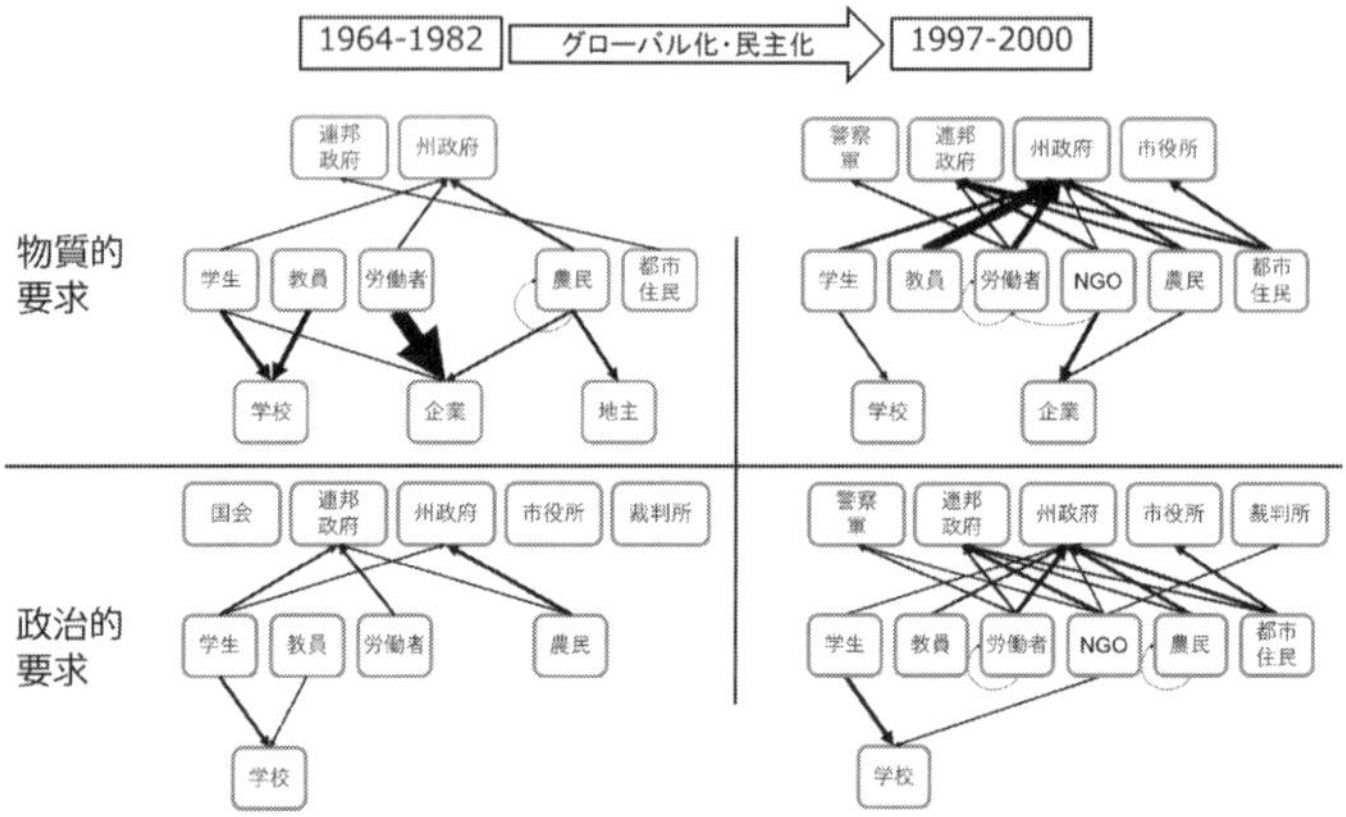

図3　メキシコの民衆抗議行動のイベント分析（筆者作成）

領域）の民衆政治のパターンを比べたものです。上半分が物質的要求を掲げた民衆による抗議行動を、下半分は政治的要求を掲げたものを図式化しています。矢印の太さは、イベントの頻度に比例しています。

まず、物質的要求を行う抗議行動の変遷をみてみましょう。**図3**の上のふたつの領域を比較します。グローバル化が始まる前のメキシコ（**図3左上**）で物質的な要求を掲げて抗議行動を行っていた主な主体は、中央部分を占めている五つの集団（学生、教員、労働者、農民、都市住民）でした。これらの主体の特徴は、日常生活のなかで日々顔を突き合わせる人々だといえます。社会学用語を使えば、日常に根差したアイデンティティ（embedded identities）に支えられたネットワークということになります。さらに、これらの主体による抗議行動の対象となった客体をみると、それも日常生活のなかで頻繁に交流している相手だということが分かります。学生や教員であれば大学等の学校、労働者であれば企業、農民の場合は大土地所有者である地主や敵対する農民組織といった具合です。グローバル化の波がメキシコを呑みこむ前は、日々の生活に根差した場で、物質的要求を行うパターンが圧倒的に多かったのです。

これが、グローバル化後のメキシコ（**図3右上**）になると、このパターンはほとんど見られなくなります。フォーマルセクターが縮小し労働組合が求心力を失うなど、グローバル化や新自由主義経済政策によって日常に根差したアイデンティティが弱体化していくことにより、以前のように経済エリートに対抗できなくなっている状況が反映されています。その代わり、物質的要求は国に向けられるようになります。

次に、政治的要求に焦点を当ててみると、民主化前のメキシコ（**図3左下**）では、政治的要求を行う抗議行動は限定的だったことが分かります。権威主義体制が怖いからという理由が考えられます。しかし、もし政治的に訴えると決めたら実質的権力を握っているところにいかなければ意味がありません。データをみると、連邦政府や州政府といった高いレベルの行政府に矢印が集中していることが分かります。立法府（国会）、司法府（裁判所）、基礎的自治体（市役所）などの国家機関は政治的要求を向ける客体として選ばれていないというのがポイントです。メキシコの権威主義体制下での民衆政治のパターンが非常によく表れていると思います。

民主化後のメキシコ（**図3右下**）になると、非常に多くの政治的な欲求をさまざまな社会勢力（主体）がさまざまなレベルの国家機関（客体）に向けています。これは、政治へのアクセスポイントが増えているという意味で、分権化や民主化の影響が出ていると思います。とくに、NGOは、日常生活のなかで育まれるタイプの先述のネットワークとは違い、人権、環境、女性の権利、先住民の権利など、ひとつのイシューの解決を目指してボランタリーに人々が集まるかたちのネットワークだという点が重要です。日常生活から分離したアイデンティティ（detached identities）に基づくネットワークが新しいパターンとなって出現したという結果が明らかになったわけです。

このように、イベント分析という研究方法は、メキシコ社会全体というマクロなレベルの民衆政治パターーンの変貌を把握するのに適しています。グローバルとローカルの対話を実践するためのひとつの有効なアプローチとだといえるでしょう。

グローバルとローカルの対話の難しさ

しかし、私のイベント分析ではグローバルとローカルの対話にはまだ程遠い状態です。なにより、私が集めたデータはメキシコ一国のものでしかなく、グローバルな社会動態を捉えたものとはいえません。メキシコで起きている現象を他の地域や国々で起きている現象と比較して世界的なパターンや変容を検討することもできませんし、国境を超えたトランスナショナルな社会運動などの政治現象を把握することも難しいわけです。やはり、グローバルとローカルの実質的な対話を実現させるためには、（莫大な時間と資源が必要になるかもしれませんが）イベント・データ収集もグローバルなレベルで行うのが理想的です。

そこで私は、まずは既存のデータを使って、せめてラテンアメリカという地域レベルでイベント分析を行うことはできないだろうかと考えました。二一世紀に入ってからラテンアメリカ諸国でもイベント分析を導入する研究者が少しずつ現れていたので、ひとりひとりに声をかけ、一六名の研究者が参加する国際共同研究プロジェクトを立ち上げました。現在、このプロジェクトでは、「グローバル化が民衆政治にどのような影響を及ぼしているか」という共通の問いを掲げ、計一〇カ国のイベント・データを比較検討することによって答えを見出そうとしています。

この国際共同研究プロジェクトに従事してみて、ローカルな視点を比較するという難しさを痛感しています。複数の国のデータを比較するためには、同じものを同じ基準で情報整理するのが望ましいです。たとえば、メキシコとペルーの農民の政治行動を比較する場合、「農民」というカテゴリーが同じものを指していなければ比較の意味を成しません。新聞記事を読みながら分析のための理論的なカテゴリーを割り当てる「コード化」作業の段階で、「農民」というカテゴリーに分類すべきか、「農業労働者」とすべきか、「村民」がよいのか、「共有農地所有民」とするのが適当か、もしくは「先住民」とすべきか、といった難しい問題に直面します。新聞記事に使われる具体的な表現や描写は、各国固有の歴史から生み出されたものですから、国を越えて比較可能な共通のカテゴリーをあてはめていくのが実は非常に難しいのです。「グローバルな俯瞰力」と「ローカルな視点」の対話をする際の具体的な難しさはこのようなところにも現れてくるのだと感じている次第です。

異なる地域や国のローカルな視点を、グローバルな規模での比較――コミュニケーション・対話――を可能にする「共通概念に訳す」という難題は、国際共同研究に特有のものかと思っていました。しかし、この難しさは単独で行う一カ国の研究でも内在するものだと今は感じています。問題の本質は、ローカルな視点をなるべく忠実に拾い上げて、グローバルな視点とつきあわせる分析段階でも前者の視点を維持することの難しさにあるのだと思います。広く比較する必要性から「上から（グローバルな観点から）」または「外部から（研究者の立場から）」カテゴリーやコードを押しつけてしまうと、ローカルな視点が失われるリスクが高まるということです。

この問題を考えるために、一例としてメキシコの抗議行動における要求内容の分析を取り上げたいと思います。「共通概念に訳す」ことの難しさは、主体や客体の情報を先験的なカテゴリーにコード化する際にも感じるのですが、何よりも要求内容を分類する際に感じることが多いです。その理由は、新聞記事に記載されている抗議者の目的・要求・主張・標語・非難・不満・怒り・言説といったテキスト情報は、抗議行動というリスクの高い戦略を選択せざるを得なかったメキシコの民衆の声、つまり、ローカルな視点を反映しているからです。もちろん民衆の生の声とは異なり、記者や編集者のフィルターを通した「声」に過ぎないのですが、それでも主体・客体・場所・日時などの情報と比べれば、要求内容はローカルな視点を最も色濃く反映した情報であり、だからこそ「共通概念化」が最も難しいのです。

表1と**図4**は、どちらも要求内容の変遷を私のイベント・データを用いて分析したものです。**表1**は二〇〇四年の私の論文から、**図4**は先ほどの国際共同研究のために用意した草稿から引っ張ってきたものです。二〇〇四年の段階では、データ収集が一九六四年から二〇〇〇年までだったのに対し、新しい論文では一九五五年から二〇一八年までとなっています。ふたつの図表は一見同じような情報を示しているようですが、その内容は大きく異なっています。

表1を作成した際には、要求内容を分析するために、マーシャルなどの市民権（citizenship rights）

期間		グローバル化以前 1964-1982	グローバル化期 1983-1994	グローバル化以降 1995-2000
要求内容	公民権	21%	34%	30%
	社会権	37%	49%	51%
	政治権（国家*）	23%	30%	34%
	政治権（社会*）	19%	12%	17%
	物質的	48%	42%	38%
総数		201	292	145

＊政治権については，国家機構に対する要求を「政治権（国家）」，労働組合や農民組織などの社会組織を民主化する要求を「政治権（社会）」として区別した。

表 1　メキシコの民衆抗議行動における要求内容の推移（2004 年の旧分析）

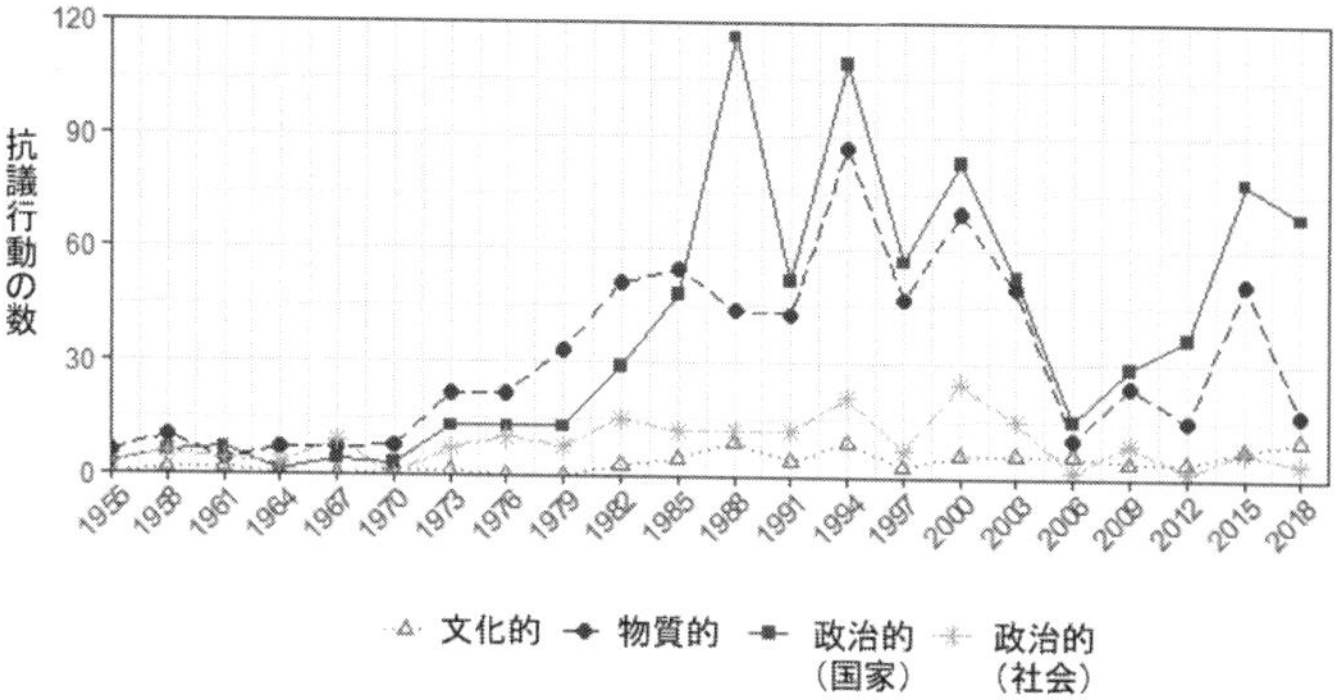

図 4　メキシコの民衆抗議行動における要求内容の推移（修正分析）

研究で使われている分類カテゴリー（市民権、政治権、社会権など）を適用しました（T. H. Marshall. *Citizenship and Social Class, and Other Essays.* Cambridge: Cambridge University Press 1950）。いわば、メキシコのローカルなデータに、メキシコ外部で生まれた社会理論の概念を押しつけたのです。この押しつけ作業（コード化）をしていると、どの先験的カテゴリーにも上手くはまらないものが出てきます。例えば、先住民のグループが「共同体の伝統や慣習を尊重しろ」と主張している場合、これは市民権、政治権、社会権のどれに分類すればいいのか困る、という具合です。

図4の分析は、この「上手くあてはまらない問題」を解決するために、新たに「文化的要求」というカテゴリーを作って、この先住民グループの要求などのローカルの声をより的確に反映させようとしたものです。**表**1と**図**4の分析結果の裏側にあるこのコード化の過程が、まさしく社会学的かつ理論的な概念を上からデータにあてはめようとする試みと、下からの声を反映させようとする試みとが、ぶつかり合う場だったわけです。

図4のほうが**表**1よりもローカルな視点に忠実な分析となるわけですが、これを可能にするにはひとつの条件が必要です。それは、データ収集の過程で、要求内容の詳細な情報を新聞記事からイベント・データに記録しておかなければならないという条件です。一般的なイベント分析法では、予め理論的なカテゴリー（たとえば、「経済的要求」「政治的要求」など）のリストを用意して、記事を読みながら最適なものを選ぶという形でコード化作業を行います。最小のコストで迅速なデータ構築が可能だからです。迅速にデータ収集ができるということは、それだけより多くのイベント情報を集めることが可能にもなります。イベント数を増やせるというのは大きなメリットです。しかし、デメリット

もあります。準備した先験的カテゴリーのリストに修正を加える必要が出てきた場合、それがほぼ不可能なのです。その理由は、大量の新聞記事を再度読み直してコードの修正を行うのは現実的ではないからです。

私は、メキシコの民衆の声を可能な限り拾うために、新聞記事に記載されている要求内容に関するテキスト情報をなるべく忠実にデータベースの「要求（Claim）」フィールドに記録しました。元のテキスト情報に近似した情報を保存してあるからこそ、「文化的要求」という新たなカテゴリーを後になってからでも導入できたわけです。しかし、何千件ものイベントそれぞれについて、マイクロフィルムなどのデジタル化されていない新聞記事から、テキスト情報をデータベースに手で入力するというアプローチを選んだために、データ収集に多大な時間とコストがかかってしまいました。「ローカルの視点を反映させたデータ」という質をとるか、「より多くのイベント数を含むデータ」という量をとるか、イベント分析を行う研究者にとって難しい選択だと感じます。

グローバル・ローカルの対話をどう実現するか

グローバルな俯瞰力を支えるのは、やはり人文社会科学が培ってきた共通概念や理論であり、これをもとに世界諸地域を比較し分析する能力なのだと考えます。このようなグローバルな視点を持つことを可能にする共通概念や理論を用いる際に、どうしたらローカルな視点である民衆の声（そこに含まれる土着の概念や言説）を忠実に保持することができるのでしょうか。最後に、この課題に対する最近の挑戦として、図5のメキシコの抗議行動の意味空間分析（Semantic Space Analysis）を紹介したいと思います。

この分析は、表1や図4でみてきた要求内容分析の最新版です。私がこれまでやってきたような上からのカテゴリーをデータに押しつけるということは一切せず、すべて下からの言説に任せた分析となっている点が特徴です。ローカルな視点を反映したデータに話をさせようということです。具体的には、自然言語処理法を使って、近い意味の言葉、もしくは同じような状況で使われることが多い単語は近くに配置し、遠い意味の言葉は遠くに配置するコレスポンデンス分析（correspondence analysis）を使って、要求内容を改めて分析したものです。

図5は、川崎義史さんというスペイン語言語情報処理学を専門とする駒場の気鋭の若手研究者によるコレスポンデンス分析を図式化したものです。四桁の数字は、意味空間に占める各年の中心的な位置を示しています。データ収集の最初の年の一九五五年から一九八二年、つまりグローバル化と民主化が始まる前の時代は、なんとすべて左上の意味領域Iに集まっています。この意味空間領域に配置されたスペイン語を見ると、その意味や声が伝わってきます。スペイン語の横にその日本語訳を付してありますが、それらを拾い上げてみると、労働組合、団体、契約、給料、渡せ、上げろ、組合の、指導者、職務、クビにしろ、従業員、仕事、福利厚生、支払え、学校、大学、土地、住居、といった物質的な要求を示唆する単語ばかり並んでいることが分かります。

累積債務危機が起きた一九八二年以降、メキシコはグローバル化の流れに乗っていきます。そして、次の一九八五年は、図中の矢印が示すように、大きく下のほうに空間を移動しています。この領域II

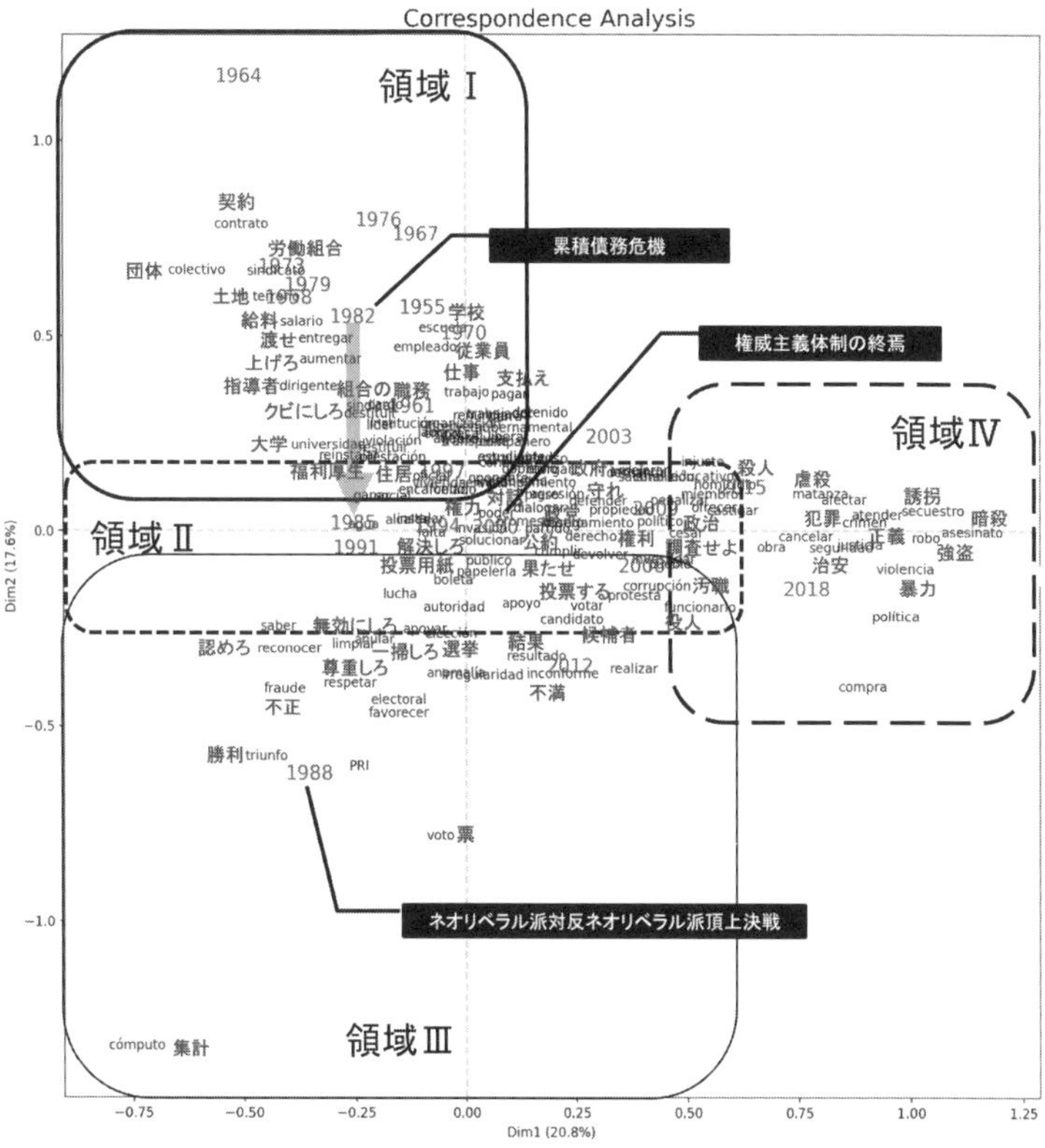

図5 意味空間分析によるメキシコの民衆抗議行動における要求内容の推移（作成：川崎義史・和田毅）

に一九九〇年代から二〇〇〇年代にかけてのメキシコの抗議行動の声が集中しています。この辺りは左上の領域Ⅰとは異なる性質の言葉が並んでいます。権力、政府、政党、政治、権利、守れ、公約、果たせ、解決しろ、対話、役人、汚職、調査せよ、など政治的な要求が多いのが特徴です。経済的な不満が政治的不満へとリンクしてだんだん下に下りてきていることが分かるのではないかと思います。

そして、何より面白いのは、一九八八年がさらに下に位置している点です。この年の大統領選挙は、それまで六〇年間一党独裁を続けてきた制度革命党ＰＲＩがネオリベラル派と反ネオリベラル派とに分裂して対決した頂上決戦の年です。ＰＲＩから分裂した反ネオリベラル派が優位だと思われたときに、投票集計システムがダウンし、最終的にネオリベラル派のＰＲＩ候補が勝利する結果となりました。一九八八年は図左下の領域Ⅲに位置しますが、ここは選挙関連の声で占められています。票、勝利、不正、選挙、結果、不満、一掃しろ、無効にしろ、尊重しろ、認めろ、投票用紙、候補者、投票する、といった言葉が並んでいます。とくに、「集計」が一番遠い左下隅にあり、一九八八年をその方向に引っ張っていることが明瞭です。選挙について揉めたのは一九八八年だけではなく、二〇〇六年や二〇一二年の大統領選挙の際も衝突が起きましたが、これらの年も左下の領域に相対的に近い位置にあることも納得できます。

結局、ＰＲＩが負けるのは二〇〇〇年でした。一党独裁がやっと終焉して、政権交代が実現し、いよいよ民主的なメキシコがスタートするかと思ったところ、二〇〇〇年代以降、意味空間に占める位置がじわじわと右に動いていることが分かります。最新の二〇一八年のデータは一番右に位置しています。何がこの右側の領域Ⅳの意味を形成しているのかをみると、殺人、虐殺、犯罪、誘拐、暗殺、強盗、暴力、治安、正義など、多くの物騒な言葉が集まっています。麻薬マフィアによる犯罪や治安悪化に対する不満や恐怖が表れているのです。日本に入ってくるメキシコのニュースもこのようなものが多いと思いますが、現地の抗議行動の関心も重点が治安問題にかなりシフトしていることが分かります。

おわりに

本章の主題であるグローバルな俯瞰力とローカルな視点との対話という課題について、この分析が寄与する点は三つあります。まず第一に、**図5**の意味空間分析は、一九五五年から二〇一八年の間のメキシコ全土の諸社会勢力による抗議行動の要求のパターンとその変遷を、二次元空間に可視化したマクロなレベルの分析であることです。第二に、マクロな分析であるにもかかわらず、ローカルな視点から生み出された言説（データに保存されたテキスト）を、社会理論に訳すことなく、そのままマクロなレベルに投影したことです。第三に、もし、左上の領域Ⅰは「物質的要求」、中央の領域Ⅱは「政治的要求」、左下の領域Ⅲは「選挙関連要求」、右の領域Ⅳは「治安要求」などのように、社会理論と突き合わせたカテゴリーを付したとしても、それはマクロなレベルの分析段階で行っているのであって、データ収集の段階で押しつける分析アプローチとは本質的に異なるという点です。

現時点では、このメキシコの抗議行動の意味空間分析が、ローカルな視点を最大限尊重してマクロなレベルの分析につなげる試みの到達点です。「たとえデータ収集の時間が倍かかったとしても、記事中のテキスト情報をデータベースに保存しておこう」という二〇年以上前の決断が、ようやく二〇二〇年代になって言語学者の川崎先生の手によって、大変興味深い社会学的分析を生み出すことにつながったのです。今後、**図1**のコールマンボートの因果経路④をグローバルレベルにまで上げていけるように、自然言語処理法の技術を導入した画期的なデータ収集や分析の方法を編みだしていきたいと考えています。そして、この章を読んでくださった学生さんに、グローバル・スタディーズの研究者となってもらい、いつしか地球規模のイベント分析に挑戦してもらえると嬉しく思います。

12 「宗教的なもの」から広がるもうひとつのグローバル・スタディーズ

伊達聖伸
（宗教学・フランス語圏地域研究）

はじめに――「もうひとつ」への傾斜

「もうひとつ」という言葉をタイトルに入れてみました。考えてみれば、自分の研究は「もうひとつ」の観点に立とうとしてきたことで一貫させることができるかもしれません。

これまで、このグローバル・スタディーズ・セミナーに参加し、いろいろと先生方のお話を伺っていると、自分の研究経歴を高校時代から説き起こすケースも多いようです。私の場合は、今の研究につながる関心を高校時代から持っていたかというと、相当怪しいです。正直なところ、グローバル・スタディーズは私にとって比較的新しい課題です。それだけに、自分らしさというか、自分なりの切り口を見つけるには、できるだけ過去にさかのぼり、助走をつけるような形でぶつかってみたいと思います。

そういうわけで高校の話を少しだけすると、私は仙台二高の出身です。仙台一高というと、憲法学で樋口陽一先生（東北大学・東京大学名誉教授）がおられ、また同じ世代に菅原文太や井上ひさしなどのきら星のような人たちがいます。仙台二高も、各界で活躍している卒業生を多く輩出しているのですが、わりと全国区になると、二高というのは仙台で二番なのだろうと言われたりもします。旧制二高というのが今の東北大の前身なので、仙台の人は「二」のほうに愛着を持つという説もあるのですが、こうして「一」ではなくて「二」というのが、すでに「もうひとつ」の道を暗示しています。

大学に入って、研究者になろうとは最初は全然思っていませんでした。応援部というところになぜか迷い込んでしまったのですが、校歌のない東大において校歌の役割を果たしているのが『ただ一つ』という応援歌です。これを、神宮球場での野球応援などで歌っていましたが、「東京六大学野球で優勝したことのない大学はただ一つ」などとからかわれるのが定番です。だから順番的にも「もうひとつ」、あるいは「いまひとつ」なわけです。というか、ほぼ最下位が定位置なのは、みなさんご承知の通りです。

宗教学専攻になぜ進学したかというと、応援部自体がやや疑似宗教団体のようだったということもありますが、ちょうど進学振り分けの頃になぜか世捨て人への憧れのようなものがありました。年を取ったらどのみち宗教のことを考えるのではないか、それなら若いうちから考えてもよいのではないかと、宗教学を選びました。これは、さらにもうひとつの迷い道にはまりこんでしまったことだったかもしれません。

宗教学は本郷の研究室ですが、すぐに専門を決めなくてもよい駒場モラトリアムの延長のような雰囲気がありました。また、私の場合、何教の研究というような王道の宗教研究ではなくて、いわゆる宗教ではない宗教的なものとか、少しズレたもうひとつのテーマに関心が向かうところがありました。

修士論文は、「近代日本における教養と宗教」という題目でした。教養主義は「あれもこれも」と言ったのは阿部次郎で、よく批判もされますが、性急な決断を避ける宙吊りにおいて幅を広げることは悪いことではないでしょう。ディレッタンティズムはよくないと思いますが、もうひとつのものにも関心が向かうようなやり方で何かに取り組む性質が自分にはあるようです。もっとひとつのものに集中すべきかもしれません。

その修論を書き上げてふと思ったのが、これから博士課程に進んで研究者の道から抜け出せなくなるというのに、外国語が一つもまともにできない、ということです。そういうとき、普通は英語を頑張って、日本の研究を英語でも発信するという道を選ぶのでしょうが、そこで私はなぜか英語ではなくてフランス語というもうひとつの世界言語の方向に向かいました。フランス語は日本研究の発信言語ではなく、フランスやフランス語圏の事象を研究するのに必要な言葉です。私は学部生の頃はフランス語があまりできませんでしたが、フランス文学やフランス思想・哲学は私たちよりも少し上の世代の優秀な層が向かった学問分野です。当時の私にも、学問の言語としてのフランス語への憧れのようなものがありました。

フランスのことを研究するようになって留学もしました。二〇〇二年から二〇〇七年というシラク政権の二期目に相当する時期だったのですが、そこで博士論文を書きました。留学中のことは、また後で述べます。

博論を元にした最初の本が、『ライシテ、道徳、宗教学』（勁草書房、二〇一〇年）です。この副題も、「もうひとつの一九世紀フランス宗教史」ということで、「もうひとつ」という言葉を入れています。本を出したときはそこまで意識していなかったのですが、私としては、自分なりのグローバル・スタディーズを考えようというのであれば、この「もうひとつ」にこだわるべきなのだろうと認識しつつあります。

「宗教」と「宗教的なもの」

次に、同じく表題に付けた「「宗教的なもの」から広がる」という部分について説明します。「宗教的なもの」というからには「宗教」との関係が問われます。ここに宗教学からアプローチするとはどういうことか。宗教学は比較を身上とする学問分野です。もちろん、宗教であることが自明な対象を詳しく研究するのも王道なのですが、それだと学問の枠組み自体を批判的には問わないという姿勢も可能になってしまいます。

宗教学の王道とは、宗教間の比較や宗教現象の比較と言えます。その比較の視座が結局のところは西洋中心主義を引きずっているのではないかと問い直されていた時代に、自分の場合はいわゆる「宗教」とは異なる「宗教的なもの」に関心が向いていたと言えるでしょう。「宗教的なもの」を研究して宗教学になるのかという方法論的な関心を持ちながら、また宗教学のメインストリームからは外れる位置にいるのではないかという感覚を抱きながら、ともかくもここまではそれでやってきたということになるでしょう。

宗教学という学問分野は一九世紀生まれで比較的新しく、比較言語学や比較神話学の文脈と近い場所で生まれています。それは端的に言えば、キリスト教と他宗教の関係を、進化論の枠組みで体系的に理解するという知的な場において生まれた学問です。

それが二〇世紀初頭に若干相対化されます。デュルケムは、「聖」観念によって、世俗社会を含む比較宗教の地平を開いたと言えるでしょう。ウェーバーは、世界の比較宗教という企てに乗り出していったわけですが、経済が下部構造で宗教が上部構造というようなマルクス主義的な見方に抵抗しつつ、人々の言動における宗教の規定要因を重視したと言えるでしょう。ただ、宗教が決定するわけではないですし、ウェーバーが扱う世界の諸宗教にも平等と序列化という論理が紛れ込んでいます。

これは、ウェーバーの遺産をどのように継承すべきか、という話にもつながります。世界宗教については、大きく分けて二つの見方があります。一つは、諸宗教を並べて語るやり方です。例えば、キリスト教・仏教・ユダヤ教、ジャイナ教やイスラム教、アフリカの宗教があって、日本は神道というように、さまざまな宗教を並べて語っていくような世界宗教の姿があります。これに対し、柄谷行人の「世界宗教について」(『言葉と悲劇』講談社学術文庫、一九九三年)は、もう一つの見方を提示しています。すなわち、共同体の宗教の反対が世界宗教だというのです。世界宗教とは共同体の宗教に対する批判であり、逆から言えば最初の宗教批判は世界宗教として現れたというような話です。これを引き受けて言うと、共同体的な宗教と共同体的な宗教の「間」を考えるのが世界宗教の契機ということになります。

近代西洋を例にとれば、共同体的な宗教とは、実は世俗的ナショナリズムであると言ってもよいかもしれません。柄谷行人が世界宗教という観点から言おうとしているのは、宗教と世俗の二分法を前提とした議論ではなく、その廃棄です。ある社会の世俗や宗教を別の社会の世俗や宗教と構造的に比較する、あるいは間に立って考えたり生きたりしたプレーヤーに注目して研究する。そういうアプローチが世界宗教の研究として考えられます。

有力な先行研究として、増澤知子（ミシガン大学教授・比較文学）の『世界宗教の発明』（みすず書房、二〇一五年）があります。これは、近代の学問としての宗教学が提示した世界宗教言説を批判的に分析する本です。要点を一言で言うと、比較はヘゲモニーを反映するということです。今日の研究の観点から必要なのは、そのヘゲモニーを相対化する比較の地図を、自分なりに作り出して関係づけ直すことです。

先年亡くなられた大沼保昭先生の科研「多極化する世界への文際的歴史像の探求」に研究協力者として参加し、「宗教を並べて語る枠組みを問う」というタイトルで発表したことがあります。その発表の予告には、次のように記しました。「新しい世界史を記述するための切り口の一つとして宗教のグローバル・ヒストリーというものが考えられるが、キリスト教・ユダヤ教・イスラム教・仏教・何々教といったものを最初から実体化して語り始めるのではなく、そもそもこれらが宗教と括られている事情を批判的に捉え返すところから始める必要があるのではないか」。これは、私の研究からグローバル・スタディーズを考える最初のきっかけの一つだったと思います。

現に本日のグローバル・スタディーズ・セミナーの発表を準備しながら、私はこの数年前の発表を思い出していました。本日の発表の予告文には次のようなくだりがあります。「今日の世界において、宗教はグローバルな広がりを持つといえば、政治的には世俗的な近代主権国家を相対化するものとして、経済的には新自由主義的な資本主義とは異なるヴィジョンを提示する契機として、期待と同時に不安を人びとは抱くかもしれない。だが、そもそもここで語られる「宗教」とは何なのだろうか。世界にはさまざまな「宗教」があるといわれるが、それらを並べて語るような場面では何が前提とされているのだろうか。これまで自分が取り組んできた研究は、「宗教」と「世俗」の枠を再構成しつつ、「宗教的なもの」にアプローチしてきたとまとめることができる」と。これを自分で書いていて、ああそうか、自分はこういうことを考えてきたのだな、と妙に自分で納得したのです。

「宗教的なもの」と「宗教」の関係は、近代社会において制度上「宗教」と規定されるものからアプローチすることで、ひとまず捉えることができます。制度的な宗教から溢れ出るようなものを、宗教的なものと言ったり、スピリチュアリティと言ってみたりすることができます。一方では、西洋社会でも、いわゆる制度宗教に宗教的なものが還元されてしまうわけではないので、枠とそこから溢れるものという語りが成り立つわけです。他方では、キリスト教的西洋とその外部という観点からも同じようなことが言えます。非西洋社会ということで言えば日本もそうなってきますが、西洋キリスト教的な宗教概念では上手く捉えられない宗教的なものがあるわけです。

この「宗教」と「宗教的なもの」の定義は可能でしょうか。これは探求を貫く問いであって、少なくとも研究の出発点において規定することには無理があります。あくまで「宗教」と「宗教的なもの」は関係的に提示される。とりあえずそこからスタートして、研究の過程で、その内実にニュアンスがついてきたり、より精緻で豊かに見えてきたり、といった類のものです。「宗教」のほうはどちらかというと中身が貧しくなって、「宗教的なもの」のほうに意味をより強く読み込んでいく研究者もいることでしょう。そうしたプロセスにおいて、この両者の関係自体を新しく定義し直すということはあるでしょう。

最近刊行された長谷千代子先生（九州大学准教授・文化人類学）たちの論集『宗教性の人類学』（法藏館、二〇二一年）のなかでは、現在なされている宗教研究が三つに分類されています。すなわち、一番目は個々の宗教についての研究、二番目が「宗教」関連概念の変遷に着目する研究、三番目は看板に「宗教」を掲げつつ、実際には個別の儀礼や観念を論じる人類学的研究です。この論集の参加者の多くは、三番目の研究を自分の課題として引き受けている印象ですが、このような整理を見て、自分は二番目の研究に近いところにいるのだなと、自覚し直すことができました。もっとも、二番目と三番目も必ずしも全面的に対立するものではなくて、合流点もあるものだと思います。

ひとまず私の立場と考えをまとめておくと、「宗教」と「宗教的なもの」の関係は、政教関係を構造として捉えつつ、これによって「宗教」の輪郭を押さえ、そこから溢れるものを「宗教的なもの」として把握しておくことができます。これは一見ただの整理で、あくまで記述的な地平において行うことも可能でしょうが、やはりただの整理というだけでは済まず、研究対象と出会い、付き合いを深めていくなかで、対象と研究者との間である種の反応が起こってくることもあるでしょう。それを規範的な方向に向けていくことも禁じ手にはしなくてもよいのではないか、と最近では思っています。

というのは、歴史的に見ると、神学《テオロジー》の規範性と手を切ったところに科学の記述性を確保しようとするのが中立・客観を目指す学問としての宗教学だったわけですが、その中立・客観にも、今考えるといろいろな諸前提というものがありました。その偏向を読み解くことが今の課題ともなっているわけですが、それをやる側の立場性も問われます。科学的な学問と言っても、特定の時代や社会の人間の営為ですので、何らかの規範性に触れてくるのもある意味では当然です。

世俗の宗教学

博士論文で扱ったことを少し説明しておきます。フランス語で、*L'histoire religieuse au miroir de la morale laïque au XIXe siècle en France* というタイトルで書きました。フランス一九世紀における「モラル・ライック（morale laïque）」という鏡に映った宗教史という意味です。「モラル・ライック」とはライシテの道徳で、それまで教育でもカトリックの道徳で教えていたのですが、道徳は必ずしも宗教やカトリックに基づかなくてもよいという考え方が出てきました。

« L'histoire religieuse » は「宗教史」の意味ですが、宗教の学問的研究としての「宗教学」という含みもあります。一九世紀は宗教研究のヘゲモニーが、神学から科学的なアプローチへと変わっていく時代です。ですから論文は、道徳教育がカトリックのものから世俗的なものに移った変遷を宗教史として描くという内容なのですが、それは学問としての宗教学の成立と同時的なものでした。別の言い方をすると、二重のライシテへと向かう動きがありました。つまり、道徳のライシテ化と宗教研究のライシテ化を同時進行的に記述しながら、当時の学問と今の学問の条件を考えるということをしたのです。

博論ですから当然ですが、この論文はさまざまな先行研究や理論的な考え方を下敷きにしていて、最初に挙げておきたいのは、タラル・アサド（ニューヨーク市立大学特別教授・文化人類学）です。アサドは、「宗教を研究する学問は、その対となるものの理解にも努めなければならない」と言っています。この対となるものとは、ずばり世俗のことです。そこで、世俗も含み込んだ「もうひとつの宗教史」を書いてみようと考えたわけです。

次に、ジャン・ボベロ（高等研究実習院名誉院長・ライシテの歴史社会学）の『道徳秩序に抗するライシテの道徳』（*La morale laïque contre l'ordre moral*, Seuil, 1997）です。フランスで私の指導教官を引き受けてくださった一人がこのジャン・ボベロ先生ですが、この本は小学校の生徒の道徳のノートを一次史料として用いてライシテの道徳を検討しています。ボベロ先生は宗教学部門の先生で、これを読んで私は世俗の道徳も宗教学で研究できるのだと目を開かれました。

ちなみに、これはこれからフランスに留学する学生へのアドバイスになるかどうかわかりませんが、私も博論の一部でボベロ先生がこの本でやったことの真似事をしていて、第三共和政の小学生が読んでいた教科書や書いていたノートを読んだり写したりしていました。私は、フランス語がもともとそんなに得意ではなかったのですが、昔の小学生になったつもりで勉強していれば身につくはずと言い聞かせてやっているうちに、それなりに上達しました。

それから、リールに一緒に留学していた藤田尚志さん（九州産業大学教授・フランス近現代思想）と訳したマルセル・ゴーシェの『民主主義の宗教』（トランスビュー、二〇一〇年）。これは博論の執筆と並行しながらの翻訳で、この本から理論的に学んだことは非常に大きかったです。ゴーシェの「宗教からの脱出」という考え方からは、いわゆる宗教の衰退ではなくて、宗教的なものの再構成というヴィジョンを引き出すことができます。この本は、近代において覇権を握った世俗的な価値観の宗教性や宗教的なものを、カトリックという制度宗教との類似と差異、あるいは連続と断絶において捉えようとしています。そして、現代に近づくにつれて、そのライシテという一大建造物のいわば経年劣化についても論じています。

さらに、歴史学の谷川稔先生が、日本語で『十字架と三色旗』（山川出版社、一九九七年）という本を出していました。この本の序章のタイトルは、「もうひとつの近代フランス」です。ここには、マルクス主義的なフランス革命理解の系譜と言いますか、経済史や政治史に注目してきた「ルソー的フランス」に対して、カトリック対共和国の闘いに着目した「ヴォルテール的フランス」の観点から、フランスの社会史や習俗の歴史を捉え直していく必要があるのではないか、という問題意識を読み取ることができます。ここでの「もうひとつの」とは、「ヴォルテール的フランスへ」ということであったわけです。

谷川先生は歴史学において「もうひとつの近代フランス」を構想したわけですが、私としては宗教学の観点から「もうひとつの一九世紀フランス宗教史」を構想したわけです。

ライシテ研究の広がり

博論を日本語の本にしたのは二〇一〇年ですが、二〇一〇年代には何をしてきたかと言いますと、ひとつは、フィールドを一九世紀フランスから現代まで広げようとしてきました。「ライシテ」は、現代フランスにおいて非常にホットなテーマですし、とくにイスラームとの共生をどのようにすることができるのかという問いが前景化しているので、そこはどうしてもカバーしたい。それから、カトリックの側がライシテにいかに対抗し適応してきたかというテーマも博論ではあまり取りあげられなかったので、そこもフォローしたいということがありました。

もうひとつは、フランスからケベックにフィールドを広げるということです。現代フランスの研究の文脈でライシテを見ていると、共和主義的なライシテという理念には現代においても積極的に評価すべき面もある一方で、ネガティブなかたちで出ていることも否定しがたいわけです。イデオロギー論争として硬直化している部分があって、議論は大体こんな感じだと分かってしまうと、あまり面白くない。あと、フランスの市民権を持つ人たちにとって切実な問題点を、外国人としてどのように研究するかという難しさもありました。

そうしたなかで、ケベックのライシテの面白さに目を開かれました。これも、ボベロ先生の本ですが、「ケベックこそがフランスの未来か」という副題を持つ『間文化主義的なライシテ』（*Une laïcité interculturelle*, Éditions de l'Aube, 2008）を書かれています。フランスの共和主義は同化主義的な面が強く、アングロ・サクソンあるいは英系カナダの多文化主義《マルチカルチュラリズム》は社会を断片化するとしばしば問題点が指摘されますが、ケベックの間文化主義《インターカルチュラリズム》は社会統合と多様性の承認の両立を目指す政治哲学ないし社会思想であることが分かり、これにライシテが関与しているということで、興味関心を抱きました。

あと、私としては、北米カナダにあるケベックは、フランス語から英語への中継地になりうると見ていました。フランス留学から帰って来て日本の研究者と話していると、フランス研究以外の人とは議論があまり噛み合わないというか、距離を感じることがありました。北米の感覚にも引きつけられるほうがピンと来る話になるのかなと思ったりしながら、ケベック研究にも取り組もうと考えました。

フランス研究からケベック研究に一歩歩み出す振る舞いも、またもうひとつの一層マイナーな方向への接近であったような気がします。しかし、ケベック研究のまたとない大きな魅力というのもあります。それは、少なくともフランス、イギリス、英系カナダ、アメリカとの比較の視点が、自然と入ってくることです。もちろん専門研究者のようにそれらすべての地域を詳しく知ることはなかなかできないわけですが、大きな比較の図式が自分のなかにできてくる感覚があります。

もうひとつは、「日本のライシテを考える」という課題です。私は日本研究から出発したつもりですが、今では日本の学術の世界では、日本研究者として見なされてはいないでしょう。私自身、日本研究者としてはいささか腰が引けていることは認めざるをえないのですが、フランス語で日本のことを書いてもいて、フランス・ケベック・日本という三つの地域の世俗と宗教を研究しながら、それらの間でライシテを考えるということをしているつもりです。

そうしたなかで実感することのひとつは、ライシテという言葉や概念や文化の翻訳の難しさです。

「日本のライシテ」という発表をして、フランス語圏の研究者とは学会などを通じて交流をするのですが、日本の研究者にはあまり受けがよくない。日本の宗教史は、別にライシテという言葉を使わなくても書けるわけです。翻って考えてみれば、日本近代の「宗教」という言葉も、“religion”という輸入語の翻訳語として定着したわけですが、語と概念の輸入はしばしばいろいろな屈折をともないます。

フランス語で言う « laïcité » は「人権」概念と深く関わっており、“right”や « droit » という言葉の理解が重要になってきます。“right”や « droit » は「権利」と訳されますが、「法」という意味もあって、天賦人権的な思想と言いますか、上からの正しさと下からの正しさが噛み合っていることが要点です。ですが、そこを「権利」や「人権」と訳すと意味を汲み尽くせないところや概念が上手く入ってこないところがあります。

ライシテや世俗や人権などの西洋における理念的な部分には、今でも普遍的なものとして定立可能なものがあり、それは現代の日本社会にとってもこれから実現すべき課題であると位置づけられますが、実際にはなかなか根づかない。そもそも理解の通路が塞がれているところすらあるような気がする。そうすると、どうしても普遍的な理念が日本という特殊な社会においては根づかないという図式で考えたくもなります。しかし、これは最近になって私のなかで「普遍」についての考え方に少し変化が出てきました。そういう方向を意識しながらグローバル・スタディーズを開拓できればと思いつつあります。

ひとつの社会を「可能性」と「病理」の反復として読む

日本社会では西洋近代の普遍的な理念がなかなか理解しにくいことがある一方で、フランス社会も理念が空回りして随分行き詰まっていることを目の当たりにせざるを得ない状況をしばしば目にします。二〇一五年には、一月に「シャルリ・エブド襲撃事件」、一一月にはバタクラン劇場などでの「同時多発テロ事件」と二つのテロ事件がありましたが、それなどが端的な例でしょう。

それと同時に日本では、そういうフランスを見て、安易にライシテ対イスラームという図式を拵えがちで、なかなかそこから先の議論を進めることができません。そのことに苛立ちのようなものが私のなかにはあります。むしろ、フランスを発祥とする人権やユマニスムに最善のものと最悪のものがあると考えたほうがよいのではないでしょうか。

『ライシテから読む現代フランス』（岩波新書、二〇一八年）では、カラス事件、ドレフュス事件、そしてヴェール事件を並べながら、そうしたことを考えてみました。

カトリックとライシテを近現代を貫くフランスのマジョリティの論理だとすると、カラス事件はプロテスタント、ドレフュス事件はユダヤ人将校、ヴェール事件はムスリムの女性たちという宗教的マイノリティが標的になりました。ライシテ対イスラームではなく、マジョリティ対マイノリティと問題の図式をずらしてみました。すると、今のような問題は過去にもあったし、そうした問題を解決するために言論を形づくってきた人たちも、かつても今もいるということが見えてきます。現代の困難を、これまでの困難の新たな反復として捉え返すことで、可能性も見えてくるのではないでしょうか。

ケベックについて言えば、二〇〇〇年代には先ほど言及した間文化主義的なライシテが、フランスのライシテとの差異を意識しながら形成されていました。しかし、最近では現代フランスで支配的なライシテに似てきている部分もあって、これをどのように理解すればよいのか自分でも戸惑っています。ただ、二〇〇〇年代にある程度定式化された間文化主義的なライシテが、ケベックにおいて潰えるということは考えにくいです。むしろ伏流化することもあると考えるべきなのかもしれません。

同じ社会のなかには、いろいろな思想が対立を孕みながら、どちらかが優勢になったり伏流化したりしながらせめぎ合っているものです。そのパターンを、歴史のさまざまな段階で独自の図柄を作りながら展開していくものとして読むことができないでしょうか。そうすると、多くの社会で現在生じている問題は、過去に起きた類似の問題を参照項にしながら考えることができます。発生理由も解決の道筋も、その社会に即して考えるのが最善だと思われます。そうしたことを最近考えるようになってきました。

制度的条件のなかで／を通して考える

これまでいろいろな学恩を受けてきましたが、ここに四つの学問分野とそれぞれ指導教官だったことのある先生方のお名前を挙げます。

修士課程以来の指導教官は宗教学の島薗進先生（東京大学名誉教授）です。日本の宗教、とくに新宗教が先生の一番の専門ですが、宗教学とその周辺も視野に収めて手広く研究をなさってきたことが、自分にとってもやはり大きかったです。

フランス留学中は、リール第三大学（現在のリール大学）にいましたが、そこではアクション・フランセーズを専門とする歴史学者のジャック・プレヴォタ先生にお世話になりました。フランス語で博論を書くのはなかなか大変でしたが、研究がなかなか進まないときに相談に行き、「研究生活はアコーディオンのようなものだ」と言われたことがとても印象的でした。「アコーディオンは音を出すためには空気を入れなければならない。開いて空気を入れておいて、ある時集中してギュギュッと閉じて音を出す。だから、なかなかまとまらなくてあれこれ拡散したりするのは、まとめる時期がいずれ来るということなのだからよいのだよ」といったアドバイスをいただきました。

「ライシテの歴史と社会学」を、パリ高等研究実習院の宗教学講座で担当されていたのがジャン・ボベロ先生です。ライシテ研究の第一人者でありながら、マイノリティの面もあります。現代フランスにおけるライシテはホットなテーマですが、そうであるがゆえに距離を取るのが難しい。ボベロ先生はそういうなかで、リベラル左派の多様性に開かれたライシテを守る砦の役割を果たしています。

一九四一年生まれですから、すでに結構なお年ですが、今アルツハイマー病を患って闘病している奥さんを自宅で介護しながら分厚い本を書いています。そしてフランス社会におけるライシテの議論が変な方向に行きそうなときには、メディアでも発言します。本当に超人的です。

ボベロ先生のライシテ研究は、歴史のなかに参照点を作って社会学的にモデル化し、それで現代を照らすというイメージです。そこにはアンガージュマンと言うか、現在支配的な通念として通用しているものとは別の見方をするところがあります。それだったら日本の歴史社会学者もやっているではないかという声もあるかもしれませんが、現代日本では一般社会の関心事について、一般社会とは趨勢が違う学問的な見解によって有効な公論を形成することがなかなか難しいのではないでしょうか。現代フランスでボベロ先生の立場を維持するのもフランストレーションは溜まるでしょうが、少なくとも公論形成には大いに寄与しているように見えます。

それから、フランス文学・フランス学では三浦信孝先生（中央大学名誉教授）です。日仏同時通訳の草分けの一人というプロフィールもお持ちです。ポール・ヴァレリーの研究から出発して、フランスの人文社会科学全般にも翼を広げた研究を展開されています。さまざまなシンポジウムのオーガナイザーとしても卓越した力を発揮されてきました。

四者四様で、それぞれの先生方の強みの部分で私は本当に足元にも及びませんが、先生方の顰《ひそ》みに倣ってきたところはあるつもりです。憧れることとは、すでにその要素を分有していることだとすると、受けた感化とは自分のなかにも要素としてあるものだと思いますので、大切に伸ばしていきたいところです。

二〇一一年から二〇一九年まで、私は上智大学の外国語学部フランス語学科にいましたが、ここに行くのが決まったときに、三浦先生からは「the happy few だね」と言われました。フランス語を使って落ち着いて研究教育ができるという意味で言われたのだと思います。実際、フランス語を身に付けなければ卒業できない学生たちを相手にして、非常に良い面もありました。また、上智に身を置いてよかったのは、フランスのカトリックの立場から近現代を見ることへの関心が芽生えたことです。ただ、現代日本の大学なので、実際に行ってみるとなかなか腰を落ち着けてじっくり研究とはいかない面もありました。

駒場の地域研究専攻に来て、前期部会でフランス部会にいますが、フランス語をマスターして卒業する学生は履修者のごく一部という印象です。後期課程と大学院ではフランス研究コース・フランス小地域にいますが、来てみて実感したのは所帯がかなり小さいということです。上智にいたときには割と自明に思えていたフレンチ・スタディーズが、東大地域研究に来て案外自明ではない感じに直面しました。GSIの執行部に加わることになりましたが、やはりグローバル・スタディーズは英語ということで、もっと多言語であってほしいですが、ひとまず仕方ない気がしています。

そうしたなかで自分の研究教育活動を、新たな制度的条件を通して再考せざるを得なくなりました。今もその渦中にいます。ただ、上智にいたときには今の日本ではイノベーションを起こす研究は正直難しいのではと感じていました。でも、駒場に来て、もう少し可能性はあるという考え方もできるようになったところがあるような気がしてします。

もっとも、東大は教員と職員の事務負担が多くてびっくりしています。もとより優秀な方々ですが、もっとマンパワーや物理的な頭数がないと、全体としてはなかなか思うような力が発揮できないのではないでしょうか。それでもヴィジョンや気持ちとしては、日本発の、あるいは駒場発の、特色あるグローバル・スタディーズが可能ではないかとワクワクする感じもあります。駒場には世界に通用する先生方がゴロゴロいるので、それに引き替え自分はと考えると、大変なところに来てしまったと言う以外にないのですが、そういう雰囲気のなかで自分なりにやるしかありません。

研究における自律とつながり

自分の責任で頑張らなければいけないこともありますが、周りの人と協力しながらやっていける研究、協力を仰がないとやっていけない研究もあります。

これまで自分は、二〇一〇年代には、フランスの事象を日本語で、日本のライシテをフランス語で書くということをある程度やってきました。ケベックについてのモノグラフもなるべく早く書いて出したいのですが、そうしたなかで見えてきているのは、日本ではフランス系の宗教研究はあまり知られておらず、全般的にマイナーということです。もちろん文学・哲学・歴史学・政治学・社会学などではフランス系の学問の蓄積はかなりあるのですが、宗教学・宗教研究だとまだまだ、あるいはそもそも情報があまり入ってきません。フランスのカトリックの社会学や歴史学も日本ではあまり知られていません。

世俗の宗教学には結構、未踏地が多いと思います。レジーヌ・アズリアとダニエル・エルヴュー゠レジェの『宗教事象事典』(みすず書房、二〇一九年)を共編訳で出しましたが、こういうのを見ていただくと、フランス系の宗教研究の蓄積と新しさ、多様性が分かると思います。

『ヨーロッパの世俗と宗教』(勁草書房、二〇二〇年)は、二〇一六年度から二〇一九年度に行った科研「ヨーロッパの世俗的・宗教的アイデンティティの行方」の成果です。これは、上智にいたときに始めたもので、一方では外国語学部の教員で宗教学が専門ではないけれども宗教事象に関心がある先生方、他方では宗教学を専門としヨーロッパをフィールドにしている研究者を集めて行ったものです。

これをやったときの問題意識は次のようなものでした。私が二〇〇〇年代にフランスに留学していたときは、二〇〇五年がフランス政教分離法百周年ということもあって、ライシテ研究やライシテの国際比較が結構進んでいました。博士論文を書きながらそういう研究動向を横目で見ていて、これはあまり日本に入ってきていない部分であり、きちんとやるべき部分であると思っていました。それで、遅ればせながら、そこをフォローアップしつつ、日本の学術に還元して、何らかの化学反応が起こるのではと期待したわけです。

いろいろな学問分野や国々を対象にしている研究者を集めました。例えば日本人研究者としてフランス研究をしていると、フランスの研究と日本のフランス研究の特徴を比較する視点は形成されてくるのですが、研究を進めるにしたがってそこにある何らかの偏りも自覚的、あるいは無自覚的に引き受けることになっていくところがあります。おそらくはそれが各学問分野に応じて、また研究対象国によってさまざまあるはずです。そういったメンバーを集めて日本語で議論したときに、どういう特徴が出てくるか、できるかぎり自分が前提としている認識を自覚的に持ち寄って、さらに自覚を深めることができるのではないかと思いました。

後続科研は「西洋社会における世俗の変容と「宗教的なもの」の再構成」というタイトルで、二〇二〇年度から始めています。あいにくのコロナ禍で研究にも制約がありますが、具体的には、伝統の再構成、マイノリティ宗教の動向、世俗の新展開を三つの軸に設定しています。伝統の再構成というときには、フランスも含めたカトリック文化圏の国々について、一九六〇年代に起こった出来事との関係において現在を読み解くことがポイントになると見ています。一九六〇年代を一つの補助線にして現代を読む研究が、最近重要性を増しているように思われます。

マイノリティ宗教については、現代の西洋であればとくにイスラームということになります。日本では中東研究が非常に充実していますし、西洋社会におけるイスラームについても研究の蓄積があります。ただ、例えば日本ではフランス語とアラビア語の両方が読めて、現代のフランスとイスラームのことを研究している研究者となると、ほとんどいません。私もアラビア語は全然できないので、自分のことは棚にあげることになるのですが、こういうところに注目して、西洋に暮らすマイノリティの日常生活にアプローチする必要があるでしょう。社会一般にあるイスラモフォビアの論理も見なければなりませんが、そうしたなかで成り立っている共生の面も見ていく必要があると思います。

世俗の新展開については、人間という概念がまたここに来て変容を遂げているようなところに注目しています。人間と動物の境界、またサイボーグのようなものを考えてもいいかもしれませんが、人間の輪郭が問い直されています。またジェンダーの問題もあります。男性中心主義的な人間観で行われてきた学問をもう一度振り返るという営みが、新たな段階に差しかかっているようです。こうした動向を、西洋の世俗と宗教に注目しながら共同研究で進めていけたらと考えています。

ＧＳＩのキャラバンでは、「小国の経験から普遍を問いなおす」というプロジェクトを同じく二〇二〇年度から進めています。これは、部分的には先ほど言及した科研プロジェクト「西洋社会における世俗の変容と「宗教的なもの」の再構成」と重なっているのですが、キャラバンのメンバーである東大の地域研究専攻の先生方は、必ずしも宗教研究を中心にされているというわけではありません。

私としては、「宗教」の枠を外して「世俗」も見渡す観点から、駒場の地域研究らしさとは何かを考えていきたいと思っています。

その際のポイントのひとつは、「核心現場」という言葉です。これは、韓国の白永瑞《ペク・ヨンソ》さん（延世大学名誉教授・中国現代史）という歴史学者が編み出した概念です。近代の歴史のなかでは、覇権によって周辺化あるいは従属化させられた地域や場があって、そこに近代化の歪みというのが畳み込まれている。東アジアで言えば、とりわけ韓国や沖縄などがそうですし、台湾や香港も想起されます。そして、どこでも「核心現場」になり得ると白さんは言っています。そのような場にはたらく抑圧を生きる経験に、むしろ人間としての普遍があるという発想はできないだろうか、と考えています。日本のなかにもそういった歪みがある。しかし、日本は歪みを作り出す主体でもあった。そういう両義性があって非常に面白い地域であることも改めて見えてきました。

私なりの「もうひとつのグローバル・スタディーズ」へ

自分がこうしたつながりのなかで進めていくことができるのではないかと考えている研究の方向性や最初の成果をいくつか紹介しておきます。

これまで、フランス・ケベック・日本をフィールドとしてきた私には、ある種のコンプレックスがありました。まずはフランス研究のための言語の壁で、これは今でもありますが、多少は克服してきたつもりです。それでも、フランスやケベックの研究を、フランス人研究者やケベック人研究者と対等に張り合って研究することはやはり相当ハードルが高く、なかなか難しいところがあります。他方で、日本のことを日本語で書いても、今度は日本研究者になかなか敵わないということがあります。そうしたなかで、どういう戦略を立てればよいのかという問題を、長いあいだ抱えてきました。

英語でもフランス語でも日本語でも自分らしさをアピールしうる手がかりが、一〇年くらいかけてようやくいくつか垣間見えてきたところがあります。一つ目は、「世俗かライシテか」という問題です。セキュラリティーやセキュラリズムという英語、あるいはライシテというフランス語の差異は、フランスや英米系の研究者もまだきちんと説明できていないようです。ケベックだとバイリンガルの研究者が多くいて、ここの差異も論じようとしているのですが、なかなか難しいようです。

二つ目は、近代日本の政教関係にもう一度自分なりにアプローチできるのではないかと思っています。日本を抑圧移譲の主体でもある「核心現場」とする「小国論」というテーマに、GSIキャラバンの枠組みで取り組みはじめています。

戦前の日本の政教体制は、国家神道という言葉で位置づけられてきました。しかし、この国家神道という言葉は、戦後に戦前を振り返った回顧的な概念です。また、最近の英語系の研究では、「神道セキュラー」という言葉を使い出しています。そうすると、世俗主義の比較研究ということにもなってきます。戦前のこの体制は、擬似国教体制なのか政教分離体制なのか、ライシテの比較研究に位置づけられるわけです。

宮沢俊義（東京大学名誉教授・憲法学）は、戦前の体制ほどライシテに反するものはない、しかし戦後の憲法はライシテであって、そこには一八〇度の転換がある、というようなことを言うのですが、今から考えると戦前の体制にもライシテの要素はあるわけで、それがどのような組み合わせであったかを分析することが国際比較の観点からは大事だと思います。

また最近では、日本の近代の政教関係を、いわば儒教化や中国化として捉える議論があります。明治日本の経験は単なる西洋化ではなく、むしろ江戸時代から続いている東洋に位置する儒教などを手がかりにしていた面が大きいという、小島毅先生（東京大学教授・中国思想史）や渡辺浩先生（東京大学名誉教授・日本政治思想史）などの議論です。

国家神道と国体を関連づける研究は、日本研究者からしてみてもわりと最近の傾向のようです。国体だと神聖性や絶対性が消えかねないので、神聖天皇と言うべきではないかというのが島薗先生の立場のようですが、こういったところとフランス語でなされている日本のライシテ研究の議論はまだ噛み合っていないようです。こういうところに注目して、一九世紀末から二〇世紀初頭くらいまでの日仏の政教関係史を私なりにグローバル・スタディーズとして検討してみるのは、結構面白い試みになると思っています。

それに関連して三つ目は、「一九〇五年の世界史」です。一九〇五年はフランスで政教分離法が制定される年です。このときに議会で審議されたのはアリスティッド・ブリアンの法案ですが、そのブリアンの書いた報告書には、世界各国の政教関係が紹介されていて、そこに日本も入っているのです。まだ政教分離法ができていないフランスなので、北米や日本のほうが分離が進んでいる社会だという文脈で紹介されています。

当時は日露戦争の時期でした。フランスは露仏同盟を結んでいるので、当時のジャーナリズムなどを見るとどちらかというと親露派です。しかし、親日派と言いますか、日本贔屓と言いますか、ロシアのツァーリズムとフランスの教権主義をセットに見立る一方で、日本の世俗主義と共和国をつないで考えていた人たちもいたのです。しかも、それがジョルジュ・クレマンソー、アナトール・フランス、ジャン・ジョレスといったビックネームです。彼らは、日本は世俗社会で、フランスが目指すべきライシテの道の先を歩いているというニュアンスで見ていたところがありました。

先ほど言及した谷川稔先生は、「ルソー的フランス」から「ヴォルテール的フランス」へという問題意識で、二つのフランスの争いについて論じました。私は、さらに「ジョレス的フランスへ」という方向で、この「一九〇五年の世界史」を現在のアクチュアリティーをも睨みながら考えることができるのではないかという見通しを持っています。

例えば、一七八九年、一九〇五年、一九八九年と並べてみましょう。これは、フランス革命の年、政教分離法の年、冷戦終結で最初のスカーフ問題の年というように、ライシテの歴史とも見えます。ただ、これは一九八九年の手前で見ると、あるいは社会主義の文脈を意識して見ると、一九〇五年は実は第一次ロシア革命の年でもあったわけです。この観点からは、一八四八年、一八七一年、一九一七といった年も意識する必要があるでしょう。

ジャン・ジョレスは、ライシテの歴史の観点からも社会主義の歴史の観点からも重要な人物です。ゴリゴリのカトリックの教権主義には断固反対の立場にありましたが、新しく再編された近代的な宗教は、社会の根底に必要であると主張しました。その点ではデュルケムやモースに近く、宗教の重要性を理解していた社会主義者でした。この宗教的社会主義は、資本主義と軍国主義に対する同時代的な批判としても重要です。

現代社会においては、社会主義というと古びて色褪せて見えるところがあるかもしれません。しかし、グローバル資本主義、そしてそこに軍事的・暴力的な面が見え隠れしているような現代の状況を踏まえたとき、現代のグローバル化につながるひとつのルーツが二〇世紀初頭にあったことが見えてきます。

二〇世紀の二つの大きな戦争といったときには第一次世界大戦と第二次世界大戦が想起されますが、日露戦争も、第一次世界大戦の前哨戦、あるいは最初の世界戦争と位置づけられるところがあります。このように世界史としての日露戦争の文脈も意識しながら、フランスの政教分離法制定にアプローチすることによって、何かしら自分らしいやりかたでグローバル・スタディーズに寄与することもできるのではないかと考えているところです（この点については、伊達聖伸「フランスのライシテを世界史に向けて語る――日本の政教関係と日露戦争との同時代性に注目して」『日仏文化』九〇号、二〇二一年を参照）。

教育の場で

大学教員の仕事は研究・教育・学内行政と言われますが、研究者というより教育に近いところでのグローバル・スタディーズについても一言述べておきます。

最近、ソポクレスの『アンティゴネー』を翻案したフランソワ・オスト（サンルイ大学副学長・法哲学）の『ヴェールを被ったアンティゴネー』（小鳥遊書房、二〇一九年）を訳して、教育の場などで使っています。いわゆるフランスのヴェール論争はイデオロギー論争になりがちなのですが、戯曲やフィクションなどを使うと、当事者の立場で具体的に考えることができます。あとは、フィクションなので感情を表出するカタルシスがあります。現代社会においては極端な意見や言動などがあったりしますが、そうしたものに現実の生活でさらされると、なかなかつらいものがある。そのような意見の表明や言動が悲劇に至ることもあるのをフィクションとして知ることには、一定の効能があるのではないでしょうか。

また、『ヴェールを被ったアンティゴネー』は『アンティゴネー』のアダプテーションであるわけですが、『アンティゴネー』のモチーフを用いたアダプテーションは、現代日本においても可能です。そのようなアダプテーションを学生自身に作ってもらったこともあります。これも、もうひとつのグローバル・スタディーズと位置づけられるでしょう。

東大に来て、石井剛先生（東京大学教授・中国哲学）から、「東大では、教員は自分が知っていることを学生に教えるようではいけない」と言われたことがあります。石井先生は、これを小林康夫先生（東京大学名誉教授・表象文化論）から聞いたようですが、私もこれを教訓にしたいです。実際にはなかなか大変なことではあるのですが、自分でもよく分かっていない事柄を、しかしながら争点はなるべく明快に自分なりに整理して学生に提示し、学生の知恵も借りながら解く、あるいはそれを学生なりに屈折を加えるような形で受け止めてもらって、違う方向に展開してもらう。そういうことを心がけたいです。

私は、後期課程では東アジア藝文書院（ＥＡＡ）で世界歴史と東アジアについて教えています。東アジアや日本研究はプロパーではないのですが、ここまで述べてきた方向性も活かしながら考えていこうとしています。

おわりに――もうひとつの（さまざまな）グローバルスタディーズのために

今日は「もうひとつの」ということを意識しながら話をしてきましたが、「もうひとつのグローバル・スタディーズ」というのは、「ズ」と複数形になっているわけなので、これは実は「さまざまな」ということでもあるわけです。

必要なのは、土俵に乗りつつ土俵を変えることです。少し本音を言うと、猫も杓子もグローバル化の時代ですが、例えば大学ランキングなどに振り回されるのは愚の骨頂です。そこに自分を最適化して嵌め込むことは危険です。少なくとも一度は、そのグローバル化というのを疑ってみる必要がある。というのは、今ある土俵のルールに則って勝負しようとしても、なかなか勝てないということでもあります。勝てないところで自分を最適化すると、むしろ自分が潰れてしまうおそれがあります。ミシェル・ド・セルトーは密猟という概念を編み出しています。つまり、作戦に従うように見せてもうひとつの戦果を上げるといったやり方について考えているのですが、このような知恵が必要です。

そうした観点からも普遍を転倒することは重要です。先ほど「核心現場」の話をしましたが、いわゆる西洋近代の帝国主義を正当化した普遍ではなく、核心現場で生きられる経験の普遍性ということです。世界宗教にも逆説的な知恵があって、追い詰められたところの最後で「価値転換」のようなことが起こりうる。もうひとつのさまざまなグローバル・スタディーズを構想するのに、このような宗教の知恵を活用しない手はありません。

このようなグローバル・スタディーズの一翼を担うかたちで、自分の駒場での研究教育を進めていくことができたらと思っています。

13 グローバル化時代の『人間』を考える——歴史人類学からの視点

田辺明生
（文化人類学）

はじめに——文化から権力へ

今日は自分の研究を振り返りながら、グローバル化時代の人間とは何なのかということを考えていきたいと思います。

この「人間を考える」というのが、今、本当に必要なことだと考えています。「人間とは何か」という問いに対してどういう答えを出すかによって、私たちの社会や政治・経済そして科学技術のシステムを根本的に問い直すことになるからです。このことはまた、「グローバル・スタディーズとは何なのか」を考えることにつながるのではないかと思っています。

私が文化人類学を始めたのは大学院からです。学部は法学部に進みましたが、体質に合わずに落ちこぼれ、船曳建夫先生（東京大学名誉教授・文化人類学）を頼って、文化人類学の門を叩きました。そして、インド研究を選んだのですが、そのインドが私にとっては特別な場所でした。私は、日本の高校を一年半で中退して、United World College イギリス校に行きました。南ウェールズの恵まれた自然環境のなかにあるそのカレッジには、世界六〇カ国以上からいろいろな国の学生が集まっていて、親しくさまざまな議論をしました。当時は、東西問題と南北問題が主な問題でしたので、それについては特に熱心に話し、私もどちらかの問題解決に将来的には貢献したいと考えていました。

留学の二年目の冬に、一カ月間、インドに交換留学をする機会がありまして、初めてインドに行きました。一八歳のときでした。そこで、大きな衝撃を受けました。それまでの私は、日本と欧米、そして先進国と途上国という枠組みで考えていました。それに対して、インドの文化が持つ奥深さや人々の生き生きとした姿に大きな衝撃を受けたのです。そこで、インドの貧困を救うなどという尊大な考えを持っていたことを恥ずかしく思いました。世界は広い。何とか自分の目で見て足で歩いて人々に会って、世界をもっと知らなくてはいけないということを強く心に刻んだのです。

ですから、大学院に入ってインドを選んだのはほぼ必然だと思います。そこでいつも心がけているのが、日・欧・印という三角測量です。川田順造先生（東京外国語大学名誉教授・文化人類学）が「文化の三角測量」ということを仰っているのに学んだものです。ただ、私は文化だけでは足りないと思っています。やはり自然生態、政治経済、社会文化を含めた全ての側面から「世界の三角測量」をしていきたいです。

インドの人類学でまず取り組んだのは、平等な個人の集合からなる西洋社会に対して、インド社会は階層的なカーストの集合からなるという、当時非常に強かった通説を乗り越えるということです。ホモ・ヒエラルヒクス、つまり階層的人間としてのインド人ということが言われていました。そこで、私が大学院時代に取った方法は、静態的な文化体系としてインドを理解するのではなくて、権力との関係においてどのように文化や意味が作られたのかを考えようとする「文化の政治学（cultural politics）」というみかたでした。ですから、しばらくは私の研究の中心は「文化から権力へ」ということに置かれていました。ただ、それではだんだん飽き足らなくなっていきました。

オリエンタリズム批判から歴史人類学へ

というのは、当時の学問の潮流は、まさにその権力がいかに認識を作るか、ということにどんどん趨勢を強めていったからです。そのなかでオリエンタリズム批判や植民地主義批判が一九八〇年代後半から一九九〇年代にかけて非常に強まり、いかに書く側、あるいは植民地支配側が権力的な認識を行っていったのかということばかりを議論するようになってきました。

そのなかで、例えばインドに関しては、インドそのものではなく、インドがいかに描かれてきたかということや、インドをいかに植民地側が表象し統治したかといった話が主流を占めるようになっていきました。例えば、サバルタン・スタディーズにおけるガヤトリ・スピヴァク（コロンビア大学教授）の「介入」（一九八五年）は、もちろんサバルタン・スタディーズを非常に豊かにしました。ですが結局、サバルタン・スタディーズをサバルタンの研究ではなく、サバルタンを支配する側の人間たちの研究に変えてしまいました。あるいは、人類学においてはジェイムズ・クリフォードとジョージ・マーカスが『文化を書く』（紀伊国屋書店、一九九六年。原著は一九八六年）を出版します。ただ、ここでも、いかに書く側が権威をもって相手を表象してきたかということを批判する話になってしまっており、結局、書く側の自分語りばかりするようになってしまいました。

私は、そうした学問的潮流に大きな違和感を覚えました。しまいには、インドのカーストは植民地主義の産物であるとまで言われるようになります。これは、カーストについての西洋の反省のようでいて、実は西洋の傲慢でしかないではないかと思いました。カーストはわれわれが作ったのだと西洋の側が言うのですから。それで、学問の主流派からは距離を置き、あくまでフィールドを重視して、長期的なミクロヒストリーに専心するようになりました。

幸運なことに、二回目の長期フィールドワークを行うことができました。ポスドクでは、通常ならイギリスやアメリカに行くのでしょうが、もう私はそのときのアカデミズムの言説にうんざりしていたものですから、もう一度インドに行くことを選びました。

そこで幸運なことに、一八世紀後半、すなわち植民地期以前の在地レベルの行政文書を手に入れることができたのです。ただその渉猟と解読は、率直に言ってもの凄く大変でした。辺りの村をめぐっては伝統的な役職についていた家から貝葉文書（オウギヤシの葉［貝多羅葉］に刻文した文書）を貸していただき、汚れを拭き取って、書記文字を苦労しながら読みました。ほとんどが一九世紀以降の土地文書だったのですが、ある書記職の家から一八世紀後半の在地社会の行政文書を手に入れることができました。これで、前植民地期から植民地期の変容を経て現在に至るカーストの地域社会の変容を描くことができるようになりました。その成果は随分長い時間がかかりましたが、二〇一〇年に『カーストと平等性』（東京大学出版会）という本のなかで語りました。

近世インドのダイナミズム

今日はとくにそのなかでも、近世のお話をしたいと思います。と言いますのは、近世とは、私たちが近代と呼ぶ時代が形成された初期の時代だからです。この時代には近代のさまざまな可能性が現れていました。この時代に何が起こっていたのかをもう一度振り返ることによって、グローバル化という現象をもう一度考え直せるのではないか、近代の別の可能性を発見できるのではないか、ということです。

近世というのは、インドでは一六世紀半ばから一九世紀前半までを指すこととします。もちろん、今考えているのは世界史的な近世ということですので、大体この辺りを押さえておけば、例えば日本史でもヨーロッパ史でもグローバルに共通した初期近代を考えることができるのではないかという目論見もあります。

そこでインドに何が起こったかというと、港湾都市と後背地の発展です。港湾都市の発達は、もちろん近世における世界的な貿易があってのことです。そして、後背地ができていきます。また国家権力が地域社会に浸透していく。さらには、森林が開拓されていきます。こうした中世までは隔たれていたものたちがどんどんつながっていく時代が近世なのです。貿易により諸地域が結びつき、それまで隔たれていた沿岸部と後背地、国家と社会、人間と自然のつながりがだんだん縮まっていくこと。これをまさにグローバル化であると考えるならば、近世というのはこのグローバル化が一歩進んだ時代であると考えることができます。

では、近世のインドはこれまでどのように考えられてきたのか。一八世紀は停滞と混乱の暗黒の時代と言われていたのは、もちろんもうずっと前のことです。最近では、近世インドはグローバルな需要に応じて森林開拓をなし、農業及び綿布生産を拡大した時期だと捉えられてきました。ところが、このような歴史観は結局、グローバル資本によってインドの森林が開拓され、農業が進んだ。そして、商品生産をした、という話になります。これは、非常に資本中心的な歴史観です。私はこういう資本中心的な歴史ではなくて、やはり人間がいかに歴史を作ろうとしたのかということを書きたいと思っています。もちろん、市場や行政の力は非常に重要です。しかし、それに一方的に変化させられる受け身ではなくて、そうしたつながりを持ちながらも内側から変化をしていく、自らの生活環境を作っていく主体として、近世インド社会を描けないかということを考えたのです。

インドのオリッサ(オーディシャー、Odisha)が、私が実際の研究を行った場所です。図1にあるように東インドです。ここに、近世の王国であったクルダー王国(一五七〇年頃~一八〇四年)がありました(図2)。クルダー王は領土は小さいですが、オリッサの王権の源泉であるとされるジャガンナータ神と結びつくことによって、圧倒的な儀礼的権威を誇りました。

クルダー王国の生態環境を見ますと、王国の城塞群が置かれた北東地域は森林に覆われていました。現在は残念ながら、この森林のほとんどが伐採されてしまっています。その森林の南西側の沿岸部は、

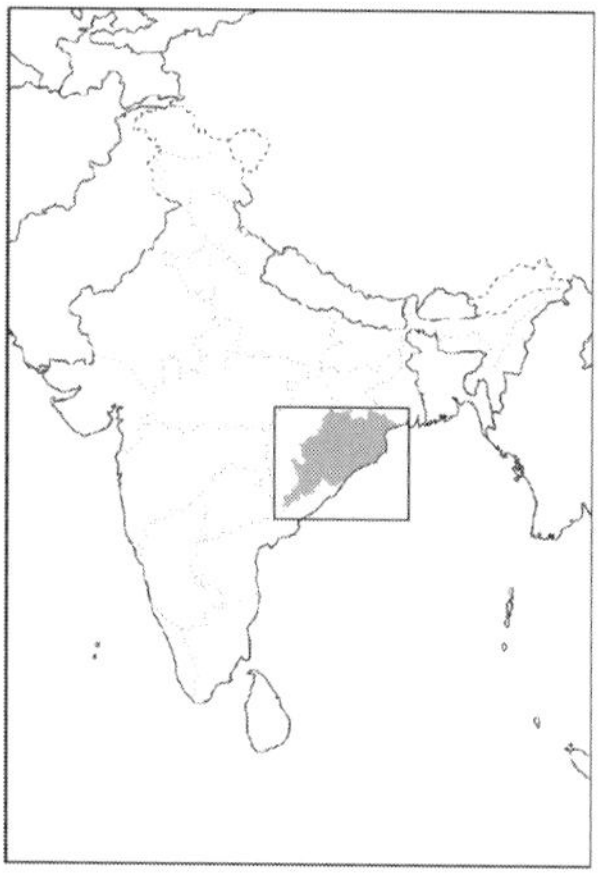

図 1　インドのなかのオリッサ州

図 2　クルダー王国と属国等（Eschmann, A., H. Kulke, and G.C. Tripathi, eds. 1978. *The Cult of Jagannath and the Regional Tradition of Orissa*. New Delhi: Manohar, map 6 を参考に筆者作成）

マハーナディー川のたくさんの支流がつくる豊かなデルタ地域です。米がたくさんできるこのデルタ地域のほとんどは、ムガル帝国やマラーター王国が占拠しましたが、クルダー王は少なくともジャガンナータ寺院のある聖都プリーを死守しようと努力し、森林地域に城塞群を作ったわけです。

ここで重要なのは、城塞群をつくっていったときに、デルタ地域から人々が入っていっただけではなく、森林にもともと住んでいたいわゆる「トライブ」と言われる人びとが森林についての知識や軍事力などを利用して戦士になっていったということです。そして、戦士となって教育を受けた者のなかから書記などの行政職につくものも出てきます。そうした戦士や書記にならない森林の民たちは農民化していきます。

ですから、港湾中心の歴史は見直されなければなりません。今の歴史がどう書かれているかと言いますと、港から資本の力が入って森林が開拓されたとされます。しかし、実際はそういう匿名的な資本の力が歴史を動かしたというよりも、むしろ森林の居住民たちが、近世の国家や市場が軍事力や米・綿布を必要とするというチャンスを活かし、自らの生活環境を変えて農民や戦士や書記になっていった、ということなのです。

バイクでいろいろ回って城塞跡を調べながらクルダー王国の城塞を地図上にプロットしたのですが、クルダー王国は森林地帯を中心に城塞ネットワークを築き上げていったことは明らかです。森林居住民が戦士として現在のいわゆる支配カーストとなり、そして平地からのバラモンや大工などの移民と一緒に住むことによって、カースト社会を作り上げていくことになります。

そこでは、森林が一方的に開拓されて農地になるということはありませんでした。森林は非常に多元的な生態的可能性を持った場所なのです。そこには、水が流れ、木々があり、動物がいる。そして、どのようにその生態環境を利用できるかについて、トライブたちは豊かな知識を持っていたわけです。そこで城塞の周りは木を切っていきます。そして、そこを牧畜民のサバンナ＝放牧地として、ところどころマンゴーなどの果樹林を植える。城塞からはある程度見晴らしがよくないと軍事的にまずい。ただし鬱蒼《うつそう》とした森林は自然の防壁にもなりますので残しておきます。そして、森林と村の間には焼畑も作っていきます。

一七世紀、一八世紀においては、ご存じのようにインドの綿布が世界を席巻します。オリッサにおいても綿布は重要な輸出品でした。焼畑で一年目にミレットを作り、二年目に棉花を作り、三年目には次に移るということを行っていきました。

そして、城塞のさらに近い部分には注意深く用水路をつくって森から水を引き、池を作り、そこに米や豆などをつくる水田を整えていきます。さらに用水路と池では漁業も行っていきます。

このように、軍事的・経済的な観点から極めて緻密かつ戦略的にその森の持っていた生態的可能性を開いて現実化していき、多様な生態の利用法を組み合わせていったのです。そして、農地と森林のあいだのさまざまな自然利用の可能性を、それぞれの専門知識を持ったカースト集団が利用しました。例えば、農民は水田耕作に従事し、漁師カーストは水路を管理して魚を取り、戦士カーストはもちろんゲリラ戦に役立つ森林についての知識を利用します。それから、いわゆる低カーストと言われる人たちは、主に焼畑を作ったり棉花から綿糸を作ったりといった仕事に従事していきます。森林の開拓は、農地化という一元的な過程ではなく、多様な生業をつくりだしていった多様化の過程だったのです。

インド・オリッサ森林からの近世史への視点

このようにオリッサの近世は、資本の力によって生活環境や生活様式が一元化した時代では決してなく、むしろ生活環境や生業が多元化・多様化した時代でした。そして、カーストの数もどんどん増えていきました。カーストが増えていくのは中世からの傾向なのですが、とくに近世では経済発展と結びついてよりカーストの数が増えていく。というのは、自然環境を多様な形で利用するさまざまな農業的・商業的可能性が開かれて、さまざまな専門集団が作られていくという状況があったからです。

私たちはグローバル化というと、資本が入り、同一の交換様式の下に生活様式が一元化されてしまうということをイメージします。ところが、近世インドにおいてグローバル化あるいは資本との接触がそうした一元化を引き起こしたのかというと、必ずしもそうではありません。

確かに近世において、国家と地域社会、沿岸部と奥地、人間と自然のつながりはどんどん縮まっていきました。しかし、たとえば平地と森林の知識が出会うことによって、そのあいだでさまざまな自然の利用の可能性が現れ、実際に多様な生活環境や生業や産品として現実化します。あるいは、グローバルな資本主義と、クルダーのやや乾いた森林地域における焼畑の技術が結びついて、棉花・綿糸・綿布の生産がなされ、世界の商品となっていきます。こういったかたちで、国家と社会、沿岸部と奥地、人間と自然が新たに出会ったその〈あいだ〉から、さまざまな多様なるものが生まれてきます。こうした異質なるものの出会いによる多様性の生成の可能性に着目したいのです。ここにおいてインドのカーストは、もちろんヒエラルヒーや権力の側面もありますが、自然のさまざまな可能性を専門的知識を持って利用する諸集団でもあったということです。そして、地域の自然資源のさまざまな可能性を多様化する社会集団が利用して、国家的・市場的な要請にも応えていきます。

ですから、オリッサの森林から近世を見ると、インド史の継続的な特徴であると私が考えている「多様性の展開と統合」が、グローバルとローカルの結びつきによってますます促進された時代だったといってよいだろうと思います。ただ、インド全体がそうだったのかというと必ずしもそうではありませんでした。

というのは、例えば、南ビハールのように、今でもいわゆる不可触民（ダリット）に対する高カーストからの暴力が圧倒的に酷い地域があります。この地域は、近世の時代にガンジス川流域にいた高カーストがどんどんと森林を開拓して、森林の民を農業労働者、いわゆる不可触民に変えていったところです。そういうところは、確かにこれまでの資本中心的・開拓中心的な歴史観に合いますし、カースト差別の酷いインドというイメージにも合うのです。ただ、そうした地域も一部にはありますが、むしろオリッサの森林のほうが、長期的なインド史を見るなかでは主流であったと私は考えています。

では、どうやってこの多様な社会集団や多様な生産様式を全体として管理していたのか。これについては、「職分権体制」と私が呼ぶものによって管理運営されていました。これは、南インドや西インドではそれぞれミーラース体制やワタン体制というかたちで研究が進んでいました。

こうしたインド在地の社会経済体制を明らかにしたことには、日本人研究者の貢献が非常に大きいです。在地社会にこうした職分権（ワタン、ミーラース）を基礎にした体制があったということについては世界で認められているのですが、引用されるのは先達の日本人研究者の研究です。私が明らかにしたことは、これが東インドのオリッサにもあったということにすぎません。そしてこれは、森林のもつ多様な生態的・経済的可能性を多様な社会集団が開いていく歴史と関わっていました。この「多様性・多様化の肯定」を基本とした生態・社会の管理運営システムがオリッサにあったということを実証したのが、私の仕事の一つです。

図3と図4が、さきほどご紹介した貝葉文書というものです。そこに、鉄筆で刻んだ書記文字で、職分権の詳細が書いてあります。地域社会で用いられていた貨幣は子安貝（カウリ）で、そのカウリをもとに取り分は数量化されています。それぞれの職分権を誰が持っていて、何の義務を負っているのか。その人の取り分は何パーセントなのかということです。職分権をもっていたのは、司祭・書記・戦士・つぼ屋・鍛冶屋・油屋・菓子屋・労働者などのさまざまなカーストに属する世帯です。ここには、地域女神が憑依するトライブの霊媒がもつ取り分もありますし、いわゆる不可触民と言われる人たちの掃除人＝太鼓叩きの取り分もありました。地域社会の産物である、穀物・綿・雑穀・果物・水産物・乳製品・布などを誰が提供し、誰がどれだけの取り分があるかということが細かく決められていたわけです。

ですから、職分権体制（エンタイトルメント体制）というのは、参加と分与にもとづく義務と権利の体系でした。決まった地代を小作人が地主に払うというものではないのです。その年にできた産物を決められた割合に応じて分ける。これはもちろん、リスク・シェアリングでもありました。豊作のと

図 3　貝葉文書の束

図 4　書記文字で書かれた行政文書

きにはみんながそれを享受するし、凶作のときにもみんなでそのリスクをシェアするというかたちになっていました。

そして、このシステムでは自然に対する所有権をもっていたのではなく、自然と社会の再生産過程のなかに生きる場を得るというかたちで、仕事と取り分権をもっていたということが重要です。しかも、取り分権の対象となっていたのは、水田などの耕作地だけではない。耕作地への取り分権をもつことが特別な意味を持っていたことは事実なのですが、棉花や雑穀や果物、水産物、あるいは乳製品なども取り分権の対象となっていたことは見逃してはいけない。自然と社会の相互作用から生まれる多様な産品をシェアし、そのなかで自らの義務を果たすというシステムであったということです。

また、ここにいたのは、個人ではなく、「分人」といったほうがよいかもしれません。つまり、個人が個人として自然の一部を所有するのではなく、ある人が、他の人間や自然といろんなかたちでつながりながら、その人の「身体＝人格」が構築されるということです。カーストというと誰かを触ってはいけないとか、水を誰かからもらえない、というようなヒエラルヒーの側面が着目されます。そうした側面があることも事実です。ただ、インドに特徴的な人間のありかたを考える上でより重要なのは、その人間がどのような生活様式のなかで、何を食べ、何を仕事とし、自然のどういう部分と関わっていったのか、というところなのです。そうしたつながりあるいは物質のやりとりによって、その人の身体や社会的位置づけが作られていくことになります。

つまり、ここでは、記号と物質は別のものではなく、あらゆる物質が記号的意味を持ちます。ある生活様式に応じて取り入れられた物質は記号的な意味ももつもので、その人の身体や人格が作られていきます。そうした物質であり記号であるもののやりとり全体のなかで、ある人は、別の人や自然とつながりながら生命を維持していきます。ここに、私は別の「人間らしさ」というものの可能性を見たいのです。

これまでは、人間というものは個人を基本としており、それが自然物あるいは身体を所有し、そして自分の内面の精神にしたがって生き方を作っていくのが自由だと考えられてきました。自然や身体は統御される側ですね。それに対して、むしろ現代において考えなくてはいけないのは、人間があらゆるものとつながりながら初めて生命活動を行っていけるということだと思うのです。人間は、そのつながりのなかで自己構築をしている。そして、そうしたつながりの全体のなかで、さまざまな多様なるものは生まれてきます。こうした多様性を肯定していくという側面がインドにはあります。森のもつ（潜在的な）多様性を肯定することともつながるでしょう。これらについては、インド史の持つ可能性として私は考えていきたいと思っています。

多様性の肯定を支える「存在の平等性」

この多様性の肯定ということを思想的な側面からも考えたいと思います。先ほども述べた通り、インド社会についてはヒエラルヒーや権力ということが特徴として言われてきました。ところが、私がずっとこの多様性の問題を考えているうちにどうしても直面せざるを得なかったのは、インド哲学においては誰もが語りながら、社会の原理としては語られてこなかった重要な考え方があるという事実です。

それは「存在の平等性」です。これは、絶対の位相において、全ては平等であるという思想です。ヴェーダでは「梵」、仏教では「空」と言われる位相のことです。ここにおいてすべては等しい。このことは、インドの宗教思想、あるいは哲学思想としては常識的なことですが、現実の社会との関係では捉えられていませんでした。しかし、インドの歴史社会を考えていると、この「存在の平等性」という根底的な思想があるからこそさまざまな多様性を肯定するということがあるのではないか、ということに気づきました。

これは、いわゆるヴェーダだけではなく、仏教でもそうです。それから、バクティ（信愛）運動のように、神を信じることによって誰でもが救われるといった運動は、さまざまなかたちで表れています。これも平等主義ですね。近世オリッサにおいても、オリッサ流ヴィシュヌ派（utkaliya vaisnava）が民衆のあいだに熱狂的に支持されて広がっていました。

図5はラーマチャンディー女神という在地社会の守護神です。そして、**図**6の右がジャガンナータという、オリッサ全体の国家神です。この地域女神は、**図**7にあるように、ある祭祀でトライブの霊媒に憑依をしますが、その女神に対して今は高カーストと言われている戦士たちがひれ伏しています。そして、この祭祀では地域女神ラーマチャンディーと国家神ジャガンナータの象徴的な婚姻があります。これは大地の生命力と天上の権威の結合です。

こうした政治神学において、地域社会における義務を果たすことは地域女神への奉仕であり、さらに国家神への奉仕でもあるということになります。そして、王はこのジャガンナータ神への第一の奉

図7　トライブの霊媒に憑依した女神にひれ伏す人びと

図5　ラーマチャンディー女神

図6　右からジャガンナータ神，スバドラー神，バラバドラ神

仕者とされていますので、神への奉仕や信愛とパトリオティズムも結びついたかたちになり、地域社会におけるそれぞれの人の義務が、宗教的にも政治的にも肯定されていくことになっていきます。ここでは、「存在の平等性」という価値を根本として、義務・信愛・奉仕を通じて多様な生き方を肯定するということがあるのではないかと思います。

もちろん、ここには権力の正当化やヒエラルヒーの制度化というイデオロギー的な側面もみることができます。ただ、権力やヒエラルヒーが生命の動きそのものを抑圧するようになった場合には、われわれはみんな生きるものとして平等だ、ジャガンナータ神の前あるいは女神の前では誰もが平等だ、という下からの主張と動きが起こって、社会や政治のあり方が是正されていくということがインド史のなかではずっと見られます。仏教やバクティ運動も、いわばそうした存在の平等にもとづく思想運動と捉えることができるでしょう。

多様性の共存のためのレンマの論理——排中律を超えて

さて、こうした「多様性の肯定」と「存在の平等」性の背後には、それを支えるインドの論理があります。このインドの論理は、ヨーロッパの論理との対比において考えると分かりやすいと思います。ギリシャのロゴスの論理には、排中律というものがあります。排中律というのは、まさに〈あいだ〉(中)を認めない論理です。あるのは、Aか、Aでないかのどちらかです。Aでもあり非Aでもあるとか、Aでも非Aでもないというのは許さない。つまり〈あいだ〉を許さないわけです。これは、へーゲル的な歴史観においては、Aと非Aのどちらが勝つかという対立と競争の論理として展開していきます。

ところが、インドのレンマの論理には排中律というものがありません。Aも非Aもどちらも相対的には真であるし、その〈あいだ〉もあるのだということです。こうした論理において、あらゆる多様なるものは相互依存的・相互浸透的に関連し合って存在しています。レンマの論理は、そうした多なるものの相互的な関係の全体を肯定し、把握しようとします。こうした論理は、単に頭で考えた思想ではありません。それはインドの生活世界から生まれてきたものです。レンマの論理は、森林（自然）と人間のあいだからさまざまな多様なものが生まれ、それらが連なりながら多様なるものの多様なる生き方を可能にしている姿にぴったりくると思われるのです。

このレンマの論理は龍樹（ナーガルジュナ）という仏教者によって次の四つ（テトラ・レンマ、catuṣkoṭi、四句分別）にまとめられました。

1．Aである（肯定）
2．Aではない（否定）
3．Aでありかつ非Aである（両肯）
4．Aでなくまた非Aでもない（両否）

このテトラ・レンマで重要なのは、両肯そして両否という論理を認めるということです。これが、排中律のあるギリシャのロゴスの論理とは大きく異なる点です。

そして、龍樹が言うとおり、これらは相対的な真理（世俗諦）です。相対的な真理では、全ての多様なるものが相互関連的・相互浸透的に存在します。ただ、それは絶対的な真理（勝義諦）のレベルにおいては全て否定されます。これら四つすべての論理を否定した彼方にこそ、龍樹の言い方では「空」（シューニャター）という〈開け〉が浮かび上がります。同じ絶対的な境地は、ヴェーダ的に言うと「梵」（ブラフマン）になります。

この絶対の位相においてはAとB（非A）はどちらも等しい。これが「存在の平等性」です。それによってAとBはどちらも等しく存在根拠を与えられることになります。

オリッサのコンテクストでいうと、ジャガンナータや女神から見ると全ては等しい。ちなみにジャガンナータ神はクリシュナ神であると同時に「空なる梵」（シューニャ・ブラフマン）とも言われます。そして女神は世界を生成し満たす力（シャクティ）です。地域儀礼においては、地域の首長は森の女神に挑戦して敗れます。そして、すべてが女神の前にいったんはひれ伏すのです。しかしその後にバラモンの介入があり、ヒエラルヒー秩序を作ります。そしてジャガンナータ神の代理である王が女神に供犠を捧げることによって、超越的権威と自然の力は結びつきます。そしてその運用を託された王と首長を中心とする権力構造ができあがるわけです。つまり、ここでは存在の平等性、ヒエラルヒー、権力というものが矛盾を孕みながら、しかしどれもが正当な価値として認められながら、絡まり合って世界が展開していきます。

レンマの話に戻りますと、絶対のレベルにおける存在の平等性というものがあるからこそ、Aも非Aも、あるいはAとBも、すべての存在は認められる。どれも絶対の観点からは等しい。つまり、「存在の平等性」がこの世における多様性の肯定を支える論理になっています。ただその多様性は、ヒエラルヒーや権力にからめとられていく。しかし重要なことは、そのなかでもすべてのものは自らが存在する場を得ていくということです。森（女神）の潜在的な力が、国家（王、ジャガンナータ）と触れることにより、その〈あいだ〉からさまざまに多様なるものとその関係が生まれてきます。これは近世の地域社会の歴史が、まさにインド的な思想と論理の中で展開している姿であるということを私は感じました。

南アジア型発展経路への着目

さて、オリッサという地域社会にずっと沈潜して研究を続けていた私の幸せな時代は、だんだんと終わりを告げていきます。さまざまな共同研究プロジェクトに携わるようになったわけです。とくに、四五歳からの六年間は、人間文化研究機構・現代インド地域研究プロジェクトの総括責任者をすることになりました。

もちろん、これは大変ありがたい機会でもありました。自分のインド社会観やインド史観を、政治・経済の研究者や歴史研究者・経済史研究者など、さまざまなディシプリンの専門家たちと一緒に考える機会を与えられたのです。そのなかで、私が長崎暢子先生（東京大学名誉教授・インド近代史）や杉原薫先生（総合地球環境学研究所特任教授・経済史）などにご指導をいただきながら考えてきたのが南アジア型発展経路です。このころから、それまでオリッサで考えてきた話を、南アジア全体としてどのように展開できるのかということを探求するようになりました。

広い観点から南アジア地域の生態を見てみましょう。アフロ・ユーラシア大陸には、南西のサハラ砂漠から北東のゴビ砂漠のほうまでずっと続く大乾燥地帯があります。この世界史的な重要性については、梅棹忠夫から現在に至るまでしばしば指摘されるところです。一方、アジアの南東部にはモンスーン・アジアという、これまた世界史的に重要な意味をもつ地域があります。そのなかで、私が着目したのは、大乾燥地帯とモンスーン・アジア、アフロ・ユーラシアのなかで一番乾燥したところと一番湿潤のところが直接に接触する地域が一つだけあり、これが南アジアであるということです。

図8の生態図を見ていただいても分かりますように、南アジアでは乾燥と湿潤が非常に絡み合っています。西北の乾燥した地域からやって来た遊牧民、乾燥地域に適した牧畜や小麦栽培の技術を持って来た人々と、モンスーン・アジアの湿潤地域からインドにやって来た人々、稲作の技術を持って来たと言われるムンダ人などがこの地で出会いました。これらの人たちが非常に密接に交流しながら、多様な知識を交換し組み合わせてインドの文化や技術を作ってきたということです。

世界最古の混作がインダス文明にはあったと言われますが、そこでもおそらく湿潤の知識や作物と乾燥の知識や作物がミックスされて、まさに多様性の組み合わせを根幹とするような文化が作られていったのではないかと考えています。湿潤と乾燥がこの地で出会い、それらが入り組んで存在するために、多様な地域からやってきた多様な生き方や知識を持っている人々が密接に一緒に住むという実験が可能となりました。この多様性の共存という実験を、インダス文明の時代からずっと行ってきた

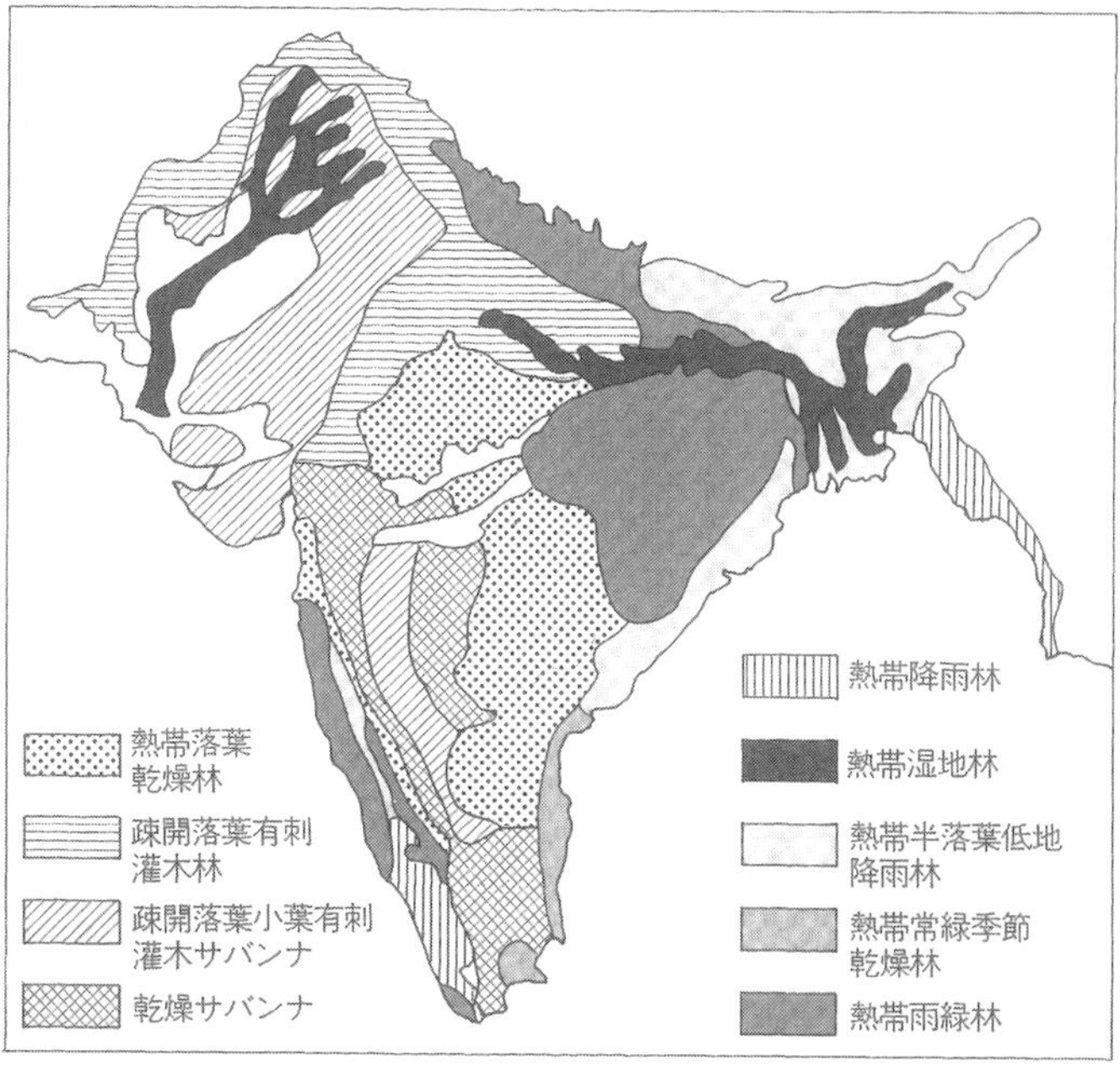

図8　インド亜大陸の植生（応地利明「風土と地域――衛星画像から」，濱下武志・辛島昇編『地域史とは何か』山川出版社，1997年，165頁より）

のが南アジアだったのです。

そして、南アジア型発展経路では、自然と人間の相互作用の成果を、集団ごとに専門化した知識・技術・文化のかたちで社会的に蓄積していきます。これに対して西洋型では、とくに資本の蓄積ということを行います。それから、東アジア型では、とくに生産現場に蓄積をします。例えば、水田の畝《うね》をものすごく綺麗に整備するような仕方です。あるいは、今の日本の工場に行っても、ものすごく緻密に動線などを考えています。

インドでは、資本蓄積をしたり生産現場の緻密化をしたりするのではなく、人間自身に労働の成果を蓄積します。人間の知識や技術や文化というかたちで社会のなかに多様な知識を蓄積していく。これは、インドの自然が非常に極端なことと関連しています。あるときには大きな実りをもたらしてくれる。しかし、あるときには大きな災害がある。どんなに田んぼを綺麗に作っても洪水や旱魃《かんばつ》がきたら意味がないわけです。そういう環境では、資本や生産現場に蓄積することはあまり意味がなく、むしろ人間の側に蓄積することが重要になってきます。

多様なる産物とサービスを交換し、リスクはシェアをすることで全体の豊かさを目指す。そして、全体の豊かさを目指してカーストが多様化する。これは知識や技術をさらに多様化するというかたちで発展を目指すということです。これがいわゆるカースト制であり、近世では人々の義務と権利を管理するシステムとして職分権体制というものが制度化されました。現在に与える示唆として、これはいわば多文化共生による発展モデルを考えることにつながるのではないでしょうか。

もう一つは、より多く生産することを目指すのではなくて、文化資源の豊饒化というかたちで発展する可能性です。人間の努力を、人間の知識や技術の豊饒化・多様化に向けることで、自然環境や自然の資源をどんどん加工することよりも、自然とのつながりにおいて人間の知識・技術・文化をより豊かにするというような発展のためのヒントがあるのではないか。これは、自然環境に負荷が少ないかたちで人間生活をより豊かにするという特長を有すると思われます。

もちろん、これが現実のインドの歴史や社会でうまく実現したのかといえば、そうではありません。インドは差別や環境破壊などいろいろな問題を抱えています。

ただ、研究者としてやるべきは、歴史や文化に内在している潜在的可能性をピックアップすることだと私は考えています。これまでインドは、西洋中心的な観点から「こうであるべきなのにそうでない」と批判され、自由な個人の成立こそが望ましいという観点からいまだ階層的人間の社会であると言われてきました。しかし、これからの研究は、むしろ人間と環境が作ってきた現実のなかにある潜在的可能性を見つけ、それをこれからの世界にどのように活かせるのかといった観点から考えていかなくてはいけない。つまり、「こうであるべき」という一方的な「べき論」をやめるということです。目的論的な「べき論」でさまざまな地域を断罪するのではなく、さまざまな地域が歴史的に作ってきた文化資源の可能性を取り上げていくことが重要です。

インドは多様なものが共存するための壮大な実験を歴史的に行ってきたと言えるでしょう。レヴィ＝ストロースが指摘しているのですが、インドは、「人間が、みな人間として、だが違ったものとして、互いに認知し合いながら共存すること」を目指そうとしたということができます（『悲しき熱帯1』、二五〇頁）。ここでの多様性は、徹底的に誰もが異なることによって平等になるような境地です。しかし、レヴィ＝ストロースがいうとおり、インドはこの実験に失敗しました。「カーストが異なっているが故に平等であり続ける、つまり、共通に測り得るものを持たないという意味で平等であり続けるという状態に、歴史の流れの中でカーストが到達できなかった」（同前）のです。その失敗は、レヴィ＝ストロースによると違いを徹底するのではなく、互いを比べる共通の測定目盛を導入してしまったためにヒエラルヒーがつくられてしまった、ということです。これについては、ジャン＝リュック・ナンシーも、単独性にもとづく平等という観点から、等価性がもたらす破局について同じようなことを言っています（『フクシマのあとで』）。

さらに、レヴィ＝ストロースはこうしたインドの失敗は、実はヨーロッパの未来であると言っています。「アジアで私を恐れさせたものは、アジアが先行して示している、われわれの未来の姿であった」（同前）。今、人種問題などが欧米で非常に先鋭化しているのを見ると、レヴィ＝ストロースの慧眼に改めて頭が下がる気持ちになります。皆が同じようであらねばならないという共通の目盛から、自分は人間であるが、彼らはわれわれよりも人間的ではないというような差別的な視線が生まれてきた。これは、確かにインドでも生まれた負の歴史ですが、決してヨーロッパが先に個人の平等を実現してインドが後から来たのではありません。むしろインドのほうがずっと先に、多様な社会集団の共生、差異の徹底による平等を実験的に目指していました。それが、残念ながらあまり上手くいかなかったというのは認めざるを得ません。ただ、実はそれは世界の現在や未来であるとも言えるのではないかということです。インドの歴史から学べることは大きいのです。

多元的発展経路へ、そして「発展」の再考へ

こうして、南アジア型発展経路、そして世界史における多元的発展経路、さらに発展とは何かを考えていくようになりました。これについては、経済史の杉原薫先生や脇村孝平先生（大阪経済法科大学教授）などと議論させていただきながら論じていきました。ただ南アジア型発展経路を論じるのはなかなか困難です。経済史においては、西洋型経路と東アジア型経路について、それぞれの地域の要素賦存、つまり資本・土地・労働力という生産要素がどのくらいあるかをもとに議論してきました。これらがどのような割合でどのくらいあったのかということから、東アジアは労働集約的に発展してきた、そして西洋は資本集約的に発展してきた、と論じていきます。あるいは環境制約のなかでそれぞれがいかに生産性を高めてきたのか、という議論です。

一八世紀までは、インドも中国・日本・ヨーロッパも同じぐらい経済的に豊かだったのに、なぜそこから大分岐が起こってしまったのか。なぜヨーロッパは豊かでそれ以外は貧しくなったのか。この問題に答えることを、これまでの経済史は目指してきたように思います。結局、いわゆる経済成長を問題にするわけです。しかし、私が発展と言うときにはそのような経済成長のことだけを考えているわけではありません。むしろ、南アジア型発展経路を考えることは、発展の意味そのものを考え直すということでもありました。「多元的発展経路」とは、同じ発展目的のための複数の経路があるということではなく、発展のありかたそのものが多元的であることを示すタームです。

より多くを生産するためにそれぞれの地域がどういう社会や経済をつくってきたのかを問うことが、今までの経済史の問いの中心であったとすれば、「多元的発展経路」論は、それぞれの地域の人間と環境がいかなる豊かさのためにいかなる生のかたちをつくってきたかを問うものです。そして、多様な人間集団がともに暮らすなかで、いかに豊かな生活環境をつくっていけるのかという実験を、ずっとしてきたのが南アジアなのではないでしょうか。

南アジア型発展経路を考えることは、いかに生産をより増やせるかという従来の問いに代えて、人間環境のより多元的な潜在的可能性に着目し、人間はいかに多様なる他者の存在を歓びと豊かさの源とできるのかという、おそらくはより重要な問いを世界史研究にもたらしてくれるものであるように思われます。ここでは、多様な他者の存在がいかに豊かさへとつながっていくのかという観点が重要です。他者の存在がもたらすのは、先ほどのレンマの議論とつなげますと、いわば自己と他者の連続的な〈あいだ〉における異他なるものの潜在的可能性です。人間の自由は、今ある自分ではないものに変容していく可能性にある、と私は考えます。そのときに決定的に重要なのが、他者化された他者ではなく、自己と連続した他者との〈あいだ〉から生まれるさまざまな生き方の可能性を見ていくということではないかと思うわけです。おそらくこれは、グローバルな「他」や「多」を研究することの意味でもあるように思います。

現代世界において、多文化共生とは何か、発展とは何なのか、ということをきちんと考えなくてはいけません。また、多様性とはどういうことなのか、平等とは何の平等のことなのか、ということを根底的に考えなくてはいけないということを改めて思うのです。

では、グローバル化のなかの人間ということを考えていきましょう。私がオリッサ、そして南アジア型発展経路を研究するなかで今考えていますのは、グローバル化は資本による一つの交換様式の押し付けがあって世界が一元化するというものでは決してない、あるいは、少なくともそうではない可能性があったし、今でもあるのだということです。

近世の世界というものは、南アジア、東アジア、西アジア、ヨーロッパというさまざまな地域文化が非常に豊かに発展した時代です。現在、各地域の「伝統」文化と考えられている多くがこの時代につくられました。もちろん、世界貿易は進んでいて資本主義の働きはあったわけですが、そこにはまさに多元的発展経路がありました。資本との関係において自らの世界をより豊かにするためのさまざまな地域の試みがあった。そして、さらには多元的発展経路の緊密な交流と相互作用がグローバルに展開していました。

一九世紀の植民地期というのは、そうした長い多元的発展の可能性が一時的に中断された時期なのではないかと私は考えています。一九世紀から一九八〇年代までが植民地期、そしてポストコロニアルの国民国家体制でした。そこでは、みんなが目指すべきひとつの発展目標があるかのように語られました。「開発＝発展（development）」の時代です。

それが、一九九〇年代以降、ポスト・ポストコロニアルのグローバル化の時代に入りました。これは、世界の各地域の多元的発展が再び展開していき、それぞれの地域がもう一度自らの文化・文明のありかたを主張し始め、それらが相互交流を行い新たな世界秩序を模索している時代ではないかと考えています。これは緊張や混乱も抱えていますが、世界の多元性の豊かさという意味では可能性も秘めています。

近世と現代をつなげて考えるならば、グローバル化は植民地時代を範型とした世界の一元化の過程としてではなく、世界史における多元的発展経路の緊密な交流と相互作用の過程として捉えることができるでしょう。このなかで、地球社会が一つにつながりつつ、各所に多様で異他的な想像と創造が生まれる可能性を探求できないだろうか、というのが私の問題意識です。

「人間」の再考へ

さて、ここまでの話から、今日考えたいと初めに言ったことにもう一度戻ります。人間とは何か、ということです。

私が大学院に入ったころは、西洋は平等的人間でインドは階層的人間だということが言われていました。これは今から考えると、ヨーロッパの人間は自由で自律的な精神をもった個人という主体であると。ところが、インドの人間は結局、階層的構造のなかに埋め込まれた自由のない、いわばモノであるという考え方です。ヨーロッパ的な自己の精神こそが主体であり、他者であるアジアの人間は、アジア的な社会構造のなかに埋め込まれた客体、つまりモノとしてあるということです。

私が今取り組もうとしているのは、他者をモノ化しないような主体性はいかに可能かという問いです。主体性というのは決して否定できない。主体性は非常に重要だと思う。しかし、それが他者をモノ化する、あるいは客体化するような、一方的な権力関係をつくるものだとしたら、やはり考え直す必要があります。

主体のエッセンスとして精神を考えるような思想は昨今、反省的に再検討されてきました。それで今、その裏返しとしてモノ性であるとか、身体性というようなことがしきりに言われるようになりました。それ自体はよい傾向だと思います。しかしこれが心身の二分法を前提としたまま、今までは心や精神ばかりに注目していたから、今度は物質や身体性だというだけでは駄目だと私は思います。むしろ、この精神と物質、自己と他者のあいだにある〈もの〉が大事です。この〈もの〉というのは、"thing"の物でもあるし、"person"という者でもある。それから日本語で「もののもののしい」とか「もののけ」というときの「もの」、いわば"spirit"です。自己（主体）と他者（客体）の二分法を越えて、そうしたさまざまな〈物＝者＝もの〉とつながりながら、絶えざる自己再構築をしていく人間を考えることはできないでしょうか。

つまり、他者をモノ化、客体化することで主体化し、そのモノを所有し処分する自由を大事にするのではなく、むしろ他者とつながることによって、自己が新たなる自己に変容していく潜在的可能性を手にするという意味での自由を新たに考えられないだろうかということです。これは人間と人間、そして人間と人間ならざるものとのからみあいのなかで〈生〉を考えるという意味で、**anthropocentrism**（人間中心主義）を超えたものになるはずです。

しかし、もう一方で考えなくてはいけないのは、人間中心主義を超えると言ったときに、人間はもうＡＩやインターネットとつながっていて、ＡＩや情報ネットワーク、そしてそれを支える資本主義のほうに動かされている存在にすぎないのだという議論が出ていることです。こうした技術や資本のみを歴史的アクターとするのではなく、やはり人間の主体的関与を重んずる必要があります。ただし繰り返しになりますが、この主体性は、他者を客体化する主体化ではないのです。むしろ、他の人やモノとつながりながらその関係性を内側から変容していくという意味で、human-centered（人間中心的）な歴史と未来を描けないだろうかということです。

そのためには、人間そのものの再定義が必要です。人間を自律的な個的主体としてではなく、あるいは資本や技術、または構造に従属したものとして捉えるのでもなく、人間が他のものたちとつながりつつ、そのあいだからさまざまな別の可能性を花開かせていくという可能性を考えたいのです。そうした可能性を考えるにあたって、私がオリッサの森の近世から考えた〈あいだ〉からの多様性の生成という視角は、今、私たちがさまざまな技術や情報ネットワークやＡＩとつながるなかでも考えるに値するのではないかと思っています。

人間とは何かを考えるにあたって、私が関わってきたふたつの研究枠組を紹介しておきましょう。ひとつは、生存基盤論という研究プロジェクト（代表：杉原薫）から学んだことです。とくに、地球社会を人間圏・生命圏・地球圏の三つから捉えるという視点は、フィールドで実感した、人間も自然も含む「多様性のつながり」のなかの生のありかたを考察する上で有用でした。さまざまな歴史的スパン（時空間スケール）や論理が違うものたちが絡まり合いながら、私たちが生きている環境を作っているということを勉強できたことは、人間とは何かを考える上でも非常に示唆的でした。

もう一つは、比較存在論という考え方です。認識の違いではなく、存在の違いとして文化・文明の違いを考えなくてはいけないということをインドから考えていたものですから、比較存在論ということを提起しました。最近、人類学でも、存在論的転回（ontological turn）と言われるような、認識の違いではなくて、いわば身体的存在そのものの違いに着目するというような動きが出てきて、私も共感するところです。ただ一言だけ言うと、人類学の存在論的転回の議論においてはどうしても、例えば西洋の存在論と南米の存在論とを比較するというかたちで対立的に描くところがあります。私は、存在論を対立的に描くのではなくて、もっとずっと多元的なものとして、またそれらの交流と相互作用のなかでさまざまに変化してきたものとして描くような、よりダイナミックな比較存在論ができないかなと考えています。

グローバル化のなかの危機と好機

では、現在のグローバル化をどう捉えるかというところに話を移していきます。近世という時代は、世界の諸地域が緊密に結びついていった時代です。また国家と社会、沿岸部と後背地、国家と社会、人間と自然のつながりがより密接になっていった時代です。こうしたグローバル化、さまざまなものの緊密化があまりにも進展した結果、現在の危機とも結びついています。

今のグローバル化における地球温暖化やコロナ・パンデミックの問題は、まさに人間と自然の距離のおきかたを間違えたということです。今は近すぎるわけですね。何が適切な距離かということを忘れてしまい、人間が自然を過剰に利用しようとするなかで、温暖化やパンデミックの問題が出てきています。これらは人間と自然の関係の問題ですが、一方、資本の利潤率や生産性の増大を目指すがために、格差の増大といった人と人の関係の問題も出てくるということになっています。

今、こうした問題を解決するために、より効率的に社会や世界をいかに統御できるのかという研究がどんどん進んでいます。データサイエンスと言われるものがその筆頭です。ビッグデータを用いてモデリングをし、社会実装していくという手法です。もちろん、それがいけないと言っているのではありません。それはそれで結構だと思います。しかし、目の前の問題解決をすることも重要ですが、その限られた目的のために人と環境をエンジニアリング的に統御することだけを目指すのには限界があるでしょう。むしろ人間と人間、そして人間と人間ならざるものがともにありうる関係をどのようにつくっていくか、どのようにお互いの関係を喜びの源とできるのかという、いわば根本の問題を内在的に考えることも重要ではないでしょうか。

現代は危機の時代であると言われ、この危機をどう乗り越えるかということがいろいろと議論されてきました。しかし、その危機とは何か、それをいかに乗り越えるのか、ということについて、根底から考え直す必要があるのではないでしょうか。現在の危機は、人間と世界を根底から考え直すための好機であると言えるでしょう。

ヒューマン・ビーイングからヒューマン・コビカミングへ

人間を再定義する上で、最近私が言っていますのは、人間を自律的な判断力を持って物事を決定するヒューマン・ビーイング（human being）としてではなく、周囲の他者や自然とともに生成変化していくヒューマン・コビカミング（human co-becoming）として捉えてはどうかということです。

人間はヒューマン・ビーイングであるという考え方は、人間を人間とする存在のエッセンス、ヒューマン・ネイチャーを措定します。そして、これまでヒューマン・ネイチャーとは理性とか知性であると考えられてきました。理性・知性をもち、自律的な判断力をもって行動できるのが、ヒューマン・ビーイングであるということです。ホモ・サピエンス（賢いヒト）という言葉はそれを指しています。

ですが、人間を特定の本質をもったものとしてみるのではなく、むしろ周囲とのつながりのなかで、人間や人間ならざるものとの関係のなかで、自己変容していくものとしてみることも可能でしょう。関係のなかで自己変容すると当然関係も変わっていきますから、全体が変わっていきます。人間を環境とともに生成変化していくヒューマン・コビカミングとして考えられないだろうか、ということです。

このように考えたときに、これまでずっとお話してきたように、自己と他者、あるいは精神と物質のどちらが主体でどちらが客体なのかということではなく、そのあいだにある多様なる人間や世界の可能性というものを、まさに自己の生き方の問題として、しかし他者や自然とつながりながら探求する問題として、もう一度考え直せるのではないか。そして、こうした観点からみますと、グローバル化は悪いことばかりではなくて、さまざまな多様なもの、あるいは異他なるものとつながりながら、私たちが自らの生き方をより豊かにするためのチャンスでもあります。しかし、このチャンスが非常に不確定に満ちたものであるということはよくよく注意しなければなりません。

私たちは人新世という未知で不確定の時代に入っています。人新世は、人類が地球システムに大きな影響を与えるようになった時代を指します。これを、人間だけが作った時代と考えてはいけません。人間が自然とともに作ってしまった時代であり、人間が自然とともに作り直せる時代でもあるわけです。私たちは、自然というものは変わらないもので、それをより効率的に利用することでより豊かになれるという、従来の人間中心主義的で進歩主義的な幻想を捨てなければなりません。自然とともに人間が変わっていくという新たな時代のなかで、不確定性の想像力と創造力を発揮しなくてはいけないのです。

「グローブ」観の転換

このことは、私たちが取り組んでいるグローバル・スタディーズの、グローブとは何なのかということをもう一度考え直させる契機ともなります。ヒューマン・コビカミングにとって、グローブとは何なのか。

まず「世界」です。生命主体、生きる主体にとって現れる意味世界のことです。それは、それぞれの主体にとっての環境であり、多元的な環世界、あるいは地域ごとの世界というものがあるといえるでしょう。ただし、それらは独立したものではなく、相互的に関わっています。諸地域にとっての多元的な意味世界も、とくにグローバル化のなかで相互交流をしています。多元的でつながった世界ですね。

二番目は、「地球」という捉えかたです。地球は、地球圏、生命圏、人間圏の交差する場と考えることができるでしょう。単に主体と環境ではありません。地球圏や生命圏はそれ自体の論理を持っているし、時間的スパンを持っている。あるいは、固有の時空間的なロジックを持っていると言ってもいいかもしれません。そのなかに人間という存在が生きて、人間圏を形成することが可能になっています。こうなってくると、単に人間主体に着目するのではなくて、地球圏のロジックは何なのか。生命圏のロジックは何なのか。人間圏のロジックは何なのかという、いわば科学的な知識と意味世界が交差するなかで、われわれの生きる場はどうやってできているのかという視座に展開していくはずです。

そして、三番目には、「惑星」という観点です。プラネタリーというのは、最近、いわば一種の流行り言葉となっています。ただ、これにはやはり理由があって、惑星という言葉によって、よりはっきりと宇宙的視野における惑星としての地球、つまり生きる場としての地球を相対化するニュアンスを提示できるという利点があります。生命を支える物理科学的条件を検討した上で、この地球という惑星はわれわれをどのように条件付けているのかという観点で見ていかなくてはならないのです。

そして、四番目。これはあまり言われていないことなのですが、私にとっては決定的に重要で、「この世（this world）」という捉えかたです。この世と言ったときには、常に私たちは「あの世（the other world）」を意識する必要があるでしょう。見えないもの、祖霊、精霊、神仏、あるいは世界の根源たる「あれ」とのつながりのなかではじめて、この世で生きる私たちの生の意味が作られているということを意識しなくてはいけないと思います。

私たちの生存基盤たる地球社会（グローブ）は、これらのすべての側面を含むわけです。これらの重層的で多元的な側面を考えながら、これからの地球社会を考えていかなくてはいけないでしょう。

ちなみに、ガヤトリ・スピヴァクはグローバルをプラネタリーで上書きすると言っています。今まで、世界市場という一元的な交換様式による経済的つながりということでグローバルということを考えてきたとすれば、たしかにプラネタリーという枠組を提起することの重要性は理解できます。ただ、グローバルではなくプラネタリーというよりも、私たちの地球社会をより重層的な場として、ここで述べたような四つの観点から考える必要があるのではないでしょうか。

総合的なグローバル・スタディーズへ

このようにグローブというもの、あるいは私たちの生きる世界というものを考えていくと、当然グローバル・スタディーズというものも変わらなければいけないということになります。より総合的なグローバル・スタディーズをつくっていかなければいけません。

これまでのグローバル・スタディーズは主に、政治経済的なグローバル化、つまり市場やガバナンスが地球規模になったことに着目してきました。これ自体はもちろん重要なことです。しかし、こうした全球的な市場やガバナンスがあるからといって、必ずしも世界の一元化がもたらされるわけではありませんし、それを目指すべきでもないでしょう。むしろ諸地域がつながりながら、あるいは諸発展経路が交差しながら、さまざまな民主主義や資本主義のかたちを生み出していく動態に着目したいのです。それを通じて、世界がつながりながらもそこで多様なる可能性が花開く状況をみると同時に、そうしたさまざまなものが花開く条件とは何なのかということを考えていければと思っています。

こうした現象の一端を、私は現代インドについてはヴァナキュラー・デモクラシーという言葉で呼んでいます。つまり、在来なるものと世界的な価値や制度がつながり、相互作用を経るなかでできていく固有の民主主義のかたちです。あるいは、ヴァナキュラー・キャピタリズムということも、少しずつ議論を始めています。

二番目には、人間社会のなかのつながりだけではなく、人間と人間ならざるもののつながりの緊密化から生まれる新たな動態への着目が必要です。つまり、人間と自然のさまざまな個物の〈あいだ〉から生まれる政治経済・社会文化・自然生態的な動態の全体をみていくことです。

そして三番目ですが、惑星という観点から見ることです。生命の惑星たる地球の存在基盤を宇宙的視野のなかで検討することが必要です。このためには、宇宙物理学などはもとより、SF的想像力が重要です。最近、私は、『三体』という中国のSF小説を読みまして、その宇宙的視野と未来への想像力に非常に刺激を受けました。地球という条件のなかで生きる人間とは何かを考える上で、惑星としての地球を考えるということは非常に有益なことだと思います。

そして四番目は、この世の世俗世界性（worldliness）です。この世における水平的なつながり、人間と人間、人間とモノとのつながりが、あの世という他界的な〈外〉（otherworldliness）と垂直的に触れ合うなかで、さまざまな異他性（alterity）を生み出していく潜在的可能性に着目するということですね。

これまでは、こうした話は単なる哲学や宗教、人々の理念や信仰だと考えられてきましたが、私はそれにとどまらないと思うのです。例えば、私がお話しした近世インドでは、まさに森の生命力としての女神と、それを超えた超越的存在であるジャガンナータや王権が、そうした潜在的可能性や普遍的真理を代表することによって、それらの〈あいだ〉において、人びとが自らの生きる世界を物質的にも政治経済的にも作ってきましたし、また生きる価値を構築していきました。

つまり、グローブや世界を考えるときに、この他界や〈外〉の問題を外してはいけません。というのは、ヒューマン・コビカミングの行為主体性に息吹を与えるのはまさにこの他界や〈外〉だからです。人間は他者とともに〈外〉のより大きな存在＝力に触れながら、現在の自己とは別の自己に生成変化していくのです。そうした自己変容の探求、実践、経験に着目しなければならないのではないかと思います。

おわりに

最後にまとめますと、グローバル化は、

（1）多元的な諸地域のつながり
（2）人間と自然のつながり
（3）地球と宇宙のつながり
（4）この世とあの世のつながり

という四つがますます緊密になり、その境界があやふやになっていく動態の全体であると捉えることができます。

このように述べてもすぐには理解していただけないかもしれません。ただ、地球社会は、政治経済的に強いつながりをもつようになっただけでなく、人間と自然のつながりもますます緊密になっています。また、例えば三・一一やパンデミックのなかで死者との関係という問題がわれわれに鋭く突きつけられました。世界諸地域、自然、宇宙、そしてあの世と、私たちのつながりはますます緊密なものとなっていますし、その境界はあやふやになっています。これまでの秩序は、諸地域を分けたり、人間と自然を分けたり、地球と他の惑星を分けたり、あるいはこの世とあの世を分けたりすることによってつくられてきました。いわば合理的で専門的な体系を洗練化させていこうとしてきたわけです。そして、この合理化と専門化こそが発展であるかのように思われてきました。しかし、そうした時代は終わりを告げつつあります。

現在が危機の時代であるというのは、これまでの秩序におけるさまざまな分離された境界があやふやになっているということに由来します。ただ、その不確定性のなかからこそ、そのつながりの〈あいだ〉からこそ、これまでになかったさまざまな未来の可能性もまたあるのではないかと私は考えるのです。

このような意味で、これからのグローバル・スタディーズをさらに総合的なものにし、英知を結集して、私たちの生きる世界を理解していく必要があります。その上で、新たな世界を作るための想像力と創造力を発揮していくことが求められているのではないでしょうか。

14 政治思想史、帝国、グローバル化

馬路智仁
（政治・社会思想史）

はじめに――プロト・グローバル化の時代へ

今日お話しする内容は、大きく二つに分かれます。一つ目として、私は主に、「プロト・グローバル化の時代」と形容することのできる二〇世紀への世紀転換期におけるイギリス国際政治思想を研究してきました。その理由の一端は、「現在と過去の重なり」です。すなわち、現在われわれが抱いているパースペクティブと、過去に生み出されたパースペクティブが重複したという点にあります。まず、それについて述べたいと思います。

二つ目に、私は今、独自のグローバル思想史（global intellectual history）の開拓を模索しています。具体的には、共同研究を通して「太平洋思想史」というものを展望しています。これに関してお話し

したいと思います。

これらの提示を通じて、今日のわれわれが生きている相互依存的世界を前提とした政治思想史叙述の多彩な可能性について検討する場となればと考えています。以上から、前半では、私がこれまで行ってきた研究を紹介しながら進め、後半で今展望している太平洋思想史についてお話しすることになります。

まず、私がイギリスの国際政治思想という分野、あるいはより広く政治思想史の研究に入っていった道筋に関してです。私は、学部は駒場の国際関係論分科出身で、修士もそのまま国際関係論コースに所属していたのですが、国際関係論ではなく政治思想史を中心に勉強するようになりました。

なぜそうなったのか。まず一つには、私が大学に入学した当時（二〇〇二年）に氾濫していた言葉である「グローバル化」と深く関係しています。われわれは、現在もまだその言葉に絡め取られています。学部生として学んでいた頃、このグローバル化というものに対し、一体何が、どこまで新しいのかという疑問が湧いた時期がありました。

私自身は、冷戦終結のときが六歳くらいですので、冷戦もその終結もほぼ実感のない世代と言えます。政治的な問題に非常に興味を持つきっかけになった「目覚め」のようなものは、九・一一だったと思います。受験勉強をしていたときにテレビで見て衝撃的だったのを、今でも鮮明に覚えています。そして大学では、およそどの授業でも、「グローバリゼーション」、「グローバル化」、あるいは中国語で「全球化」などの言葉を先生たちが用いていました。また、同時に九・一一との関連ですが、サミュエル・ハンティントンの「文明の衝突」が再燃していたときでもありました。さらに、アフガン戦争やイラク戦争が始まる時期ですので、「アメリカの覇権」や「アメリカ帝国」、「パクス・アメリカーナ」といった言葉も流行していました。一方で、中国の大国化も叫ばれてはいましたが、ゆくゆくはという次元に留まっていたように思います。

学部一年生のときに、トマス・フリードマンの『レクサスとオリーブの木』（草思社、二〇〇〇年）を読みました。グローバリズムとオリーブの木に表象される土着のアイデンティティとの相克を描いた本です。これが、私のなかではグローバル化のイメージを形づくる上で重要な役割を果たしました。

グローバル化の何が新しいのか

そのようにグローバル化という言葉の氾濫に身を浸しているなかで、逆に、グローバル化の何が、どこまで新しいのかという疑問を抱くようになりました。きっかけは、ある授業で紹介されたJ・A・ホブスンの『帝国主義論（*Imperialism*）』という一九〇二年に出た本でした。これを手に取って読んでみると、その当時にも、現在われわれが考えているグローバル化と似た言葉遣いがたくさん存在していたことが分かりました。その当時の次元でいうところのグローバル化がすでに展開されていたように思えて、そうするとわれわれが現在経験しているグローバル化とは一体何なのか、という大きな疑問が湧いてきました。

そこから、ホブスンの『帝国主義論』を介して、二〇世紀への世紀転換期イギリスに関心が引きつけられていきました。この二〇世紀転換期のイギリスを勉強していくなかで、一九世紀末から二〇世紀初頭のイギリスやアメリカは、グローバル化言説が本当に盛んな時代状況にあったことを認識するに至りました。

実際、一九世紀後半から二〇世紀初頭は、産業革命が世界的に伝播し、現在と類似して、コミュニケーション・輸送技術の革新が相次いで起こった時代でした。例えば、さまざまな大陸を結ぶ海底電信網が敷かれたり、ラジオが出てきたり、また大陸横断鉄道がいくつかの大陸に敷かれ、タイタニック号などのオーシャン・ライナーや自動車が登場する。一九一〇年代になると、飛行機も登場します。こうしたコミュニケーション技術、輸送技術の革新がありました。同時に、世界的規模で帝国の拡大も生じます。帝国の拡大というのは、もちろん暴力や抑圧をともないます。ただその一方で、世界や帝国内でさまざまな技術の規格が収斂されていく過程でもあります。そのような規格収斂の促進も、当時のグローバル化の背景の一つでした。

これらを要因として、情報・モノ・カネの瞬時の世界的移動という言葉が盛んに使われるようになっていきます。大陸と大陸をまたぐ際に時間はもはや要しないという意味での「時間の消失」、すなわち「地球の収縮」が生じたのだ、といった言葉遣いです。いくつか例を挙げてみたいと思います。

J・R・シーリーというケンブリッジ大学の近代史欽定教授がいます。『イングランドの膨張』（*The Expansion of England*, 1883）という本で有名な人です。その彼が、文字通り、距離はもはや科学によって消滅してしまったのだ（distance is abolished by science）」と述べています。「大西洋というこの大洋は、もはや、ギリシャとシチリアの間の海の広さと変わらないほどまでに収縮してしまったのだ（this Ocean has shrunk till it seems scarcely broader than the sea between Greece and Sicily）」というわけです。次の例は、W・T・ステッドという人物です。イギリスの急進的ジャーナリストで、タイタニック号の沈没で亡くなりました。その彼も、「コミュニケーション技術としての電気は、時間や空間を消滅させてしまったのだ」と論じています。

先ほど挙げた『帝国主義論』のホブスンも、これらのなかに位置づけることができます。彼によると、「現代の地球というのはコスモポリタニズムによって彩られており、それは資本と労働の大規模な世界的流れであって、情報の即時的な拡散を意味する」となります。私が博士課程で中心的に勉強してきたアルフレッド・ジマーンという人物も、似たような言説を提示しています。

最後の例として、スコットランド人の文芸批評家であったウイリアム・アーチャーという論者を取り上げてみます。この人物は、一九一二年に、『大いなる分析（*The Great Analysis*）』と題され、サブタイトルに「合理的世界秩序への嘆願（A Plea For a Rational World-Order）」と付された本を書いています。そのなかでアーチャーは、「こうした世界状況ゆえに、われわれは地球規模で考える（thinking planetarily）ことが必要なのだ」と主張するに至っています。

このようなグローバル化言説に鑑みると、二〇世紀末から二一世紀の初頭に盛んとなり、今日のわれわれもいまだ囚われているグローバル化言説とは歴史的に何を意味するのかという問いに向きあわざるをえなくなったのです。一世紀前と今日の状況が非常に類似したもののように見えてきたということです。インターネットなどもありませんし、もちろんそこにある技術の高度さは異なります。しかし、認識上は非常に似通っていたのではないかと思うくらいに両者のパースペクティブの重なり合いを感じました。この感覚に導かれて、世紀転換期イギリスの国際政治思想の研究に向かっていきました。

政治思想史への誘い

さらに、パースペクティブの重なり合いが重要なのだということを強く意識させてくれたのが、私の最初の指導教員であった柴田寿子先生です。柴田先生は、スピノザの研究で有名な方です。その彼女が書いたあるエッセイのなかに、いくつか重要な（私にとってインスピレーションの種になった）言葉がありますので、それを紹介します（柴田寿子「古典をめぐる思想史学の冒険」『思想学の現在と未来』未来社、二〇〇九年）。

紹介する文章は二つあり、一つ目が、政治思想史は本来的に学際的あるいは「越境する知」であると論じたものです。二つ目が、ここでの話題により深く関連しています。読み上げますと、「言語も地域も時代も違う歴史のなかに魅力的な問いを立てアクチュアリティが再生されることと、強固に立ちはだかる現在の政治社会のシステムを超え出るような長いスパンの批判的視線をもつこと、そしてそれによって現在の私の経験的世界が違って見えることが、なぜかしっかりと繋がるような次元が存在するのであり、それを学問的に合理的な議論として表現できるのは、思想史だけではないかと思うようになった。」まさに、思想史研究では時空間横断的なパースペクティブの重複が重要な意義を持つと述べられた文章です。そして、私にとってそのようにパースペクティブが重なり合ったところがイギリス国際政治思想でしたので、今挙げた文章はこのテーマを研究していこうとする後押しになりました。

柴田先生は、私が修士課程二年のときにご病気でお亡くなりになられました。ですので、実質的に研究指導を受ける機会はあまりありませんでしたが、政治思想史研究とは何かという根本的意識を形成する上で、かけがえのない学恩を受けた存在です。

国際関係論と政治思想史のはざまで

イギリスの「政治思想」ではなく、「国際」政治思想を研究するようになった経緯について、もう少し説明しておきたいと思います。私にとって政治思想史研究の出発点は国際関係論でした。駒場の学部課程で国際関係論を学んでいるうちに、国際関係論という学問分野自体を支える構成的概念（例えば、主権や主権国家体系、アナーキー、領域など）の歴史的・思想史的展開に関心を持つようになりました。これが、政治思想の歴史研究に入っていったもう一つの道筋でした。

そのため卒業論文は、あまり見返したくもないのですが、ヨハネス・アルトゥジウスというボダンの主権論を組み替えた思想家と、アルトゥジウスを再発見したドイツのオットー・フォン・ギールケ、そして、ある種の多元的な主権論をイギリスで展開したジョン・ネヴィル・フィッギスやハロルド・ラスキの多元的国家論、連邦制論（これらはしばしば、ヨーロッパ統合の文脈において、補完性原理の知的創始者と系譜づけられもします）について書きました。

修士論文では、二〇世紀イギリスの方により軸足を移しました。イギリス観念論の重要な理論家であるトマス・ヒル・グリーン、アーノルド・トインビー、そして、社会的リベラルないしニューリベラルとして著名なL・T・ホブハウスの政治・社会思想を検討しました。とくに、ホブハウスによる帝国・国際秩序構想と、その倫理的・政治哲学的基盤の解明を目的としました。最終的に、ホブハウスにおける福祉という観念に裏打ちされた機能的・職能的多元主義、およびその多元主義に基づくトランスナショナルなデモクラシー観を摘出しました。このような考察を通じて、国際政治思想の研究を徐々に深めていきました。

ケンブリッジ大学に提出した博士論文では、世界最初の国際政治学講座（一九一九年にウェールズ大学アベリストウィス校に設置）の教授となったアルフレッド・ジマーンを重点的に扱い、彼の思想や知的経歴に関する包括的な分析を行いました。これまであまり研究されたことのない謎めいた知識人ですが、国際関係論から出発して政治思想史研究を行っていた自分にとってはふさわしい、すごく手触りのある人物で、かなり没頭しました。博士論文はその後大幅に改定し、二〇二一年にモノグラフとして刊行に至っています（Tomohito Baji, *The International Thought of Alfred Zimmern*, Palgrave Macmillan）。

国民国家を超える政治共同体への想像力

ここからは、世紀転換期から二〇世紀前半にかけてのイギリスの国際政治思想、帝国思想がどのようなものであったのかについて、私の研究を織り交ぜながら具体的に掘り下げていきたいと思います。まず、二〇世紀への世紀転換期におけるイギリスの政治思想の特徴として、主権国家や国民国家を超える政治共同体を希求する想像力が、グローバル化言説と相まって噴出した状況であったと言えます。

そのような政治共同体として、いかなるものが観念されていたか。帝国の次元で言えば、イギリス帝国を連邦化しようとする構想がありました。それは、帝国連邦「国家」という公的・政治的にきわめて硬質な制度を作ろうとするものから、そこまで硬質ではないが制度的な統一性を図ろうとするものまで色々ありました。後者については、例えば、isopolitan citizenship（同位政治体シティズンシップ）構想を挙げることができます。帝国内のどこに住んでいようが、その居住地にかかわらず共通の市民的・政治的権利の束を保障しようとするものです。あるいは、そうした「制度」そのものを作る必要はなく、政治共同体は人種的な血や家族関係、文化に基づく紐帯で十分なのだという、文化的・精神的結びつきのみを強調する構想もありました。非常にバリエーションに富んでいました。

これらの構想は、「グレーター・ブリテン（Greater Britain）」という名称の下で大まかにまとめられていました。ここで、グレーター・ブリテンと言うときの帝国の範囲が重要です。その範囲は、決してイギリス帝国全体を指すものではありませんでした。そうではなく、イギリス帝国のなかの「セトラー・エンパイア」と呼ばれる、イギリス本国と、オーストラリア・ニュージーランド・南アフリカ・カナダといった本国から散っていったネオ・ブリテン人たちがセトラー・コミュニティーを形成している共同体をまとめていこうとするのが、グレーター・ブリテン構想でした。グレーター・ブリテンのなかには、インドや他の従属的な地域・植民地は含まれていません。したがって、グレーター・ブリテン構想は、セトラー・コロニアリズムを前提として、そこから本国とそのセトラー・コミュニティーの間でいかなる政治共同体を形成していくのかをめぐる構想になります。

他に、国民国家を超える政治共同体への想像力として、「アングロ・アメリカン・ポリティー」、つまりは大西洋横断国家があります。アメリカとイギリス、またときにはカナダを内包する一つの政治体を形成しようとするものです。

このような、グレーター・ブリテンやアングロ・アメリカン・ポリティーの中核をなしていたのが当時の人種観念です。ただし重要なのは、人種と言ったときに当時の知識人や理論家の間では、生物学的・身体的特徴、肌の色や頭蓋骨の形などのみが強調されていたのではないという点です。彼らが、「イングリッシュ・レイス」や「アングロ・サクソン・レイス」と言ったときの"race"とは、文化的属性（例えば、神話や歴史的経験、共通の価値観、言語、宗教、象徴物など）の共有もまた重視されていました。そして、そうした属性を囲うようなかたちで、生物学的・身体的特徴が観念されていました。

したがって、当時のアングロ・サクソン・レイスやイングリッシュ・レイスというのは、バイオロジカルな存在というよりも、バイオカルチュラルな存在であったと指摘することができます。こうした人種観念に関しては、私のケンブリッジ大学でのスーパーヴァイザーであったダンカン・ベル（ケンブリッジ大学教授・政治思想史）が近年、『人種という夢世界』（*Dreamworlds of Race*, Princeton University Press, 2020）と題された本を出していますし、彼はそれ以前にも、『世界の再配置』（*Reordering the World*, Princeton University Press, 2016）を刊行していますので、これらを参照していただければと思います。

他にも、ヨーロッパ合衆国を作っていこうとする構想や、より野心的には、H・G・ウェルズが展望したような、世界連邦国家をめぐる構想がありました。あるいは、ホブハウスも提起した、機能主義的な国際共同体を構築しようとするものなど、さまざまな想像力が湧き出た時代でした。

これらを提唱した理論家も非常にさまざまでした。先ほどのシーリーであったり、自由党の政治家で政治学者であったジェームズ・ブライス、法学者A・V・ダイシー、オックスフォード大学の近代史欽定教授E・A・フリーマン、ジャーナリストのW・T・ステッド、ホブスン、ウェルズ、アンドリュー・カーネギー、ライオネル・カーティス、フィリップ・カー、A・J・トインビーなど、多彩な知識人がこのような共同体の構想に深く関わっていました。

このうち、ライオネル・カーティス、フィリップ・カー、A・J・トインビーは、第一次大戦後に王立国際問題研究所（チャタムハウス）を創設し、草創期の国際関係論に大きなインパクトを与えた人物です。

また、ホブハウスは進化論的な世界観をきわめて重視する人物でした。ダーウィン的なというよりは、ネオ・ラマルク的な、「定向進化説」と呼ばれる進化論をベースに政治的秩序を組み立てました。そのなかでホブハウスは、「リベラルな社会主義」と彼自身が呼ぶ、福祉国家論の知的起源と評される国内改革論を提示し、それと連関させるかたちでグレーター・ブリテンのコンフェデレーション化を企図しました。彼はそれを、健全な帝国主義（sound imperialism）と名づけています。さらに、一九二〇年代には、世界連盟構想を打ち出し、機能・職能団体の連帯を基盤とする、いわば下からの国際的社会連帯構想を提起していきます。これは、そうした機能・職能団体を代表するギルド議会と、政府間の議会とが並列する世界制度の再編ヴィジョンでした。ホブハウスにおいてはそのような構想が国民国家を超える政治共同体として打ち出されていたのです。

ジマーン思想の中心的構成要素

もう一人、私が博士課程で主に研究したアルフレッド・ジマーンについて、少し詳しく説明したいと思います。彼は、草創期の国際関係論における指導的学者でした。すなわち、一九一九年にウェールズ大学のアベリストウィス校にウッドロー・ウィルソン国際政治学講座ができますが、その初代教授に就任した人物です。一九三〇年に、オックスフォード大学にモンタギュー・バートン国際関係論講座もできるのですが、転じてその際も初代教授となりました。

彼は、主として国際関係論の学説史のなかで評価されてきましたが、あくまで国際関係論の「草創期」を担った知識人にとどまります。この時期は多様な分野が入り組んでいて、明確に学術的なディシプリンが出来ていたわけではありませんでした。それゆえ彼自身も、他の学術分野から新進の国際関係論分野に転出してきた人物でした。

もともとは、ジマーンはギリシャ古典学者であり、また学問領域ではありませんがシオニストでもあって、それらに根ざした独特なブリティッシュ・コモンウェルスを構想していました。加えて言えば、第一次大戦休戦直後にイギリス外務省で国際連盟を設計した一人であり、国際連盟下では今日のユネスコの前進である連盟知的協力事業を推進した人物です。第二次大戦後にはアメリカに渡って、核兵器の管理を主軸とした世界連邦を提唱することになります。

E・H・カーの著作に『危機の二十年』（*The Twenty Years' Crisis*, 1939）という非常に有名な本があります。そのなかで「ユートピアニズム対リアリズム」という二元論が登場しますが、後に国際政治学者ヘドリー・ブルがこの二元論を受け継ぎ、一九七二年の『アベリストウィス論集』（*The Aberystwyth Papers*, ed. by Brian Porter, Oxford University Press）において、ジマーンを「アイデアリスト」と定義します。すなわち、国民国家間の予定的な利益調和や国際システムの進歩への信念がきわめて強固な、夢見がちな論者だというわけです。ジマーンは従来、そのようなアイデアリストとして描かれてきました。こうした評価が全く間違っているとは言いませんが、過度に単純化された見方であることは否めません。その単純化されたジマーン像をどのように乗り越えるかというのが私の第一の課題でした。

その課題に取り組むにあたって私は、彼がギリシャ古典学者として出発した事実、そして古代とりわけ前五世紀アテネと、彼にとっての現代、つまりグレーター・ブリテンないしブリティッシュ・コモンウェルスを行きつ戻りつ、往還するかたちで構成していた点に着目しました。すなわち、古代と現代の政治体の、時代横断的な相互的な構成です。ジマーンは、その相互構成に基づいて、イギリス帝国大の公民的共和主義を組み立てます。言い換えれば、帝国大の共通善に寄与する、集合的な能動的パブリックを構想したということです。この時代横断的な構想を、私は、先に挙げたモノグラフのなかの一チャプターで描き出しています。国民国家という単位を超える一つの想像力とも位置づけられます。

ヴィクトリア時代の指導的なリベラルであるJ・S・ミルの著作のなかに、一八六一年に出版された『代議制統治論（*Considerations on Representative Government*）』という名高い本があります。ミルは、その本の第一八章で、イギリス本国とニュージーランド、オーストラリアといった対蹠地の人々を一つに束ねるパブリックなるものは全く現実的ではないと論じています。しかし、二〇世紀初頭になると、先ほど述べたコミュニケーション技術や輸送技術の飛躍的進歩を背景に、そのような帝国規模のパブリックという存在が一定程度現実味を持つものとして想起されてきました。それがジマーンが提示したところの、グレーター・ブリテンの、つまりはセトラー・エンパイア規模での集合的な行為者としてのパブリックです。

他方で、ジマーンは、文化シオニズムと呼ばれるシオニズムの一潮流にも深く関与していました。彼はその潮流の知的要素の援用に基づき、グローバルなナショナル・アイデンティティと多文化主義的なコモンウェルスを観念し、それを「国際主義の帝国」として提起します。この場合の国際主義というのは、インターステートでも、インターガバメンタルなものでもありません。文化的な存在として概念化されたナショナリティの間の相互作用という意味でのインターナショナリズムです。そのためジマーンは、エンパイア、インターナショナリズム、デモクラシー、ユニバーサリズム、そして（エドマンド・）バークの発想に根ざすリベラリズムが、統一的につながる思惟を展開することになります。ここは、非常に面白いところです。

このように、初期の国際関係論学者ジマーンは、J・S・ミルの時代とは違って帝国規模でのパブリックを構想し、その構想にあたって、政治的な存在とは切り離されたナショナリティを概念化し、ナショナリティの相互関係に基づく帝国多文化主義を組み立てました。そのような仕方で、超国民国家的な政治共同体のあり様を彼なりに示したわけです。

中心（イギリス本国）から周辺（南太平洋）へ

さて、これまでの前半部では現在と過去のパースペクティブの重なり合いのなかで、私がどのように二〇世紀への世紀転換期におけるイギリス国際政治思想の研究へ向かったかを述べ、そうした研究の具体的な諸側面について扱ってきました。次に後半部では、私が現在展望している今後の研究に関してお話ししたいと思います。こちらのほうも、「グローバル」という言葉ときわめて深く関わる研究テーマになります。

一応申し上げておくと、イギリスの国際政治思想研究をもうしないというわけでは全くありません。博士課程でジマーンを中心に対象を絞ったことには非常に悔しい思いがあります。本当は当時の思想文脈を包括的に捉えるような試み、つまり同時代のさまざまな知識人・理論家を対象とし、その複数の理論家の間のインターテクスチュアルな関係やパーソナルな関係も分析する研究をしたかったのです。ただ、英語で文献を読み、かつ各地のアーカイブにも調査に行き、手紙や未公刊文書なども網羅的に精査して、そして英語で書いていくとなったときに、（博士課程の）四年間では能力的に足りなくて、スコープを絞らざるをえませんでした。その点、不本意で悔しかったですね。したがって、今後もブリティッシュ・コモンウェルスや国際秩序の思想をめぐる研究を継続し、それをどのように近代イギリス、ないしヨーロッパ政治思想史の流れのなかに位置づけることができるか、について考察していくつもりです。

今後の研究というのは、それと並行して考えているものです。それは、「太平洋思想史」と仮に呼んでいるプロジェクトです。このプロジェクトを構想するにあたってヒントとなったものに、ある一冊の本と、グローバル思想史（global intellectual history）と呼ばれる今日の研究潮流があります。一冊の本とは、J・G・A・ポーコックの『島々の発見――「新しいブリテン史」と政治思想』（名古屋大学出版会、二〇一三年／*The Discovery of Islands*, 2005）です。ポーコックは、ご承知の方も多いと思いますが、ケンブリッジ学派の政治思想史家、歴史家です。『マキァヴェリアン・モーメント』（名古屋大学出版会、二〇〇八年／*The Machiavellian Moment*, 1975）という著作が非常に有名ですが、彼が二〇〇五年に原著を刊行した『島々の発見』も同じくらい重要な本です。

ポーコックはロンドン生まれではありますが、幼くしてニュージーランドに移住し、ケンブリッジ大学における大学院生時代を除き、ニュージーランドのオタゴ大学やカンタベリー大学などで研究を重ねた人物です（一九六〇年代後半にアメリカの大学へ移籍）。ですので、『島々の発見』の中で自ら吐露するように、ニュージーランドを母国と捉える強固な自己意識を持っています。そのニュージーランドはイギリス本国から見れば対蹠地、地球の反対側に当たりますが、彼はそこから新しくブリテン史を組み立て直そうと試みました。その「新しいブリテン史」について、少し敷衍いたします。

ポーコックが「新しいブリテン史」を構想するに至った重要な契機として、一九七三年のイギリス本国によるヨーロッパ共同体への加盟が挙げられます。彼にとってこの出来事は、ニュージーランドという対蹠地から見れば、それまで存在していたはずの大洋横断的な「ブリティッシュネス」を激しく動揺させる事件のように思えたのです。そのことを明確に綴った一節が、『島々の発見』のなかにあります。

そこで問われたのは、依然として存在していたグローバルなブリティッシュネスである。その結びつきのなかで――この結びつきには依存関係しかなかったと考えることのできる若い歴史家と私はここにおいて意見を異にしている――、われわれは自分たちにはある種の対等（平等）な地位が与えられると考えていた。（……）ところが、連合王国のブリテン人は、これを解体しようと決意していたようであった。彼らはこれを維持するだけの権力をもはやもたず、われわれにこれ以上の関心を払うのは彼らにとって不都合だったからである。「ヨーロッパ」をめぐるブリテン内部の論争においては、忠実な家臣たるニュージーランド人はもはや不要である、との考えがあからさまに露呈したときがあった。ニュージーランド人はいまやお払い箱にして忘れるべきだというのである。これはドゴールが企てることのできたどんな侮辱よりも深い侮辱であり、これには応答が必要であった。（二一五頁）

ポーコックにとっては、イギリス本国がヨーロッパへと縮減されていくように見えたという点が重要です。それは、ニュージーランドに住む自らのようなネオ・ブリテン人には、自分たちが背負っている歴史やそれに根ざした大洋的広がりを持つアイデンティティが、壊されてしまうプロセスのように映じたわけです。そこから、彼はヨーロッパないしはヨーロッパ史に回収されず、また既存のアングロ・セントリックな歴史でもない新しいブリテン史を提起していきます。

それは、複数的・多元的で、相互依存的なブリテン史と形容されます。複数的・多元的の意味は、このブリテン史に関わるのがイングランド、スコットランドといった馴染みの構成単位のみではなく、多様な構成要素、さまざまな地域、共同体が関与するという点にあります。ある一つの共同体の歴史意識、歴史叙述に根ざすブリテン史では全くないということです。そこでは、さまざまなナショナル、あるいはサブ・ナショナルな単位の間の結びつきや摩擦が焦点となり、その中で生起したり、退潮したりする「ブリティッシュネス」の中身それ自体が問われ、問題化されることになります。

ポーコックはそうした多元的、多文化的な構成要素の間の遭遇や接触、あるいは侵食の契機を重視します。それらを通して、各々の共同体の歴史が変容し、各々の歴史叙述が断続的に再構成され、それにともなってそのような叙述に基づくアイデンティティも再構築され続けるというわけです。そうした遭遇、接触、侵食は、イギリス本国やアイルランドといったヨーロッパ大陸からそう遠くない地域のみではなく、本国からの植民・移民の歴史を通じて、大洋横断的に展開されてきた事がらです。そのため、ポーコックの新しいブリテン史は、海洋的・大洋的な広がりを持っています。『島々の発見』において、「旅」や「航海」、「船」のメタファーが頻出するゆえんです。彼は本国やアイルランドを「大西洋群島」という表現で表しますが、その言葉遣いもこのような海洋的・大洋的広がりを念頭に置いてのことです。

ナショナルやサブ・ナショナルな単位の遭遇・接触は、ポーコックが想定するところの、共同体が必然的に持つ「二つの歴史」のうちの二つ目、すなわち「他者中心の歴史」と、とりわけ深く関係しています。それは、ある共同体とその構成員がいかにしてそこに含まれない内部や外部の人々と関与してきたか、もしくはその関与に失敗したかをめぐる歴史です。そのような他者中心の歴史は、一つ目の歴史、すなわち「自己中心の歴史」、言い換えれば、共同体の構成員がいかにして自らの共同体を形成・運営してきたかをめぐる歴史の叙述に跳ね返ってきます。

そして、こうした二つの歴史の絡み合いから成るある共同体の歴史は、別の共同体にとっては他者中心の歴史（の部分）ともなりえます。ポーコックによれば、歴史叙述はそのように折り重なり、全体として有機的、相互依存的なものになります。新しいブリテン史は、さまざまな共同体間のこのような有機的結びつきを前提とし、その中での個別単位における歴史叙述の再構成、アイデンティティの断続的な再構築を問題としているのです。ここで彼が一つの象徴的な事例として持ち出すのが、南太平洋、すなわちニュージーランドにおけるヨーロッパ人入植者であるパケハとマオリ土着民を表すタガタ・フェヌアの接触や摩擦、それらを通じた双方の歴史叙述のもつれ合い、相互浸透性です。

このポーコックの理論枠組みが私にとって一つの大きな示唆になっています。というのも、これまで私はホブハウスであれ、ジマーンであれ、イギリス本国から見たブリティッシュ・コモンウェルスの構想、帝国秩序・国際秩序の構想について研究してきました。しかし、ポーコックの『島々の発見』を通して、イギリス本国のみではなく、ニュージーランドやオーストラリアといった対蹠地にいる知識人、本国から移住してきたいわばネオ・ブリテン人の知識人・思想家に焦点を当てることも重要ではないかと考えるようになりました。そうしたネオ・ブリテン人による政治共同体の構想や歴史叙述、そこに表れるアイデンティティ再構築の営みといったものを辿ってみるのも、政治思想史の一つの試みとして面白いのではないかと思うに至りました。

イギリス本国の人々にとっての他者は帝国の拡大にともなって接触する、境界や帝国外にいる人々と言えますが、しかしネオ・ブリテン人にとってみれば、他者はある意味本国でもあり、オーストラリア・ニュージーランドに住む原住民でもあり、その周辺海域に生きる多彩な人々でもあります。このようなさまざまな他者に囲まれたネオ・ブリテン人の秩序構想や歴史叙述を分析するのは、きわめて刺激的なものに感じます。したがって、『島々の発見』を読むことで、大西洋の東端から南太平洋に目線を移す重要なきっかけが得られ、同時に「多彩な歴史を持つ人々の接触の場としての太平洋」というアイデアを抱くに至りました。これが、現在考えている太平洋思想史構想の一つのヒントとなっています。

グローバル思想史という機運

もう一つのヒントである、グローバル思想史と呼ばれる新興の分野についても述べたいと思います。これは、確立された学術分野では全くなく、あくまで近年新しく台頭している潮流です。重要な文献としては、サミュエル・モイン（イェール大学教授・法政治思想史）とアンドリュー・サルトーリ（ニューヨーク大学教授・帝国思想史）が編集した『グローバル思想史』（*Global Intellectual History*, Columbia University Press, 2013）が挙げられます。他にも、デヴィッド・アーミテージ（ハーバード大学教授・近代イギリス史）による著書『思想のグローバル・ヒストリー』（法政大学出版局、二〇一五年／*Foundations of Modern International Thought*, 2013）があります。二〇一六年には『グローバル思想史

(*Global Intellectual History*)』と題されたジャーナルも創刊されました。

ただし、この分野へのアプローチの仕方は論者によってかなり異なり、総合してきれいに整理しがたいのが現状です。ここでは、モインとサルトーリの『グローバル思想史』に即して、いくつかのアプローチを紹介してみたいと思います。彼らはグローバル思想史の叙述の方法として、主に三つのアプローチがありうると述べています。

一つ目は、「グローバル」というのを歴史家のメタ分析カテゴリーとして捉えるアプローチです。これは具体的に言えば、地球規模での比較を可能とするカテゴリー――例えば「文明」や「科学」、「都市化」、「文芸共和国」――を設定して、地域ごとにおけるそのカテゴリーの生成、内容変化を追いつつ、世界規模でそのカテゴリーの比較思想分析を行うというものです。その前提には、「科学」の内容の普遍性を自明視せず、そのカテゴリーそのものも一つの分析対象と見なす姿勢、具体的に言い換えると、いわば「非あるいは対・西洋的」科学なるものの存在を意識し、これを射程に収めるという考えがあります。これが、一つ目のアプローチです。

二つ目は、「グローバル」を歴史的な過程のスケールとして捉えるものです。説明が少し難しいのですが、今日に至るまで世界がグローバル化してきた歴史的プロセスを前提として、そのグローバル化に寄与してきたと考えられる知的力学を分析する。思想がどのように地球規模で伝播したのか、あるいは交換されたのか、またそうした思想伝播を促進する翻訳文化やメディア、ネットワークはどのようなものだったのか、などを分析するアプローチです。

三つ目として、「グローバル」をわれわれ分析者が対象とする歴史的エージェントの主観的カテゴリーとして捉えるアプローチです。つまり、過去のエージェントがどのように「世界」や「グローバル」なるものを観念していたかを分析するものです。そうした「グローバル」概念の形成史というものがありうるのではないか、ということです。

先ほど挙げたダンカン・ベルや私のこれまでの研究の立ち位置は、おそらくこの三番目のアプローチに近いと思います。ただし、グローバルなものを観念する歴史的エージェントはそれぞれの地域文化に根ざしています。そうすると、グローバルを対象としていても、それは究極的にはローカルなものを扱っていて、ローカルなものの寄せ集めに過ぎないのではないか、という批判も提起されうることになります。

モインとサルトーリにならって言えば、グローバル思想史のアプローチはこのように整理できますが、実際のところはもっと多岐にわたります。それは、グローバル・ヒストリーと似た状況かもしれません。まとめるならば、この新興の分野は、「対・一国史」あるいは「対・ネーションステート史」、また「対・西洋中心主義」といったもので枠づけられる混沌とした領域と見るのが適切なのだろうと思います。

現状そのような混沌さに特徴づけられてはいますが、しかし重要なのは、そこに具現されている従来の政治思想史の叙述を変えていこうとする機運の高まりそのものなのだろうと思います。そうした機運自体をくみ取り、どのようにこの知的営みに参入していくのかを思考するのが肝要であろうと思います。

「太平洋思想史」の可能性

グローバル思想史の動向から着想を得た、対・一国史、対・ネーションステート史、対・西洋中心主義をベースとして、どのような新しい思想史を描くことができるか。この問いに対して、それを太平洋という空間においてできないだろうかと思案するに至っています。

このため、二〇二一年四月からGSIで、「群島と大洋の思想史――太平洋のグローバル・ヒストリー」という共同研究を始めました。このプロジェクトは、近現代において太平洋沿岸諸国の人々、太平洋を横断する人々、太平洋島嶼に住む人々が描いてきた多彩な太平洋をめぐる構想や表象、ヴィジョンを探求するものです。もちろん太平洋全体のみではなく、太平洋の一区域やその区域における島々といった部分集合をめぐる構想や表象、ヴィジョンを含みます。

思想史研究として太平洋を分析するこのプロジェクトの特徴は、分析対象となる当事者自身がどのように「太平洋」や「太平洋問題」を捉えていたかを摘出するところにあります。つまり、太平洋や太平洋問題が前もってマテリアルに存在するのではなく、人々がどのように太平洋やその島々、太平洋問題を認識、表象、構想していたかという、思想の部分で捉えていくということです。

これは、ポーコックの『島々の発見』との関連で言えば、太平洋空間における他者との遭遇・接触(小説世界のように想像のなかの接触も含みえます)を通した、自己の世界観や自分が属する共同体アイデンティティの再定義・再構成、またその共同体が描き、あるいはそうした共同体のために描かれる構想の構築・再構築を分析することになろうかと思います。

例えば、近代日本の事例を挙げて言えば、明治期に志賀重昂（地理学者）や稲垣満次郎（外交官）、竹越與三郎（日本史家）らが提唱した南進論（太平洋の南下を目論む議論）というものがありました。そのなかで、志賀の『南洋時事』などを読んでみると、オリエンタリスティックな表象が随所に見られますが、一方で、台頭しつつあるオーストラリアや「マレー人」など太平洋のなかで新たに遭遇する国や人々、島がさまざま登場します。そうした遭遇のなかで、日本や日本人なるものが改めて定義されたり、日本・日本人が抱くべきとされるプロジェクトが再構築されていきます。また、さきほどのネオ・ブリテン人の例で言えば、イギリス本国から移動してきたブリテン人がオーストラリア・ニュージーランドといった南太平洋の地で、原住民や周辺海域に生きる人々と遭遇し、自分たちが背負う歴史やアイデンティティ、共同体のあり様を振り返り、それらを再構築していきます。われわれの思想史プロジェクトは、太平洋という海洋空間においてそのような再定義・再構築の歴史を分析します。

さらに、グローバル思想史と関連させるかたちでこのプロジェクトの独自性を言えば、それは二つ挙げることができると思います。一つ目に、本プロジェクトは対・一国史はもちろんのこと、むしろそれを前提として、太平洋空間を軸とした多様で多中心的な政治・経済文化圏の思想史を扱います。それは、日本思想史であり、アメリカ思想史であり、オーストラリア・ニュージーランド思想史でもあります。また、太平洋の島々に生きる人々の叙述を扱うという意味で島嶼思想史であり、この海洋空間における近代植民地主義の歴史に鑑みるならばヨーロッパ思想史でもあり、そこから脱却しようとするポストコロニアルの思想研究でもあるということです。

二つ目に、西洋・非西洋の二元論には陥らないという点です。これは、多中心的であることと深く関わりますが、西洋知が日本でどのように受容されたのか、東南アジアでどのように受容されたのかといった、西洋知の単なる伝播という一方向性を、多中心的な枠組みの下で避けることができるのではないかと考えています。さらに、今述べたように、反対に非西洋知のみを対象とするのではなく、西洋中心主義的な思想やコロニアルな思想そのものを分析対象として盛り込むプロジェクトでもあるので、その面からも二元論を緩和しうると思います。

三つ目は、さまざまな地域における太平洋空間に対する意味づけの複数性・多層性を見つつ、それらの交錯や連鎖を扱うという点です。これは、先ほどグローバル思想史の三つ目のアプローチに対して、それはグローバルというカテゴリーを扱っているが、ローカルの寄せ集めに過ぎないのではないかという批判もありうると言いましたが、その応答ともなります。太平洋思想史プロジェクトに対しても、そうした批判が向けられる可能性があります。つまり、太平洋というカテゴリーを多様な地域の人々がどのように意味づけ構想していたかを摘出するのは、それぞれの地域文化に根ざす思想を併記しているに過ぎないのではないか、という批判です。

これに対して、太平洋構想やヴィジョンがどのようなかたちで連鎖したり交錯していたかを分析することで、そうした「グローバリズムにおけるローカリズム」問題を一定程度乗り越えることができるのではないかと考えています。言い換えれば、構想・ヴィジョンの連鎖・交錯による、いわば「太平洋の共創造」を描き出し、ローカルなものが寄せ集まる単一エージェントの集積ではなくて、マルチ・エージェントの思想史を立ち上げようと試みています。

「新しいオセアニア」構想

このローカリズムの多層的連鎖を、私が具体的にどのようにイメージしているのか。エペリ・ハウオファという人物の「新しいオセアニア」構想を用いて、最後にその一例を提示したいと思います。エペリ・ハウオファは、パプア・ニューギニアでトンガ人宣教師のもとに生まれ、カナダのマギル大学やオーストラリア国立大学で学び、そのまま南太平洋で活躍した文化人類学者です。フィジーの南太平洋大学を拠点として、太平洋島嶼内部からの文化復興運動や独自の太平洋リージョナリズムを構想しました。

ハウオファが提示した「新しいオセアニア」ヴィジョンは、いくつかのエッセイにまたがって表されているのですが、その一つに"Our Sea of Islands"(「われらが島嶼海」)というエッセイがあります。一九九三年にハワイに赴いた際、マウナロアやキラウェア火山を見たのをきっかけに「ダマスカスへの道」を感得した、という一節から始まる印象深いエッセイです。

これは簡潔に言えば、太平洋島嶼を「遠い海にある島々(islands in a far sea)」とする西洋中心主義的・大陸中心主義的な見方から、「われらが島嶼海(our sea of islands)」という内発的な見方に価値観を転換させようとする構想です。それは、太平洋の沿岸諸国による歴史的あるいは同時代的な卑小化(つまりは、コロニアリズムやネオコロニアリズム)に対抗するために、太平洋アイデンティティを再構築していこうとするプロジェクトでした。

具体的には、そうした島々に根づいている文化を重視しつつ、グローバリズムや資本主義システムと折り合いながら、いわばローカリズムとグローバリズムの間を行こうとするヴィジョンです。既存の大陸中心主義的な枠組みへの対抗という面から、国家領域を分断する国境は自らの共同体には適切ではないということで、領域的開放性を求めていきます。また、文字に根ざす既成の歴史は、アイデンティティを再構築していく上で自らの歴史にとって十分でないということから、口承やチャント（詩歌・詠唱）に基づくような土着の非文字的歴史を回復しようと試みます。

さらに、太平洋に生きる者として自然環境・海洋資源の保護者という自己再定義を行うと同時に、パフォーミングアーツや創造芸術を重視します。ハウオファの「新しいオセアニア」とは、そのような歴史観、自己規定、芸術の共有に基づく関係論的な意味世界の構築を唱えるプロジェクトです。それは、太平洋島嶼の真ん中から発せられた太平洋主権の回復を目指したプロジェクト、また独特な先住民地域主義とも見ることができます。

こうしたハウオファの「新しいオセアニア」構想を、ローカリズムの多層的連鎖という観点から捉えると、それは次のように言えます。この構想は、「太平洋」島嶼の卑小化を目論むコロニアル、あるいはネオコロニアルな表象（これらも一つのローカリズムと言えます）や、フィジーの大統領であったカミセセ・マラが提示した「パシフィック・ウェイ」に対抗するものでした。言い換えれば、ローカルに立ち上がった先在する複数の「太平洋」の克服を目指すものだったのです。つまり、「新しいオセアニア」はそれらを批判的に受けとめるという意味で歴史的・時間的につながる仕方で、「太平洋」を再び構築し直そうとするものでした。

そのようなハウオファの「新しいオセアニア」は、さらにさまざまな反響を呼ぶものとなります。"Our Sea of Islands" の直後に出された論集『新しいオセアニア――われらの島嶼海を再発見する』(*A New Oceania : Rediscovering Our Sea of Islands*, eds. by Eric Waddell, Vijay Naidu and Epeli Hau'ofa. Suva, Fiji: The University of the South Pacific School of Social and Economic Development, in association with Beake House, 1993) が重要な帰結の一つで、このなかで太平洋沿岸諸国の学者・知識人や太平洋島嶼の多様な論者が、さらにまた「太平洋」や「オセアニア」の意味、ヴィジョンを再考することになりました。すなわち、時間軸のなかでローカルな「太平洋」イメージが連鎖し、継承、批判されていくのです。私はこれを、ローカリズムの多層的連鎖の例として提示することができるのではないかと思います。

おわりに

さて、今回の話の結びとして、最初の方で紹介した柴田先生のエッセイから別の一節を引用したいと思います。

過去に生きて思想を語っていた人のアクチュアリティと自分が生きているリアリティとが、どこかで共鳴するような感覚が理論的にうまく掬い上げられたとき、現代では見えなくなったアクチュアリティが再生される。リアルな思想とはそうした思想史の現場にあるものであって、頭だけで体よく合成折衷した理論にはない。

この一節が語るように、政治思想史の叙述は、われわれが生きている現在のリアリティ、今日抱いている世界の認識やアイデンティティのあり様に大きく依拠します。別の言い方をすれば、「純粋に客観的な」政治思想史の叙述は存在しません。

ここでは私自身のこれまでの研究や今後の研究プロジェクトの紹介を通して、過去における主権国家・国民国家を超える政治共同体への想像力の一端をお示ししました。このように私は、国民国家論によって枠づけられたコンヴェンショナルな政治思想史の語り方（古典古代のポリスに始まり、中世世界の解体を経て、近代の主権・国民国家を支える理論に行き着くような語り方）とは異なった思想史叙述のあり方を探求してきましたし、今後もその方向性に変化は無いだろうと思います。それは、政治思想史は現在と過去の重なりや往還のなかで形成されるという認識の下、グローバル化し、さまざまな情報・モノ・ヒトが不断に、瞬時に国境を越える現代世界（ウィルスもその一つでしょう）と共鳴し合うような過去を見出そうとしているからかもしれません。また、そのような私の探求の仕方として、聖典的《カノニカル》ないわば大思想家ではなく、現代世界を形成する上で一定の役割を果たしてきたミドル・レヴェルの思想家・知識人に着目するという特徴があります。

政治思想史は、そのように現在の世界認識やアイデンティティの少なくとも一端が表出する場です。われわれが今日生きているこの相互依存的世界を背景とした思想史叙述のさまざまな可能性について、皆さまと議論することができればと思います。

15 中動態によって問い直される近代的人間像

國分功一郎
（哲学）

はじめに

今日は「中動態によって問い直される近代的人間像」という相当に野心的なタイトルでお話しさせていただきます。確かに野心的ですけれども、これは本当に普段から考えていることなのです。僕はちょうど九〇年代の半ばに大学生でしたが、その頃はまだ「ポスト・モダン」という言葉が生きていた時代で、僕自身もその思想に強い影響を受けました。博士論文はスピノザという一七世紀の哲学者で書きましたが、いわゆるポスト・モダン思想の中心であったフランスの戦後の哲学、とくにジル・ドゥルーズやミシェル・フーコー、ジャック・デリダなどをスピノザにあわせて吸収してきたんですね。

「ポスト・モダン」という言葉にはカジュアルなイメージ、ちょっと不真面目なイメージがあると思います。けれども僕はこれを一つのシリアスな問題として考えてきました。近代の思想の前提を疑うところにポスト・モダン思想の本質があったわけで、それは今もなお重要な課題であり続けていますし、僕自身もその課題を自分なりに追究してきたつもりです。

本日お話しする「中動態」というのは、とある文法事項の一つなのですが、これに対する自分の関心も近代思想の前提を疑うという課題、つまりポスト・モダンの課題から来ているように思います。とすれば、近代的人間像を問い直すというのは、中動態についての僕の研究の核心にあった問題意識なのです。今日はその問題意識を紹介するとともに、どうしてそういうことに関心を持ったのか、さらにそこからどんなことをいま考えようとしているのか、お話しできればと思います。

架空の対話

僕は自身の中動態についての研究を『中動態の世界――責任と意志の考古学』（医学書院、二〇一七年）という本にまとめて世に問いました。この本の冒頭には架空の対話が掲載されています。その一部を朗読させてください。

――ちょっと寂しい。それぐらいの人間関係を続けられるのが大切って言ってましたよね。

「そうそう、でも、私たちってそもそも自分がすごく寂しいんだってことも分かっていないのね」

――ああ、それはちょっと分かるかもしれないです。
「だから健康な人と出会うと、寂しいって感じちゃう」

こういう感じで進んでいきます。これはアルコール依存症や薬物依存症を抱えている女性の自助グループ「ダルク女性ハウス」を創設して運営されている上岡陽江さん、またそのメンバーの方々と何度かお話しして、その時の経験やいただいた言葉をもとに僕自身が構成した架空の対話です。

実は、本の中では直接には依存症の話はしていません。ただこの冒頭部分から分かるように、この本を書くことの出発点にはこの対話で描かれているような苦しさやつらさを抱えた人たちの経験がありました。というか、僕自身がこの対話で語られている問題に似たものを抱えているという自覚があったのです。この架空の対話を書いたのも、この本を書くにあたって最初に考えていたことの雰囲気のようなものを読者の皆さんに分かってもらいたいと思ったからでした。

この対話は最終的に、いろいろ話してみてもどうも話がすれ違ってしまうというところに行き着きます。依存症で悩んでいる人とそうでない人とでは、どうも話している言葉が違うのではないか？では、いったいいかなる意味で話している言葉が違うのか。こうしてこの本の物語が始まっていきます。

「依存症」と言う時、主に念頭に置いているのは薬物依存症やアルコール依存症のことで、これは英語にすると「アディクション」ですね。ただ、日本語の「依存症」という表現はアディクションという言葉よりもより広い意味をカバーできます。たとえば、依存症という言葉ならば、依存的な人間関係を持ってしまうこともその一つとして考えることができる。英語圏で話をした時に、アディクションという言葉からはそういう発想はできないから、すごく新鮮だったと言われたことがあります。確かに、アディクションという言葉からは「人間への依存」というのは考えにくいかもしれません。

その意味では、日本語の「依存症」という言葉は非常にすぐれた表現だと思います。というのも、薬物やアルコールに依存することも、人間関係に依存することも、人間についての一つの真理を同じように表しており、そのことをこの言葉は同時に適切に表現してくれるからです。

何かに依存するというのは普遍的な現象です。ではそれがどこから本人を苦しませる病的なものになるのだろうか。そもそも病的な依存症とそうでない依存症を区別できるのだろうか。これら依存症を巡る諸問題は、近代的な人間像、すなわち、自由な意志によって選択を行うことができて、その選択の結果も引き受けることができる責任主体というイメージに基づいて思考してきた近代が完全に見落としてきたものだと思います。僕自身にもどこか依存症があるのではないだろうかという気持ちが強くありましたので、そのことがとても気になったのです。

依存症との出会い

もう少し依存症と僕の関わりについてお話しを続けさせてください。僕の依存症との出会いは約十年前に遡ります。

僕は二〇一一年に『暇と退屈の倫理学』（朝日出版社）という本を出しました。この本を通じて出会ったのが、小児科医で当事者研究という営みを研究されている熊谷晋一郎さん（東京大学先端科学技術研究センター准教授）です。熊谷さんはこの本に強い関心を持ってくださり、それがきっかけで共同セミナーを開催することになりました。二〇一二年のことです。

このセミナーでは僕にとって大きな出会いがいくつもありました。会場に上岡陽江さんもいらっしゃっていましたし、ダルクの方のお話を伺うこともできた。こうして熊谷さんを通じて新しい人間関係ができたわけなのですが、その場で伺った話のいずれにも僕は大変な衝撃を受けたのです。

衝撃というと深刻な意味だけで受け止められてしまうかもしれません。とにかくこれまで聞いたことのない話をたくさん伺うことができたのです。その中には笑ってしまうような話もいくつもありました。というか、上岡さんたちが重要な論点を実にユーモラスな言葉で表現するんですね。

何と言っても印象に残っているのは、「ダメ、ゼッタイ！」はゼッタイダメ！」というやつです。最初聞いた時は思わず笑ってしまいました。これは麻薬・覚せい剤乱用防止センターという公益財団法人が使っている有名なスローガンですけれども、こういう発想じゃ絶対ダメだと上岡さんたちは仰るんです。というのも、薬物依存、アルコール依存に陥った人は、自分の力でそれを止めよう、意志の力で何とかしようと思っている限り、どうしてもまた元に戻ってしまうからです。

この洞察に僕は大変驚きました。意志というのは今日のテーマの一つになります。この概念は哲学の中でも様々な形で疑いの目を向けられてきました。けれども、上岡さんたちの間ではこの概念が実に具体的な形で、しかし鋭く検討されていた。

僕はそれに感動しました。そしてまた、それに比した時、哲学はいったい何をしているのだろうと自問したんです。哲学はここで提起されている問題にきちんと答えてきたのだろうか、何もしてきていないのではないか。そうして、僕の中で何かをしなければという気持ちが高まっていきました。

僕はその場で、他にも『中動態の世界』につながる言葉を受け取りました。何と言っても覚えているのが、上岡さんの「回復とは回復し続けること」という言葉です。健康な状態と病的な状態があって、一方から他方へスパッと移ることが回復なのではない。そもそもそういうことはありえない。ある病いを抱えたとき、人はそこからずっと回復し続けている過程にあるというわけです。

この言葉を僕はいま僕なりに呑み込めていますが、実はなかなか理解が難しいのです。『中動態の世界』を担当してくださった編集者の白石正明さんははじめてこの言葉を聞いたとき、「ずっと回復のための努力をしなくてはいけないのか。大変だな」と思ったそうです。つまり同じ言葉を話しているのに、全く別様に受け取られたということです。

では、どうしてそのようなことが起こるのだろうか。依存症をめぐる言葉を受け取る際に、僕らの中に理解のための格子のようなものがあって、それがこの言葉の理解を妨げているのではないか。そして僕らが普段使っている言語こそは、その格子の代表例なのではないか。それがその時の気づきでした。

仲間と一緒に書くこと

熊谷晋一郎さんは出生時の出来事がきっかけで脳性麻痺になり、いまは電動車椅子を使っていらっしゃいます。ご自身が障害の当事者ということもあり、熊谷さんはもともとは小児科医ですけれども、障害についてずっと研究されています。

その熊谷さんがセミナーの場で、「國分さんの『暇と退屈の倫理学』は依存症を考える上で非常に大きく役に立つ」と仰ってくれたのがとても鮮明に記憶に残っています。自分の本がそのように役に立つと言われたのは初めてでした。自分としては自分の疑問への答えをまとめようと一生懸命に書いただけでした。だから、そう言っていただけてうれしかったんですけれども、同時にびっくりしましたし、また大変緊張もしました。自分が書いた本が実践の場面で何らかの影響力を持ちうることを知ったからです。

『暇と退屈の倫理学』がどうして依存症を考える上で役立つのか。それは退屈という状態の分析が、寂しいという状態の分析に通ずるものであったからです。『中動態の世界』の冒頭の架空の対話で「寂しい」という言葉が出てきました。寂しさを感じていてもそのことが分からない場合があるという話でした。実は同じことが退屈についても言えます。退屈していてもそのことが分からない。だから当然、どうすればよいかも分からない。実は僕自身もそうでした。自分が退屈していることがよくわからない。そしておそらく僕は寂しさについても同じで、自分が寂しいと感じていてもあまりよく分からなかったんですね。

少なからぬ数の依存症に苦しむ人々が、幼い頃に虐待を受けた経験をもつことが分かっています。そのような場合、寂しさを寂しさとして感じることができないし、寂しさを感じると(あるいは退屈を感じると、と言ってもこの場合はほとんど同じかも知れませんが)過去の苦しさが強い強度で自分に迫ってきてしまう。そんなときにそれを忘れさせてくれる薬やアルコールに頼ってしまうわけです。その苦しさから逃れさせてくれるからです。

だから、「薬を使ってはいけません」「アルコールを飲んではいけません」と命じるだけではダメなのです。「ちょっと寂しいな。でも、このくらいならいいか。仕方ないか」とか、「ちょっと退屈だな。苦しいな。でも、このくらい退屈なのはいいか」という状態に少しずつ慣れていくことが必要になります。そして、そのために自分の経験を分かち合ってくれる仲間が必要になる。

けれども、そういうことはなかなか理解してもらえません。特に薬物は違法性が関係していますから、理解のハードルは非常に高くなります。たとえば芸能人が薬物で捕まると、「こんなに周りのみんなが支援してくれているのに、なぜ再犯するのだ」などといった声が高まります。

でも、そういうことではないのです。「自分は再び薬物をやってしまうかもしれない」という自分の弱さを受け入れることがまずは大切なのです。弱さがあるから依存症になってしまうのに、強くなれと言っても全く意味がない。その弱さの事実をごまかさないこと。こうやって考えていくと、人間にとっての依存や自立の意味が大きく変わっていきます。

熊谷さんの名言の一つに、「自立とは依存先を増やすこと」という言葉があります。誰もがたくさんの物や人に依存して生きています。けれども、いわゆる健康な状態にいる人は、依存先があまりにもたくさんあるから、一つか二つぐらい依存先がなくなっても問題がないし、また依存先に依存しているということを意識する必要もない。

依存症になってしまう人は、むしろ依存先がものすごく少ないんですね。ほんのわずかの依存先に大量に依存している。だからむしろ、「もっとたくさんの箇所に依存させないと！」というのが答えになる。依存症から抜け出すとは、依存しなくなるということではなくて、依存先を増やしていって依存度を拡散していくことであり、依存がほどよく多数に分散されている状態が自立ということになります。

これは先ほど述べた近代的人間像、すなわち、自由な意志によって選択を行うことができ、さらにはその選択の結果を自らで引き受けることができる責任主体という人間観からは到底出てこない考え方です。そのことの意味を僕は熊谷さんや上岡さんといった方々との出会いから学んでいきました。

人との出会いの話から始めたことには訳があります。僕自身、『中動態の世界』を一人で書いたわけではないんです。医学書院の編集者である白石正明さんと話しながら、上岡さんと話しながら、熊谷さんと話しながら、他にもたくさんの人たちと話しながら進めていった研究なんです。この本は近代的人間像を疑っているわけですが、その執筆の仕方もそうであったということです。

そもそも中動態について本を書くことを提案してくれたのも白石さんでした。例の二〇一二年のセミナーの打ち上げで、ふと、「能動態とも受動態とも違う中動態というのが昔の言語にはあって、今日の話はそれに関係するような気がする」と口にしたんです。そうしたら二、三日後に、医学書院の白石さんから Twitter のダイレクト・メールで、「國分さん、中動態で本を書きませんか」という連絡が来て、「じゃあやってみようか」ということになった。白石さんの一言がなかったら、あの本を書いていていなかったかもしれないのです。

中動態とは何か

そろそろ内容に入っていきましょう。依存症の話を伺う中で最初に気づいたのは、意志の概念にはどこかおかしなところがあるということでした。では意志とは何なのか。僕らは能動と受動という対立で物事や行為をみており、意志とは僕らが能動的であると見なされた時に想定されている何かではないか――これが僕が最初に立てた仮説でした。そうすると、能動的とはどういうことかが問題になっていきます。

これは難題です。ですが、この難題を考える上で僕がポスト・モダン思想に強い影響を受けてきたことが役に立ちました。いわゆるポスト・モダン思想の特徴の一つは言語に対する強い関心です。人間を言語の構造によって再定義したところに二〇世紀後半の思想の特徴があります。

そういう考えを根幹に持っている僕は、能動性は受動性と対立しているわけだが、この対立は結局、能動態と受動態という言語上の対立から来ているのではないかと発想したんです。能動性と受動性のイメージを形作っているのは、言語上の能動態と受動態の対立ではなかろうか。

だとすれば、能動態と受動態の対立を突き崩してしまうものがあれば、それこそが意志の概念の批判的検討を可能にするのではないかという推測が成り立ちます。そう推測する中で、以前、古典ギリシア語には中動態なるものが存在すると聞いたことを思い出したわけです。

中動態というのは能動態や受動態の仲間で、いま述べた通り、たとえば古典ギリシア語にあるありふれた文法カテゴリーの一つです。この言語を学ぶ人は誰もが中動態を学ぶのであって、別に隠されていたわけでも、僕が発見したものでもありません。ところが、それを調べていくと分かってきたのは、言語学の本やギリシア語の教科書などでも、中動態がうまく定義できていないということでした。何かおかしい、なぜこれをうまく定義できないのだろうと考え始めました。

中動態は英語で middle voice と言います。ミドルですから中間というわけで、おそらくこの名前を聞いた人の多くは、**図1**のようなイメージをパッと思い浮かべるだろうと思います。能動態と受動態があって、その中間だというわけです。実は「中動態」という名前に大きな問題があって、これは実に不適切な命名なのです。本の中では名前の由来についても批判的に検討しましたが、この場でお伝えしたいのは中動態をその名前から考えてしまうと大きな勘違いをするに至るということです。

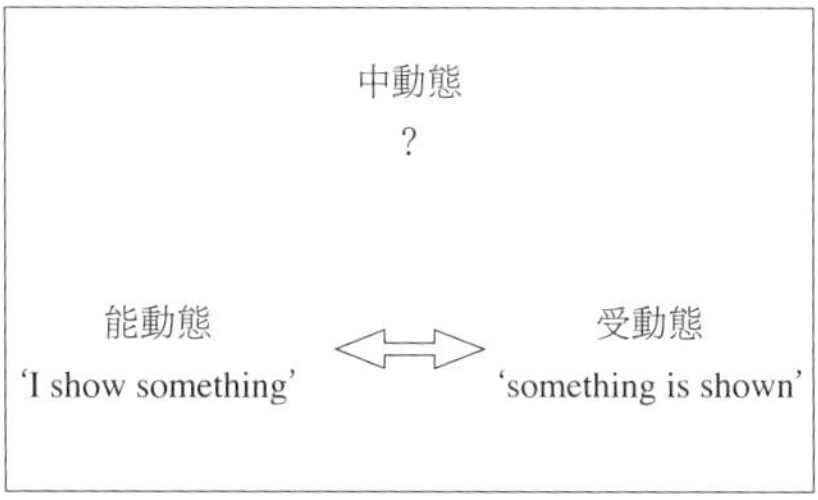

図1

では中動態が能動態と受動態の中間ではないとはどういうことか。それを考える上で何よりも役に立ったのが、エミール・バンヴェニスト（フランスの言語学者）の研究でした。バンヴェニストは論文「動詞の能動態と中動態」（『一般言語学の諸問題』みすず書房、一九八三年）の中で次のようなことを述べています。

能動態と受動態の区別、あるいはその対立は我々の思考の奥深くに入り込んでいるから、これは必然的なものに思える。この対立なしでは物を考えられないというくらいである。しかし、比較言語学がすでに明らかにしている通り、インド＝ヨーロッパ語（英語やロシア語やフランス語、さらには古典ギリシア語やサンスクリット語なども含まれる巨大な言語のグループ）を遡っていくと、このような区別はもともと存在していなかったことが分かっている。もともと動詞の態を特徴づけていたのは、能動態と受動態の対立ではなく、能動態と中動態の対立であった。

　これは決定的に重要な指摘です。中動態は能動態と受動態の中間にあるのではない。そうではなくて、そもそもは能動態と受動態の対立が存在していなかった。なぜならば、もともとあったのは能動態と中動態の対立だったからです。これはインド＝ヨーロッパ語がある時点で、動詞の態に関して、非常に大きな地殻変動を被ったということを意味しています。

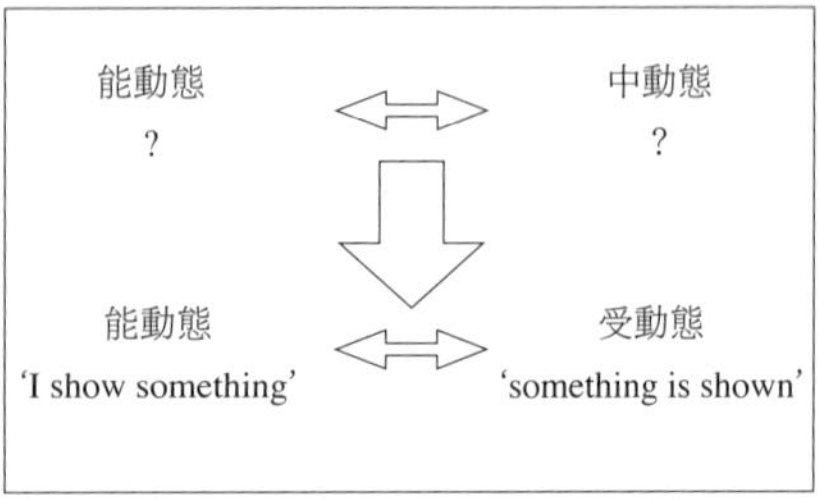

図2

　このことは、実は古典ギリシア語を勉強すると何となく分かることなんです。古典ギリシア語の動詞には能動態と中動態と受動態の三つの態があり、しかもほとんどの時制において、中動態と受動態の形が全く同じであるからです。ここからこの言語が何らかの移行期に位置していた言語ではないか、そして、僕らは移行後の視線でこの言語を眺めているのではないかという推測が成り立ちます。

　この地殻変動を図式化すると次のようになります（**図2**）。

　ここから中動態がうまく定義されてこなかった理由が見えてきます。態の対立構造そのものが変更されたというのに、いま自分たちが当然視している能動態と受動態の対立をそのまま維持して、そこに中動態を位置づけようとするからうまくいかないのです。対立そのものが取って代わられたのですから、能動態と受動態の対立を前提にして、そこから考えるというのではうまくいきません。能動態と中動態の対立そのものを改めて定義しないといけないはずなのです。

よくある中動態の定義に、「動作が動作主の利益に関係しているときに中動態を使う」というものがあります。普通にギリシア語の教科書にも載っている定義ですが、どうして文法事項の定義なのに、「利益」などという言語外の要素が出てきてしまうのでしょうか。非常に曖昧な定義であると言わざるをえません。

とはいえ、そういう曖昧な定義にならざるを得ないことにも理由があるのです。古典ギリシア語に能動態と受動態があるし、僕らは普段、能動態と受動態の対立の中でものを考えている。だとしたら、どうしたってこの対立の中に中動態を位置づけざるを得ない。これは言い換えれば、文法だけを見ていても中動態はうまく定義できないということでもあります。動詞の態に関して根本的な地殻変動が起こったという歴史そのものに目を向けないといけない。歴史ではなくて文法構造の中で中動態を定義しなければならない文法の教科書などは、だからどうしても曖昧な定義に頼らざるを得ないわけです。逆に、バンヴェニストが中動態をうまく定義できたのは、彼があくまでも歴史的な視点に定位していたからだとも言えます。

以上から分かるのは、中動態の定義を求めるならば、中動態そのものを定義しようとしてはいけないということです。それでは能動態と受動態の対立を前提することになってしまう。そうではなくて、能動態と中動態の対立を定義する（ということはつまり、能動態を改めて定義し直す）ことが重要であったわけです。これを見事に行ったのがバンヴェニストでした。

能動態と受動態の対立とは、ごく簡単に言えば、「する」と「される」です。行為の矢印が自分から外側に向いていれば能動だし、自分に向いていれば受動です。では能動態と中動態の対立はどうか。バンヴェニストは次のように述べています。能動態と中動態との対立において能動態に活用した動詞は、主語から出発して、主語の外で完遂する過程を指し示している。つまり、自分から出発して、外側で終わる行為を指すときに能動という態が使われる。それに対立する中動態では、動詞は主語がその場所（siège）となるような過程を表す。つまり主語は過程の内部にある。

能動態と中動態との対立においては、「する」と「される」のような行為の矢印の方向ではなくて、外部か内部かが問題になるというわけです。過程の外部と内部が動詞の態を区別する基準になっていた。これこそが、バンヴェニストが明らかにした決定的に重要な点です。

中動態のみをとる動詞

このような抽象的な定義だけでは分かりにくいと思うので、少し例を出してみます。ギリシア語には中動態しか取らない動詞がいくつかあります。たとえば、分かりやすいのは「惚れる」を意味するἔραμαι（エラマイ）です。英語では“I love you”と言いますね。これは能動的です。けれども、よく考えてみればすぐに分かることですが、誰かを好きになるというのは能動的なことではありません。むしろ受動的なあり方に近いのではないでしょうか。自分がどうしようもなくその人に引かれてしまうわけですから。けれども現在の言語だと、これを“I love you”という能動態で表現するほかない。中動態を持つ言語ならば違います。私は誰かに惚れ込み、引かれるという過程の中にある。私は「惚れる」ということそのものが発生する場所になっている。それをエラマイという中動態で表現するのです。

「欲する」を意味するβούλομαι（ブーロマイ）も分かりやすい例だと思います。“I want a cup of water”と言う時、実際に起こっているのは、私が能動的に一杯の水を望んでいるということではありません。僕の生体組織が乾いた状態にあって、その状態が僕をして水を欲せしめているわけですね。私を場所として「欲する」ということが起こっている。

英語圏でも何度か中動態について講演したことがあるのですが、話の後で、「“I want”という表現はよく考えるとおかしいだろう」という話をすると、英語話者の人たちも「なるほど」と言って分かってくれますね。実は能動的ではない事柄を能動態で表現しているからです。というか、中動態を失った言語を使っているがゆえに、そのような不便を強いられているわけです。

中動態を失った言語は、もともと中動態が担っていた意味を能動態と受動態の数々の表現に振り分けました。ですので、中動態が担っていた意味は能動態だけでなく、受動態にも引き継がれています。分かりやすいところでは、“I was born”があります。「生まれる」なのになぜ受動態なのか。中学生で英語をはじめて習った時に、おかしいと思いませんでしたか。おかしいんです。

詩人の吉野弘に同名の有名な詩がありますが、これもこの表現のおかしさを出発点にしたものでした。「生まれる」なのにどうして受動態かと言えば、もともとはこれを中動態で意味していたのに、それがなくなったからです（ギリシア語ならγίγνομαι［ギグノマイ］という中動態の動詞を使います）。仕方なく受動態で代用しているのです。ですから、別にここには受動の意味はありません。吉野弘も中動態のことを勉強していたら、あの有名な詩はすこし形が変わったかも知れませんね。「I was born さ。受け身形だよ。正しく言うと人間は生まれさせられるんだ。自分の意志ではないんだね」という一節がありますが、別に「生まれさせられる」（この日本語は本当はおかしいと思いますが）わけではありません。この受動態の使用には別に深淵な思想などありません。中動態がなくなったから仕方なくそうしているだけです。ただし、吉野弘がここで意志に言及していることは注目されます。これは後半の論点になります。

能動態と中動態の対立

別のタイプの例も見てみましょう。ギリシア語の動詞にはもちろん能動態と中動態の両方に活用するものがあります。例えば、πολιτεύειν（ポリテウエイン）とπολιτεύεσθαι（ポリテウエスタイ）という活用の対立を見てみましょう。

後者、ポリテウエスタイは中動態に活用しています。「ポリス」という音が入っていることから分かるように、これは「政治を行う」とか「統治する」といった意味の動詞です。では、そういう動詞が中動態に活用していると何を意味するか。統治する者が統治の場所になっているわけですから、これはアテナイなどの民主制を説明するために使う動詞であるわけです。民主制においては統治する者が主語であり、その主語を場所として統治するということが起こるわけですね。

では、同じ動詞をポリテウエインという能動態に活用させるとどうなるか。これは動詞の指し示す過程が主語の外で完結するわけですから誰かが誰かを統治する、あるいは支配する場合に用いられるわけです。ペルシャの王様がギリシアのポリスを支配しているのならば、これはポリテウエインと呼ばれます。統治行為はペルシャの王様という主語の外側で完結しているからです。

これは非常に分かりやすい例だと思います。まったく異なる事例を動詞の活用が明確に区別してくれるわけです。ところが、現代語に翻訳してしまうとどちらも「統治する」という能動態になってしまいます。区別されるべきものが区別されなくなってしまうわけです。

同じような例をもう一つ挙げてみましょう。今度は目的語のある表現になっています。νόμους τίθεσθαι（ノムース・ティテスタイ）という表現は「法を定めること」を意味しますが、動詞は中動態に活用しています。すでにお分かりかと思いますが、自分たちで自分たちに法を与えるわけですから、たとえば民主制における法の制定がこれによって表現できます。それに対して、νόμους τιθέναι（ノムース・ティテナイ）という表現においては動詞は能動態に活用しており、たとえば、どこか別の場所にいる支配者がポリスの民衆に法律を課すような場合に用いられます。

これも非常に分かりやすい例だと思います。そしてまた、中動態をもつ言語がどれだけ便利であるかも分かっていただけるのではないでしょうか。中動態は何か特別で神秘的なものではありません。それは日常的な事柄を表現するのに大変便利なものであるわけです。すこし大袈裟に、現代の言葉では恋も民主制も正確に表現できないと言ってもいいかもしれません。

態の変化は何を意味しているか

ここからこの態の変化、つまり能動態と中動態の対立から能動態と受動態の対立への変化がもつ意味を考えてみたいと思います。例として一つの動詞を取り上げてみましょう。

φαίνω（ファイノー）という動詞があります。これは能動態に活用しています。意味は非常に簡単で、I show すなわち「見せる」という意味です。僕が何かを見せて、見る人のところでそれが終わるので能動態です。

ではこの動詞が中動態に活用するとどうなるか。この動詞の中動態は φαίνομαι（ファイノマイ）です。ファイノマイというのは、現代哲学をしている人は結構知っている言葉なのですが、「現象」を意味する phenomenon の語源です。

では、ファイノマイはどういう意味でしょうか。主語がその行為の示しているプロセスの場所になるわけですから、私が「見せる」ということの場所になる、つまり、「私が現れる」という意味になります。英語ではこの意味を I appear と翻訳することができるでしょう。ファイノマイはまずはそのように翻訳できる意味を持っています。

ただ翻訳の可能性はそれだけではありません。「私が現れる」ということは、私が「見せる」というプロセスの中にいて、つまりは「見せられている」ということですから、ファイノマイは I am shown

とも翻訳できます。ファイノマイの意味はそんな風に翻訳してもよいわけです。さらには英語には再帰表現という変わった表現の仕方もあります。それを使ってファイノマイを、I show myself と翻訳することもできます。「私が私自身を見せる」というわけです。

中動態に活用したファイノマイという動詞は、I appear という自動詞表現、I am shown という受動態表現、さらには I show myself という再帰表現の三つの仕方で翻訳できる。この中動態の動詞の意味には、これら三つの意味素が混じり合っていると言えます。

ここまでは別に難しくないと思います。中動態が概ね、自動詞表現、受動態表現、再帰表現の三つの意味を持つこともご理解いただけたと思います。ですが、ちょっとここで立ちどまって考えていただきたいんですね。いまご理解いただいた説明には、現在の常識から見るととても変な部分があります。

ファイノマイという動詞は I appear も I am shown も意味しています。ファイノマイという動詞の中では、これら二つの意味は区別できません。ところが、僕らが現在使っている言語では、これらを明確に区別しています。区別するどころか、対立させられています。というのも、I appear は能動態で、I am shown は受動態だからです。能動態と受動態を対立させる現在の言語では、中動態の動詞の中で仲良く同居していた意味が、全く別の陣営におかれて対立させられているわけです。

では、I appear と I am shown はどういう意味で対立しているというのでしょうか。この対立においてはいったい何が問題になっているのでしょうか。前者が能動態、後者が受動態であることから分かるように、それは私が自分から現れているかどうかであると思われます。自分から自発的に現れている場合は能動的と言われ、現れることを強制されている場合は受動的と言われるわけです。

たとえば、僕が今日皆さんの前でお話しするために現れたことは、まさしくファイノマイという動詞で説明できます。僕はまさしく皆さんの前にファイノマイしています。では本日、僕はここに自発的に現れたのだろうか、それとも現れることを強制されたのだろうか。或る意味では自発的に、「よし、今日はグローバル・スタディーズ・セミナーで講演する日だな！　頑張ってお話しするぞ！」と思ってこの場に現れているわけですね（ZOOMミーティングですけれども）。そういう意味では能動的だったかもしれない。

でも他方で、「グローバル・スタディーズ・セミナーの最後の回は國分さんにお願いしますね」ということが執行部会議で決まったから、この場に現れているとも言えるわけですね。もちろん今回の講演をイヤイヤ引き受けたというわけではないのですが、では何らの強制力がなくても僕はこの回で話をしただろうかと考えるとおそらくそうではない。そういう意味では受動的です。

いずれにせよ、僕が皆さんの前にファイノマイしているという事実は変わりません。私は皆さんの前に姿を現している。それをギリシア語ではファイノマイと言う。ところが、現代の言葉は、そこで能動と受動を何としてでも区別しようとするわけです。「國分さん、あなたは自分から自発的に講演してるんですか？　それとも執行部会議で決まったから講演してるんですか？　どっちなんですか？ハッキリさせてくださいよ」と尋問してくる。それをハッキリさせないと言葉で表現することができない。能動と受動を区別しないといけないからです。僕は本の中で、そのような現代の言語を「尋問する言語」と呼んでみました。それはある行為について、自発的であるか強制されているのかを、何としてでもハッキリさせようとする言語です。

ここでやっと最初の論点にもどっていきます。僕はここで問題になっているものこそ、「意志」ではないかと考えたのです。意志のあるなしがここで問われているのではないだろうか。どうしてかつて中動態の中で同居していた意味が対立するに至ったのか。それは言語が意志の有無を何としてでもハッキリさせようとし始めたからではないか。

もちろんこれは仮説ですし、この仮説を立証することは難しいでしょう。ただ、だとしても言えるのは、ここまで説明してきた言語の態を巡る地殻変動の前と後では、言語による行為の捉え方は明らかに変化しており、この地殻変動は、現在僕らが意志と呼んでいるものを前景化させる効果を持っているということです。なぜこういう地殻変動が起こったのかを問うのは難しいでしょう。けれども、それがいかなる効果を持っているのかを検証することはできます。

古代ギリシアには意志の概念はなかった

こうして態の分析から意志の概念そのものに関心を移して調べを続けていったわけですが、そうすると驚きの事実に突き当たりました。僕はいま、中動態を有していた古典ギリシア語を使って、意志が前景化されない言語から意志が前景化される言語への移行を説明してみましたが、この古典ギリシア語を使っていた古代ギリシアには意志の概念は存在していなかったというのです。はじめて知った時には本当に驚きました。これはギリシア学者のなかでは昔から常識だったらしくて、そのことにも驚きました。これはたとえばハンナ・アレントが『精神の生活〈下〉第二部 意志』(岩波書店、一九九四年)ではっきりと述べていることです。

ここにはさらに考えを進めるためのヒントがあるように思いました。人類はある時点で「意志」という概念を発明し、それがいまでは当たり前のように用いられるに至っているわけです。では、意志という概念はどこで発明されたのだろうか。これについては諸説あります。ただ、いま名前を挙げたアレントは、これを発明したのはおそらくキリスト教哲学であろうと言っています。

ギリシア哲学とキリスト教哲学、あるいはギリシア世界とキリスト教世界というのはさまざまな意味で強烈に対立しています。その対立点の一つに、「意志」のような能力を認めるか否かがあると思います。こういう視点で眺めていくと、ギリシア世界はとても「西洋的」などという大雑把な言葉では表現しきれない、ある種の原始的な荒々しさのようなものを持っていた世界に思えてきました。ギリシア世界には現代世界で支配的になっている思想とは本当に違うものが見いだせるんですね。

では、人類史のある時点で発明され、その後まるで普遍的であるかのように扱われるに至ったこの「意志」という概念は、どういう機能を持っているのでしょうか。この点について、ジョルジョ・アガンベンという哲学者が、非常に興味深いことを述べています。アガンベンによれば、「意志は、西洋文化においては、諸々の行動や所有している技術をある主体に所属させるのを可能にしている装置である」というのです(『身体の使用』みすず書房、二〇一六年、一一三頁)。

一つの行為の実現には、数え切れないほどの原因が関わっています。むしろ無限に多く原因が関わっていると言えるでしょう。たとえば、いま僕がこうしてZOOM越しに皆さんにお話しするという

自分の意志で散歩をしているとは言わないでしょう。意志は自分の行為を意識している時に使われるからです。そして自分の行為を意識しているということは、意識が作用しているわけですから、その時、その人の心は周囲や過去に接続しており、そこから影響を受けているということです。つまり意志は周囲や過去の影響を受けているのであって、何ものにも先立たれないものではない。

他方、誰かに唆《そそのか》されたり、強制されたりしてある行為を行った場合には、その行為の出発点がその人の意志にあるとは見なされず、したがって、その人に責任があるとは言われません。つまり意志を根拠にして責任を問う場合、意志は周囲や過去から独立したものとして想定されています。

つまり意志は必ず意識的であるという意味で、周りと過去と接続しているものと見做される一方、責任の根拠としては周りや過去から独立しているものと見做されている。ここに単純な矛盾がありま す。僕らが責任の根拠として援用している意志の概念は、このような少し考えればわかるような矛盾に貫かれているわけです。

意志の概念は或る意味ではかなり無理をして維持されているとも言えるでしょう。実際、古代ギリシアにはこの概念はなかった。けれども、この概念は現代社会では特に強い力を持っています。意志は選択と同一視され、選択の自由こそが自由であると見なされ、「何を選んでもあなたの自由です。ただし、その選んだことの責任もあなたにあります」という仕方で社会に蔓延している。意志は現代ではかつてないほど高い地位を与えられていると言ってよいでしょう。けれども、歴史的に見れば意志の概念は全く普遍的でも何でもないし、もともとは存在しなかったし、さらには少し考えればその矛盾がわかる程度の根拠薄弱な概念なのです。

信仰の対象としての意志

先ほど意志の概念を「無からの創造」という言葉で表現してみました。もちろんこの言葉を使ったのは意図的であって、意志の概念がどうやらキリスト教哲学に由来するものであるということを強調するためです。というのも意志の概念は、神が世界を無から創造したというキリスト教の教説を思い起こさせるからです。この説が正しいとすれば、意志という概念を無批判に使いつづけている現代人は、そうとは意識せずに、ある一つの信仰の中にいると言えるのではないでしょうか。というのも、意志のように根拠薄弱な概念は理性的・哲学的な検証には到底耐えうるものではないわけですから、それを維持するためには「意志教」とでも呼ぶべき信仰にすがるほかないように思われるからです。

意志が責任の根拠になるのは、この概念を使えば行為を主体に所属させ、行為をその主体の所有物にすることができるからでした。僕はこの「所有」という概念が近代を考える上で極めて重要であると考えています。近代哲学においては、特にジョン・ロックが所有という概念を基礎づけました。いや、基礎づけることができたかどうかは分かりませんが、ロックはとにかく所有権の正当性を主張した。

その場合に問題になっていたのは、ものの所有です。けれども、実はそれと同時に密かに進んでいたのは、「行為の所有」という考え方だったのではないか。つまり、近代において確立されたのは、ものだけでなくて「行為の私有財産制」だったのではないでしょうか。行為を個人の持ち物にするという考えです。すると、僕らが知っているタイプの責任の概念の背景や基礎には、いわば行為の私有財産制があるということになります。

所有というのは実に曖昧な概念です。形而上学的な概念だと言ってもいい。僕は一応、土地を所有しているのですが、土地を所有するとはいったいどういうことなのでしょうか。法律では占有と所有を区別します。たとえばペンだったら僕は占有できる。けれども、一人で土地を占有することは困難です。占有できないものを所有しているとは、いったいどういうことなのでしょうか。

同じことが行為についても言えるでしょう。一つの行為の背後には無数の原因があるのだとすれば、その行為はある意味で共有されていることになります。ところが近代は行為をも個人の私有財産のように扱うことにしたわけです。そして行為の所属は意志という根拠薄弱な概念に依拠しており、この行為の所属は我々がよく知るタイプの責任の概念の根拠になっている。つまり責任という、社会を運営していく上で極めて重要な概念が実に危うい基礎の上に成り立っているということになります。先にも述べた通り、それはある種の信仰に依拠しているとすら言えるものであるからです。

責任概念の再検討――義の心

『中動態の世界』という本には、「意志と責任の考古学」という副題がついています。ただ意志の概念についてはそれなりに検討することができたものの、責任の概念については十分な検討を行うには至りませんでした。ですので、むしろ本を出版した後からこの概念について本格的に考えるようになりました。意志の概念の検討に続いて、ここから責任についてすこしお話しさせてください。

責任を考える上でヒントになったのは、責任を英語ではレスポンシビリティーと言い、これがレスポンド、すなわち「応答」から来ているという非常に単純な事実です。つまり、これらの言葉の関連に依拠するならば、「責任を取る」とは「応答する」を意味するはずなのです。

ところが不思議であるのは、僕らのよく知る責任概念、すなわち意志の概念に依拠する責任概念には、どこにも応答の要素が見当たらないということです。「あなたがあなたの意志でやったことだから、その責任はあなたにあります」と言って、意志の概念を用いて行為をある人に所属させる――いったいこのどこに応答があるというのでしょうか。

そう考え始めた時に気づいたのは、意志の概念に依拠する責任というのは、そもそもの責任の概念からはすでに逸脱してしまった、堕落した責任ではないかということでした。そのことについて考えるために、応答の意味するところを考えてみましょう。

応答するという意味での責任を考える上で参考になるのが「義」という言葉です。『論語』に「義を見て為さざるは勇なきなり」という言葉がありますね。人として当然行うべきことと知りながら、それを実行しないのは勇気がないことだという意味です。ここに言われているような義の概念には、応答の契機が見いだせます。人として当然行うべきことと思われることを行う。それはまさしく目の前にある事態に応答するということです。その意味で「義の心」とは応答としての責任に対応するものではないかと考えることができます。

今度はいわゆる「西洋」の伝統に目を向けてみましょう。新約聖書のルカ書の中に、善きサマリア人の譬え話という有名な譬え話があります。律法学者から、「では私にとっての隣人とは誰であるのですか？」と揚げ足取りを狙った問いを発せられたイエスがそれに答えて話した譬え話です。その中でこのサマリア人は半殺しにあって地面に横たわっている人を介抱するだけでなく、宿に連れて行って宿代まで支払います。ここでこの人物は目の前にある状況を見て、自分はこれに応答しなければならないと思ったのではないでしょうか。あるいは目の前にある状況に自分は応答しなければならないと思った時、人の心には「義の心」が発生すると言うことができるかもしれません。

責任をレスポンシビリティーから、したがって応答から考えるならば、それは自然と心に現れてくる義の心のようなものに通じていることが分かります。そうすると、意外にも、責任の概念が中動態と結びついていることが見えてくるわけです。というのも、目の前に応答しようとしている時、その人はまさしく応答が起こる場所になっているからです。

能動と受動の対立を批判し、意志の概念を疑問に付すことは、もしかしたら責任を考えるのを不可能にしてしまうことのように思われるかもしれません。しかし逆なのです。むしろ中動態の概念がなければ責任をその本質において捉えることが難しくなってしまうのです。なぜならば、中動態のカテゴリーがなければ責任は負わせる（能動）か負わされる（受動）ものになってしまうからです。

中動態から責任の概念を捉え直すならば、先ほど述べた堕落した責任概念の発生理由もよく見えてきます。どう考えてもこの事態に応答するべきだと思われる人がいる。ところがその人が事態に応答しようとしない。だから無理矢理にでも応答させないといけない。その時に、「これは君が自分の意志で行ったことなのだから、君が責任を取るべきだ」という仕方で無理矢理に応答させる。これが意志概念に依拠する責任の発生メカニズムではないでしょうか。堕落した責任概念とは、応答すべき人間が応答しないものだから、無理矢理に応答させるために意志という概念をかなり無理して援用することで発生した概念であるように思われます。

責任と帰責性

最後に一つのエピソードを通じてもう一つの概念を紹介することで、結論に向かっていきたいと思います。

『中動態の世界』は韓国で翻訳出版されていて、それがきっかけだったのでしょうか、翻訳出版後にソウルで行われたシンポジウムに招待していただいたことがありました。講演では中動態から出発して責任について考える、今日の講演のようなお話しをさせていただきました。その時、訳者の方がコメンテーターになってくださっていたのですが、その方の質問がすばらしいもので、大変感銘を受けたのです。

質問はこのような内容でした。確かに責任を考えるためにこそ中動態が必要であろう。ただ、たとえばマイノリティーが権利要求をして、マジョリティーに対する批判を行う場合、能動態と受動態の対立の図式が必要になることもあるのではないか。そのような質問をいただいたんですね。

その通りだと思います。中動態を思考に導入することは能動態／受動態の図式を放棄することではありません。あまりにも支配的なこの対立図式によって覆い隠されているものを発見することです。

他方、この対立図式がなおも必要な場面は多く存在します。この質問の中にあったマイノリティーによる権利要求もその事例の一つであると思います。

能動態と受動態の対立図式に基づいて、意志の概念に依拠する形で考えられた責任があまりにも支配的なので、一度はこの概念を中動態によって揺るがす必要がありました。ただ、だからといって誰かが誰かに負わせるものとしての責任が不要になるはずがない。中動態に基礎づけられた責任と、誰かが誰かに負わせるものとしての責任は、その意味で両立する必要があります。前者が義の心としての責任であるとすれば、後者は民法や刑法で問題になる責任です。両者はまずは異なるものとして考えられるべきだと思います。どちらをもレスポンシビリティーと呼んでいるから話が混乱してしまう。

最近、アガンベンの本を読んでいて、imputability という言葉があることに気づきました。impute という動詞は誰かに負わせること、ある事柄を誰かのせいにすることを意味します。それを名詞化したのがこの単語です。誰かに負わせるというのはまさしく能動態と受動態の対立図式にもとづいています。負わせる側と負わせられる側がある。仮にこれを「帰責性」と訳すならば、能動態／受動態に基づいた帰責性（インピュタビリティー）の概念と、中動態に基づいた責任（レスポンシビリティー）の概念をうまく区別することができるのではないか。

そうすれば、責任と中動態から考えることは、帰責性を蔑ろにするのではなく、むしろ社会的な正義のためにこれをはっきりさせることに役立ちます。帰責性に近づけることで責任を堕落させてしまうのでもなく、責任に近づけることで帰責性を曖昧にしてしまうのでもなく、帰責性が問われるべき水準と責任が問われるべき水準とをまずははっきりと区別して考えることができる。

おわりに――結論に代えて

ただこれでも話は終わりません。さらなる問題は、責任を帰責性からまずははっきりと区別した上で、責任について改めて考えること、責任と帰責性の関係を考えることであろうと思います。ここまでの議論だけでは責任における応答という契機を指摘しただけですし、帰責性と責任についても両者を区別しただけでその関係は未規定のままです。

ここでまたしてもギリシアに言及したいと思います。参考にするのはジャン＝ピエール・ヴェルナンというギリシア学者のギリシア悲劇論です。「ギリシア悲劇における意志についての覚書」という論文の中でヴェルナンは、ギリシアにおける意志概念の不在を前提としつつ、その上でギリシア悲劇に描かれている行為と行為者の関係を探っています。

悲劇というのは或る意味で、行為と行為者との関係が最も鋭く問われることになるジャンルです。悲劇において人間は、自分が引き起こしたわけではないことに巻き込まれ、自分が行ったことが自分の思いもよらなかった事態を引き起こすのを目にします。つまり、いまその自分が陥っている事態に対して自分には責任があるのかどうかが極端な形で問われるのです。

ヴェルナンは様々な学説を調査した上で、次のような或る意味では非常に簡潔な結論を出します。「ギリシア悲劇のなかでは、人間的な因果性と神的な因果性が混ざり合うことはあるけれども、だからといって両者が混同されることはない」（Jean-Pierre Vernant, « Ébauches de la volonté dans la tragédie grecque »[1972], J.-P. Vernant & P. Vidal-Naquet, *Mythe et tragédie en Grèce ancienne*, Tome I, Éditions La Découverte, 2001, p.68)。どういうことでしょうか。

人間的因果性というのは、私がこれを行ったがゆえに或る事態が発生しているという意味での因果性です。それに対し神的因果性というのは、人間を超えた神の運命的な力（アナンケー）によって何かをやらされたという意味での因果性です。私の行為ゆえに或る事態が発生しているのならば、その事態の責任は私にあることになります。アナンケーにやらされたということならば、誰にも責任を問えないことになります。

悲劇の中で主人公は確かにアナンケーに振り回されて行為します。その意味で主人公には責任はない。けれども確かに主人公は行為しています。つまり、やらされているけれどもやっているし、やっているけれどもやらされているのです。ヴェルナンによれば、ギリシア悲劇の特徴は、この二つの契機の区別を絶妙な仕方で保存していることにあります。

ヴェルナンが引用する例の中にオイディプス王があります。ご存じの通り、オイディプスは父を殺して母を娶《めと》るという不幸に見舞われ、その結果、自ら自分の目を潰します。これは一見するとアナンケーに振り回されたことのように思える。けれども、オイディプスはこの二つを同時に語りつつも、それらを神的因果性と人間的因果性のどちらにも還元することがないのです。

コロス：おお、恐ろしいことをなされたお人、どうしてこのようにお目を損われた。いかなる神がそそのかした。

オイディプス：アポロンだ、友よ、アポロンだ、この、おれのにがいにがい苦しみを成就させたのは。だが眼をえぐったのは、誰でもない、不幸なこのおれの手だ。なにとて眼明きであることがあろう、眼が見えたとて何一つ楽しいものが見えぬおれに。
（ソフォクレス『オイディプス王』1327-1334［Vernant, *ibid*., p.69］）

オイディプスはアポロンの神的な力によって自らがこのような不幸に見舞われたことをはっきりと述べる。けれども同時に、目をえぐったのは自分であることをはっきりと肯定する。こう言ってもいいでしょう。オイディプスは自分に対して加害を行った加害者である。けれども、同時に運命の被害者でもあった。そしてまた、被害者でもあるが、加害者でもある。これは矛盾しています。けれども、ヴェルナンが見出したギリシア悲劇の論理というのは、こういう論理ならぬ論理、二律背反を同時に認める論理なのです。

私は加害者であるが被害者であり、被害者であるが加害者である。ヴェルナンのこの論文を読んだ時、私は少し前に公開された『プリズン・サークル』（坂上香監督、二〇一九年）という映画のことを思い出しました。これはＴＣ（Therapeutic Community＝回復共同体）というプログラムを日本で唯一導入している刑務所を取材したドキュメンタリー映画です。

刑務所に服役している少なからぬ数の受刑者は自らの罪に向き合おうとしています。けれども、「自分が悪いことをした」というのを知ってはいても、その責任をなかなか引き受けられない。責任を引き受けるということの意味が分からないのです。「お前は犯罪を犯したのだ。反省しろ」と人に言われ、その必要性も知っている。けれども、その責任を引き受けるとはどういうことなのかが分からない。

TCというプログラムでは、受刑者たちがロールプレイや経験の分かち合いを通じて、どうして犯罪が起こったのか、自分はどうやってそこに至り、いまなぜここにいるのか、被害者はどのような気持ちであるのかといったことを理解していきます。

重要なのは、なぜ犯罪が起こったのかを理解するために、受刑者たちは一度、自分たちを運命の被害者として捉えるということです。つまり、いったん免責するのです。

いったん免責されることで受刑者は自分が犯罪を犯すにいたった経緯を理解するようになります。とても不思議なことに、このようにして免責されることで逆に引責できるようになる、つまり罪に向き合い、償うことの意味やその仕方を飲み込んでいるようになるのです。

ここには、単に責任を負わされるだけでは生まれなかった応答する責任が、免責を経て生まれる過程があります。神的因果性を経ることで人間的因果性を理解できるようになるということです。自分を運命の被害者として位置づけることによって、逆に自分が加害者であることの意味が理解できるようになる。帰責性を一度括弧に入れることによって、応答する責任が自らのうちに生じると言ってもよいかもしれません。

ヴェルナンが描き出したギリシア悲劇における行為と行為者の関係というのは、いわゆるギリシアのロゴスの観点から見ればあり得ないことです。ロゴスには排中律というものがあり、Aであると同時に非Aであるということは認められないからです。つまり加害者であると同時に被害者であるということは認められない。けれども、人間の心における責任の発生を考えるためには、この非ロゴス的なものが必要なのだとは言えないでしょうか。自分が被害者であることを認めた時にはじめて人は自分が加害者であることの意味を理解できるようになる。

これはもちろん大変センシティヴな問題です。犯罪には被害者がいます。被害者としては、加害者をいったん免責することも、犯罪者をいったん被害者として捉えることも許しがたいことでしょう。そのようなことが行われると聞いただけでもしかしたら大きな傷を負うことになるかもしれません。その可能性を忘れてはなりません。ですから、大変慎重に考えを進める必要があります。

これはアカデミックな議論に過ぎないように思えるヴェルナンのギリシア悲劇論にしても、これを単なる学説としてのみ理解することはできないということを意味しています。それが現実においても意味を考えるならば、大変緊張しながら、慎重に読み解き、これを論じていかねばなりません。それは人を大いに傷つける可能性があるのです。能動態と受動態の対立を疑い、中動態に注目しながら意志の概念を批判的に考察したここでの僕の議論も同じです。そこには危険があります。

危険を前にして居直るのは論外です。ですが、危険に対して怯んでしまうのでは、おそらく何か重要なことを見落としてしまいます。不遜にもこんな大きな言葉を使うことが許されるならば、学問とは、思考がもたらす危険に向き合うことを常に迫られている営みなのだろうと思います。危険を前にして居直るのでも怯むのでもなく、慎重に丁寧に考察を積み重ねていくこと。僕もそのことを忘れずに、自分の専門である哲学に取り組んでいこうと思います。

あとがき

本書のもとになっているのは、東京大学の学術的研究・教育プログラム「グローバル・スタディーズ・イニシアティヴ（ＧＳＩ）」が中心となって企画した、東京大学大学院総合文化研究科グローバル地域研究機構（IAGS）主宰の連続セミナー《グローバル・スタディーズの課題》での各報告である。同セミナーは二〇一九年一二月から二〇二一年七月にかけてほぼ毎月開催された。各分野で最先端の研究をなさっている先生方の発表は実に刺激的なものであり、毎回、発表後には実に活発な議論が交わされた。その時の模様を記録した参加記がＧＳＩのホームページに掲載されているので、関心のある方はぜひ御参照いただきたい（https://www.gsi.c.u-tokyo.ac.jp/research/globalstudiesseminar/）。

「グローバル・スタディーズ」という表現に曖昧さがあることは本連続セミナーでの大前提であった。それにもかかわらず、貴重なお時間を割いて報告をお引き受けいただいた先生方は、ご自身の分野とご自身の関心をもとに、この表現から考えられること、この表現において考えられるべきことを実に詳細に、そして深く語ってくださった。更には、各報告をもとに書籍を作りたいというGSIからの突然の不躾な依頼にも快く応じてくださった。このような素晴らしい書籍が完成したのは、ご寄稿いただいた先生方のおかげである。私はGSIのディレクターとして、このプログラムの構成メンバー全体を代表し、先生方に心からお礼申し上げたい。

＊

私はいま、GSIのメンバーを代表して、ご協力いただいた先生方に感謝の意を表するという栄誉ある任務をお引き受けすることができたわけだが、私がディレクターを任されたのはこの連続セミナーが終了した後のことにすぎない。セミナーの運営、そしてGSI全体の運営を引き受けていらしたのは、前任の田辺明生先生である。インド研究がご専門の人類学者である田辺先生の研究の一端はまさしく本書に収められている論考に読むことができる。この論考からは田辺先生のご関心が、インド研究に足場を置きつつも、決してそこには留まらない拡がりをもっていることがご理解いただけるだろう。これだけのすぐれた先生方をお招きすることができたのは、田辺先生がご尽力なさったからだ、と言わねばならない。

この本が出版されたすぐ後に田辺先生は東京大学をご退職なさる。それ故、すこしだけ私事を書くことをお許しいただきたい。一年半という大変短い期間ではあったが、田辺先生のもとでGSIの仕事を行いながら、私は実に多くのことを学んだ。私が学んだことは、一方では、組織や予算をどう考えるかという実務的なものに関わっており、他方では、人類学と政治と哲学をどう考えるかという学問的なものに関わっている。特に後者について言えば、私は自らの人類学観と政治観が大きな変更を迫られたという感触を抱いている。そういう学問的影響を与える方から、組織や予算のあり方についても多くを学ぶことができたというのは思えば不思議なことであるが、そのような不思議なことを引き起こすのが田辺明生先生であった。いまはその田辺先生と一冊の本で名前を連ねることができたことをただ喜びたいと思う。

＊

編者に名前の挙がっている清水光明さんは気鋭の若手日本史学者であり、現在はＧＳＩの研究員を務めてくださっている。録音から書き起こされた原稿を、清水さんはすべてまとまった形に手直ししてくださった。それをさらに各先生方が手直しして出来上がったのが本書の各章である。清水さんには大変お世話になった。心からお礼を言いたい。

水声社の編集者である井戸亮さんには、大変限られた時間の中での編集作業をお引き受けいただいた。無理ばかりお願いしたことをお詫びするとともに心からの感謝の意を表したい。

最後に、ＧＳＩを一緒に運営してきた馬路智仁先生、伊達聖伸先生、吉国浩哉先生、高島亜紗子さん、田熊友加里さん、池田千湖さん、そして清水光明さん――たくさんの難題がありましたけれども、一つの成果としてこのような素晴らしい書籍ができた喜びを共有できたらうれしく思います。

國分功一郎

編者・執筆者について――

國分功一郎（こくぶんこういちろう）　東京大学大学院総合文化研究科准教授（哲学）。著書に、『暇と退屈の倫理学』（新潮文庫、二〇二一年）、『はじめてのスピノザ――自由へのエチカ』（講談社現代新書、二〇二〇年）、『中動態の世界――意志と責任の考古学』（医学書院、二〇一七年）、『スピノザの方法』（みすず書房、二〇一一年）など。

清水光明（しみずみつあき）　東京大学グローバル地域研究機構特任研究員（日本近世史・思想史）。著書に、『近世日本の政治改革と知識人――中井竹山と「草茅危言」』（東京大学出版会、二〇二〇年）、編著に、『「近世化」論と日本――「東アジア」の捉え方をめぐって』（勉誠出版、二〇一五年）など。

＊

西崎文子（にしざきふみこ）　東京大学名誉教授（アメリカ外交史）。著書に、『アメリカ外交史』（東京大学出版会、二〇二二年）、『アメリカ外交とは何か――歴史の中の自画像』（岩波新書、二〇〇四年）、『アメリカ冷戦政策と国連――1945-1950』（東京大学出版会、一九九二年）など。

石田淳（いしだあつし）　東京大学大学院総合文化研究科教授（国際政治学）。著書に、『国際関係研究の方法』（共著、東京大学出版会、二〇二一年）、『国際政治学』（共著、有斐閣、二〇一三年）など。

大石和欣（おおいしかずよし）　東京大学大学院総合文化研究科教授（イギリス文学）。著書に、『コウルリッジのロマン主義――その詩学・哲学・宗教・科学』（編著、東京大学出版会、二〇二〇年）、『家のイングランド――変貌する社会と建築物の詩学』（名古屋大学出版会、二〇一九年）など。

高橋哲哉（たかはしてつや）　東京大学名誉教授（哲学）。著書に、『ホロコーストとヒロシマ』（共著、みすず書房、二〇二一年）、『日米安保と沖縄基地論争――〈犠牲のシステム〉を問う』（朝日新聞出版、二〇二一年）、『デリダ――脱構築と正義』（講談社、二〇一五年）など。

池内恵（いけうちさとし）　東京大学先端科学技術研究センター教授（イスラーム思想史）。著書に、『イスラーム世界の論じ方』（中央公論新社、二〇一六年）、『イスラーム国の衝撃』（文春新書、二〇一五年）など。

有田伸（ありたしん）　東京大学社会科学研究所教授（比較社会学）。著書に、『就業機会と報酬格差の社会学——非正規雇用・社会階層の日韓比較』（二〇一六年）、『韓国の教育と社会階層——「学歴社会」への実証的アプローチ』（二〇〇六年、以上、東京大学出版会）など。

羽田正（はねだまさし）　東京大学名誉教授（世界史）。著書に、『新しい世界史へ——地球市民のための構想』（岩波新書、二〇一一年）、『イスラーム世界の創造』（東京大学出版会、二〇〇五年）など。

中島隆博（なかじまたかひろ）　東京大学東洋文化研究所教授（中国哲学）。著書に、『中国哲学史』（中公新書、二〇二二年）、『危機の時代の哲学——想像力のディスクール』（東京大学出版会、二〇二一年）など。

受田宏之（うけだひろゆき）　東京大学大学院総合文化研究科教授（国際開発・ラテンアメリカ経済）。著書に、『メキシコの21世紀』（共著、アジア経済研究所、二〇一九年）、『開発援助がつくる社会生活——現場からのプロジェクト診断（第二版）』（共著、大学教育出版、二〇一七年）など。

遠藤貢（えんどうみつぎ）　東京大学大学院総合文化研究科教授（アフリカ地域研究・政治学）。著書に、『紛争が変える国家』（共編、岩波書店、二〇二〇年）、『崩壊国家と国際安全保障——ソマリアにみる新たな国家像の誕生』（有斐閣、二〇一五年）など。

和田毅（わだたけし）　東京大学大学院総合文化研究科教授（社会学・地域文化研究）。著書に、『メキシコの21世紀』（共著、アジア経済研究所、二〇一九年）、*Latin American Social Movements: Globalization, Democratization, and Transnational Networks*（共著、Rowman and Littlefield Publishers, 2006）など。

伊達聖伸（だてきよのぶ）　東京大学大学院総合文化研究科准教授（宗教学・フランス語圏地域研究）。著書に、『ライシテから読む現代フランス——政治と宗教のいま』（岩波新書、二〇一八年）、『ライシテ、道徳、宗教学——もうひとつの一九世紀フランス宗教史』（勁草書房、二〇一〇年）など。

田辺明生（たなべあきお）　東京大学大学院総合文化研究科教授（文化人類学）。著書に、『現代インド1——多様性社会の挑戦』（東京大学出版会、二〇一五年）、『カーストと平等性——インド社会の歴史人類学』（東京大学出版会、二〇一〇年）など。

馬路智仁（ばじともひと）　東京大学大学院総合文化研究科准教授（政治・社会思想史）。著書に、*The International Thought of Alfred Zimmern: Classicism, Zionism and the Shadow of Commonwealth*（Palgrave Macmillan, 2021）、『ブリティッシュ・ワールド——帝国紐帯の諸相』（共著、日本経済評論社、二〇一九年）など。

地球的思考――グローバル・スタディーズの課題

二〇二二年三月一〇日第一版第一刷印刷　二〇二二年三月二〇日第一版第一刷発行

編者――國分功一郎・清水光明

装幀者――滝澤和子

発行者――鈴木宏

発行所――株式会社水声社

東京都文京区小石川二―七―五　郵便番号一一二―〇〇〇二

電話〇三―三八一八―六〇四〇　ＦＡＸ〇三―三八一八―二四三七

［**編集部**］横浜市港北区新吉田東一―七七―一七　郵便番号二二三―〇〇五八

電話〇四五―七一七―五三五六　ＦＡＸ〇四五―七一七―五三五七

郵便振替〇〇一八〇―四―六五四一〇〇

URL : http://www.suiseisha.net

印刷・製本――モリモト印刷

ISBN978-4-8010-0627-0